培育积极自我

儿童心理团体辅导实践

朱守群　付　玲◎著

顾问：方德贵　徐春美　郑丽萍　陈　亮　吉尔日考

四川大学出版社

SICHUAN UNIVERSITY PRESS

图书在版编目（CIP）数据

培育积极自我：儿童心理团体辅导实践：上、下 / 朱守群，付玲著. — 成都：四川大学出版社，2023.6
ISBN 978-7-5690-5649-5

Ⅰ. ①培… Ⅱ. ①朱… ②付… Ⅲ. ①小学生－心理健康－健康教育－研究 Ⅳ. ① G444

中国版本图书馆 CIP 数据核字 (2022) 第 159024 号

书　　名：培育积极自我：儿童心理团体辅导实践（上、下）
　　　　　Peiyu Jiji Ziwo: Ertong Xinli Tuanti Fudao Shijian (Shang、Xia)
著　　者：朱守群　付　玲

选题策划：徐　凯
责任编辑：徐　凯
责任校对：毛张琳
装帧设计：墨创文化
插图绘制：曾子隽
责任印制：王　炜

出版发行：四川大学出版社有限责任公司
　　　　　地址：成都市一环路南一段 24 号（610065）
　　　　　电话：（028）85408311（发行部）、85400276（总编室）
　　　　　电子邮箱：scupress@vip.163.com
　　　　　网址：https://press.scu.edu.cn
印前制作：四川胜翔数码印务设计有限公司
印刷装订：四川煤田地质制图印务有限责任公司

成品尺寸：170 mm×240 mm
印　　张：27.625
插　　页：6
字　　数：429 千字

版　　次：2023 年 6 月 第 1 版
印　　次：2023 年 6 月 第 1 次印刷
定　　价：128.00 元（上、下册）

本社图书如有印装质量问题，请联系发行部调换

扫码获取数字资源

四川大学出版社
微信公众号

序　大山深处的希望之光

这是一本能让人看到希望的书。

这是一个振奋人心的案例——一个生发于大凉山深处的学校心理健康教育工作案例。

在接到为本书作序的邀请之前，我对大凉山的印象，尚且停留在蛮荒、贫穷、落后等词汇上。直到我在美国收到朱校长发来的电子邮件，打开书稿，阅读着凉山州普格县附城小学校的心理辅导师们用心写就的文字，欲罢不能。在将书稿一气读完后，我掩卷良久，为那一段段故事、一节节课堂、一次次活动、一个个鲜活的人的成长以及学校的成长感动着、感叹着。

整本书里充盈着专业的智慧。在学校心理健康教育整体实施方案中，附小人没有想要一蹴而就的急功近利，而是结合学校实际和地区实际，理性地按照"一一三"三步推进，这是"实事求是"的智慧；将"三大理论"与教育实践相结合，高屋建瓴地指导心理健康教育工作，这是"理论联系实际，实践检验真知"的智慧；而学校管理体系、三大支持系统、三级预辅机制、三种课程模式等，又体现了附小人在心理健康教育专业上的思考力与创新力。

一些数据也很能说明问题。要说学校心理健康教育工作难，在凉山地区实施学校心理健康教育一定更难。"4900 余名学生"是一个庞大的体量；"少数民族占 83.7%"，特殊的生源结构必然加大了工作的挑战性。但短短一年的探索，16 个心理情景剧，16 周心理团体辅导活动方案和心理拓展活动方案，全是普格县附城小学校心理辅导师们精心构建、多班实践的：每一个剧本都经过了精心打磨，既能将辅导目标很好地融入其中，又能兼具表演性和趣味性，使学生无论是作为演员还是观众，都能从中获得心理成长；每一篇教案、每一个活动方案，都充分考虑了校情、生情，符合当地儿童的心理认知和发展水平。面对那些有特殊辅导需求的儿童群体，附小的心理辅导师探索出了团体辅导活动的有效经验。

辅导师的自我成长也很有意思。从书中我们可以看到，附小儿童成长关爱中心的辅导师们阅读了《正面管教》《积极心理学》《个体心理学》等书籍，进行理论充电；观看了《你的孩子不是你的孩子》《头脑特工队》等影视剧，从故事中受到启发，产生共鸣；每有实践，必有记录、研讨和反思，从而积累经验、吸取教训、调整完善。这一群可爱的人以身作则，践行了他们所创作的心理情景剧本《一键升级》里的"吸星"功能。而本书的完成，也从侧面见证了这种"自动升级"功能对人的成长的强大威力。

积极心理学认为，在心理预防干预中所取得的巨大进步来自在个体内部系统地塑造各项能力，而不是修正缺陷。本书当然也存在一些遗憾，比如因时间尚短，个体辅导案例较少，危机干预也还无实例呈现。但如果我们将积极心理学原理迁移到对本书的态度中来，就可以鼓励作者们用更丰富的有效探索，塑造出更多的正向成果，从而自然而然地修正遗憾。

所以，我希望本书的诞生只是一个开始，普格县附城小学校的学生心理健康教育工作能一直坚守初心，坚定实践，持续完善。同时，也希望在这本书之后，越来越多的学校能把心理健康教育工作推动到系统建构、踏实践行的道路上来。

如此，祖国幸甚，祖国的花朵们幸甚。

我在遥远的大洋彼岸，为祖国祝福。

邓婷博士

2023 年 1 月

致良知

（自序）

随着教育的进步，全社会越来越重视学生的心理健康。但小学生心理健康教育工作为什么推广难、落实难？对大多数学校来说，不是不重视，而是有其心却无其力。

首先是师资问题。目前尚无更科学的人才选拔办法来代替高考，那么，在高考指挥棒仍然高悬的情况下，学校是否能配置足够的心理专职教师？不仅不能，有的学校还把仅有的一两名心理专职教师当成应试学科教师用，拿去填语文教师、数学教师不足的坑，心理健康课反倒成了"兼职"，随便应付，可有可无，更不用说开展心理辅导和其他相关工作了。

其次是评估问题。学校对语文、数学等学科的教学质量的要求为什么更为迫切？原因很简单——如果没做好，后果很快就会呈现，且与教师的职称、学校管理评估等密切挂钩。这样的质量联动机制能有效倒促教师和学校产生较强的责任感，从而落实教学过程。而心理健康教育的成效评估却是一大难题。心理健康教育做得好，学生的心理问题肯定会减少，程度会减轻，但到底减少多少、减轻多少，与学校工作质量的联系度有多大，都很难进行质评和量评，也就难有表彰和鼓励。如果没做好，只要不发生重大事故，也很难界定责任：一是心理问题的出现很多时候存在后显性；二是心理问题大都难以准确界定起因和诱因；三是影响学生心理健康的因素有很多，学校、家庭、社会都有可能成为影响因素。目标管理的闭环原理告诉我们：没有科学有效的评估，就很难有扎实有效的落实。

最后就是技术难度。对于心理健康教师的专业成长，目前尚缺乏成熟的培训体系，且专职教师不足，这对很多学校来说可能会长期存在，解决办法是由兼职的心理辅导员（比如班主任）来分担大部分的学生日常心理健康教育工作，而其在专业技术上是否能达标也是个问题。众所周知，人的心理是极其复杂的。现实中的许多事例告诉我们，有时候说错一句话、做错一件事，就会对人的心理尤其是未成年人的心理造成重大影响。随着一些矛盾事件的曝光，教师变得越来越"佛系"，哪怕明知应该严格要求、加强管理和引导，也因为种种顾虑而在面对学生时不敢说、不能说、不愿说，放任学生自由发展。这样一来，学生心理健康教育工作就陷入了一种"欲做还休"的怪圈：越重视，越畏难；越畏难，越放弃。"吼得闹热，做得造孽"，必然导致出现更多的问题甚至严重后果。

所以，学生心理健康教育工作确实难做。

但难做，不等于不做。

知行合一，就是要将知识与实践、功夫与本体融为一体。"致良知"的"致"字，对有良知的教育人来说，分量千钧。虽"非知之艰，行之惟艰"（《尚书·说命》），也总有那么一些良知教育的践行者，愿将良知致于格物，因地制宜，因校制宜，因生制变——唯初心不改，践行无悔。

我们努力着，有幸成为践行者中的一群人，以普格县附城小学校为田园，结合凉山地区实际，结合学校实际和学生实际，将儿童心理团体辅导作为切入点，对学校心理健康教育工作进行了整体布局，从大处着眼、小处着手，分解难度、分步推进。经过几年的实践，取得了一些成效，也积累了一些经验。思虑再三，我们鼓起勇气，将这些不甚美丽（当然更谈不上完美）的"脚印"，一个个搜集起来，分类整理，最终集结成上、下两册，呈现给大家。上册是"培育积极自我"学生主题心理团体辅导活动方案，按一学期16个周的教学内容来划分单元，每个单元包括情境演绎、团体辅导实操、心理拓展、身临其境、主题故事、课外链接、开心自测七项内容。情境演绎采用短小易操作的实验或体验，营造心理情境，引入单元主题，激活学生思考，启发学生；团体辅导实操、心理拓展、身临其境以丰富多彩的心理实践活动帮助学生激活心理体验，获得心理成长；主题故事、课外链接则通过心理故事、相关书籍、影视等广义阅读，给学生以心灵的启迪；开心自测仅供参考，可帮助学生在轻松的小测试中大致了解自己的心理状态，鼓励学生往积极阳光的方向努力。下册收集了原创心理剧本及课程建设、教师培训实践手稿，以为大家提供参考。

在实际教学过程中，不可避免地会借鉴一些网络资源、民间智慧，有明确出处的，我们会在文后备注，但有的无法查证作者，未能注明来源。

限于时间和经验，本书尚有许多不足之处，期望得到您的批评和指正。

朱守群

2023 年 3 月

目　录

第一辑　心理团体辅导实践

我与自己

第一周　积极清零···（3）

　★情景演绎　怎样才能获得蜂蜜水··············（3）

　★团体辅导实操　重新出发··············（4）

　★心理拓展　书剑恩仇录··············（8）

　★身临其境　空灵冥想··············（10）

　★主题故事　移掉心中的顽石··············（11）

　★课外链接　绘本《小猪变形记》··············（12）

　★开心自测　我的"开"心指数··············（13）

第二周　积极定位···（15）

　★情景演绎　两个橘子··············（15）

　★团体辅导实操　我是谁··············（16）

　★心理拓展　我是大富翁··············（20）

　★身临其境　我们交换吧··············（22）

　★主题故事　山腰上的树··············（23）

　★课外链接　图书《假如给我三天光明》··············（24）

　★开心自测　我的"阳光"雷达··············（25）

第三周　积极优势···（27）

　★情景演绎　田忌赛马··············（27）

　★团体辅导实操　做·个优势感知者··············（28）

　★心理拓展　盲人与哑巴··············（32）

　★身临其境　邯郸学步··············（34）

★主题故事　新龟兔赛跑·······································（34）

★课外链接　绘本《大发明家爱迪生》·····················（35）

★开心自测　我有我的优势·································（36）

第四周　积极情绪···（38）

★情景演绎　情绪面具·······································（38）

★团体辅导实操　我的情绪脸谱····························（39）

★心理拓展　耐心步步高·····································（42）

★身临其境　开心时刻·······································（44）

★主题故事　卖伞和卖扇·····································（45）

★课外链接　电影《头脑特工队》··························（46）

★开心自测　我的情绪管理·································（48）

我与他人

第五周　积极展示···（50）

★情景演绎　破茧成蝶·······································（50）

★团体辅导实操　我敢我能····························（51）

★心理拓展　请你记住我·····································（53）

★身临其境　才艺舞台秀·····································（54）

★主题故事　八仙过海，各显神通·························（56）

★课外链接　综艺节目《星光大道》·····················（57）

★开心自测　我也敢秀敢当·································（58）

第六周　积极沟通···（60）

★情景演绎　猜心游戏·······································（60）

★团体辅导实操　跳大绳·································（61）

★心理拓展　盲人过沼泽·····································（62）

★身临其境　心理树洞·······································（65）

★主题故事　树洞里的秘密·································（67）

★课外链接　绘本《做我朋友好吗？》··················（68）

★开心自测　我的沟通能力·································（69）

第七周　积极感恩···（71）

★情景演绎　说声谢谢 …………………………………………（71）

★团体辅导实操　千人糕 ………………………………………（72）

★心理拓展　掌声的魔力 ………………………………………（75）

★身临其境　谢谢你 ……………………………………………（77）

★主题故事　刻在石头上 ………………………………………（78）

★课外链接　图书《爱的教育》 ………………………………（78）

★开心自测　我的感恩之心 ……………………………………（79）

第八周　积极关系 ………………………………………………（82）

★情景演绎　三角支撑 …………………………………………（82）

★团体辅导实操　天堂与地狱 …………………………………（83）

★心理拓展　寻你千百度 ………………………………………（86）

★身临其境　友谊时光 …………………………………………（87）

★主题故事　最后一声枪响 ……………………………………（88）

★课外链接　图书《别独自用餐》 ……………………………（89）

★开心自测　我的亲情友情 ……………………………………（90）

我与团队

第九周　积极担当 ………………………………………………（92）

★情景演绎　红绿灯坏了 ………………………………………（92）

★团体辅导实操　班规制订我参与 ……………………………（93）

★心理拓展　对不起，我错了 …………………………………（98）

★身临其境　瓶口取球 …………………………………………（100）

★主题故事　爱唱歌的小鸭子 …………………………………（101）

★课外链接　图书《天下兴亡，匹夫有责》 …………………（102）

★开心自测　我的担当意识 ……………………………………（103）

第十周　积极互动 ………………………………………………（105）

★情景演绎　姓名串烧 …………………………………………（105）

★团体辅导实操　不一样的你我他 ……………………………（106）

★心理拓展　丑小鸭的进化之路 ………………………………（108）

★身临其境　快乐交友 …………………………………………（111）

★主题故事　森林学校的故事 ……………………………………（112）

★课外链接　绘本《咕叽咕叽》 …………………………………（114）

★开心自测　我的互动指数 ………………………………………（115）

第十一周　积极合作 …………………………………………………（117）

★情景演绎　折筷子实验 …………………………………………（117）

★团体辅导实操　团结的力量 ……………………………………（118）

★心理拓展　开心节拍 ……………………………………………（120）

★身临其境　众人划桨 ……………………………………………（122）

★主题故事　三个和尚 ……………………………………………（123）

★课外链接　绘本《石头汤》 ……………………………………（124）

★开心自测　我与人合作 …………………………………………（125）

第十二周　积极挑战 …………………………………………………（127）

★情景演绎　锯的发明 ……………………………………………（127）

★团体辅导实操　穿越时光隧道 …………………………………（128）

★心理拓展　蚂蚁搬家 ……………………………………………（130）

★身临其境　突破之后 ……………………………………………（131）

★主题故事　出走的小鳄鱼 ………………………………………（132）

★课外链接　综艺《挑战不可能》 ………………………………（133）

★开心自测　我的创新小宇宙 ……………………………………（134）

第十三周　积极探索 …………………………………………………（136）

★情景演绎　消失的成语 …………………………………………（136）

★团体辅导实操　小学生使用手机利大于弊还是弊大于利

　　——开心班首届辩论赛（含过程实录）………………（137）

★心理拓展　校园特工 007 ………………………………………（147）

★身临其境　跟岗实习 ……………………………………………（149）

★主题故事　小马过河 ……………………………………………（151）

★课外链接　丛书《神奇校车》 …………………………………（152）

★开心自测　我的探索魔法 ………………………………………（153）

第十四周　积极应逆 …………………………………………………（155）

★情景演绎　石缝草籽 ……………………………………………（155）

★团体辅导实操　战胜黑暗 ……………………………………………（156）

★心理拓展　撕　纸 ……………………………………………………（158）

★身临其境　风暴来临 …………………………………………………（159）

★主题故事　胡萝卜·鸡蛋·咖啡豆 …………………………………（160）

★课外链接　电影《当幸福来敲门》 …………………………………（161）

★开心自测　我的抗逆能力 ……………………………………………（162）

第十五周　积极竞取 ………………………………………………………（164）

★情景演绎　你看到了 …………………………………………………（164）

★团体辅导实操　目标的智慧 …………………………………………（165）

★心理拓展　鸡王争霸赛 ………………………………………………（168）

★身临其境　班委竞选 …………………………………………………（169）

★主题故事　狮子和羚羊的家教 ………………………………………（170）

★课外链接　图书《林肯传》 …………………………………………（171）

★开心自测　我能积极竞取 ……………………………………………（172）

第十六周　积极进阶 ………………………………………………………（174）

★情景演绎　揽镜自照 …………………………………………………（174）

★团体辅导实操　成长分享会 …………………………………………（175）

★心理拓展　种子的力 …………………………………………………（178）

★身临其境　森林运动会 ………………………………………………（180）

★主题故事　我将前途无量 ……………………………………………（181）

★课外链接　图书《站着上北大》 ……………………………………（183）

★开心自测　我的"系统"升级 ………………………………………（184）

第二辑　心理情景剧本

风一样的少年 ………………………………………………………………（189）

打开爱的视听 ………………………………………………………………（198）

魔　镜 ………………………………………………………………………（206）

有一种爱叫作放手 …………………………………………………………（213）

一个都不能少 …………………………………………………… （221）

消极情绪≠坏情绪 ……………………………………………… （225）

你是我的好朋友 ………………………………………………… （230）

蜘蛛的纺织店 …………………………………………………… （234）

大山里的小马驹 ………………………………………………… （242）

一键升级 ………………………………………………………… （248）

一分的秘密 ……………………………………………………… （257）

孔　雀 …………………………………………………………… （262）

欢乐彝族年 ……………………………………………………… （272）

小敏的遥控器 …………………………………………………… （276）

黑夜里的灯 ……………………………………………………… （281）

保护环境　从我做起 …………………………………………… （285）

第三辑　课程探索手稿

◆课程建构 ……………………………………………………… （291）

三个步骤　三大支持　三级防御

　　——小学生心理健康教育"智慧三角"学校整体实施案例

………………………………………………………………… （291）

◆辅导师培训 …………………………………………………… （306）

儿童成长关爱中心辅导师如何进行角色定位 ………………… （306）

儿童成长关爱中心辅导师角色定位误区排雷 ………………… （313）

小学生心理团体辅导活动的开放与接纳策略 ………………… （318）

互助解决问题 …………………………………………………… （321）

寻找初心，试试"两列表" ……………………………………… （330）

"不"字当头，你就错啦 ………………………………………… （336）

孩子宁可对着狗狗说话 ………………………………………… （341）

不良行为的消退 ………………………………………………… （346）

如何正确对待孩子的"犯错" …………………………………… （352）

家长和孩子的权力之争·····································（359）

心有阳光自温暖

    ——主题卡片式师培教案案例分享·················（364）

◆论文心得···（392）

提高小学五年级学生自信心的尝试

    ——例谈班级心理健康团体辅导·················（392）

心理团体辅导在小学生心理健康教育工作中的推广价值·····（395）

有爱，才有心理健康·····································（400）

如何与语文教学有机结合，开展好小学生心理健康团体辅导

    ······························（404）

告状背后···（409）

我们曾经是孩子

    ——《你的孩子不是你的孩子》观后感···········（413）

它就是这样一只孔雀·····································（418）

参考文献···（424）

后　记···（426）

第一辑　心理团体辅导实践

　　心理团体辅导是在团体情境下进行的心理辅导形式，它能有效弥补心理个体辅导在作用面上的不足，具有普惠人数广、辅导用时短、见效速度快、成长较全面、辅导师易操作、学校易管理、师资易培训等优点，值得在学校推广。

第一周　积极清零

周目标：放空心态，全新起点

★情景演绎

怎样才能获得蜂蜜水

【活动准备】

两个玻璃杯，一个贴有"满杯"标签，并且装满有色的水（或沙石）；另一个贴有"空杯"标签，没装任何东西。

一瓶干净、可喝的蜂蜜水，贴有"蜂蜜水"标签。

【演绎过程】

1. 出示：桌上有两个杯子，一个装满水，一个是空的。

2. 我有一瓶浓浓的蜂蜜水，可甜了，你们想喝吗？给学生们闻闻蜂蜜的味道，刺激他们的嗅觉。

3. 从举手的学生中选择两名上台，将桌上的两个杯子分给他们。

4. 辅导师把蜂蜜水倒给拿空杯子的学生，示意他喝几口。问：甜吗？

5. 辅导师想把蜂蜜水倒给拿"满杯"的学生，却无法倒入。

6. 从刚才的小活动中，你领悟到了什么？

【体验者说】

满杯是无法再倒进去东西的。

只有怀谦虚之心，倒空成见，才能不断吸纳新知识、新经验，学到新本领。

想获得，先清零。

★团体辅导实操

重新出发

【活动目的】

1. 建立新团队，认识新自我；

2. 使学生感受到被关注与被信任，在新的"班级"中有安全感；

3. 观察学生的课堂反应，对集体情况和特殊儿童形成初步档案，以此为基础调整后续活动设计。

【活动过程】

一、老师需要帮助

（一）愿意主动帮助老师的学生请举手。

【说明】操作本环节要充分考虑两个因素，给予学生尽量多的鼓励和足够的耐心，以及必要的等待。

1. 这两个因素是：

因素一：	因素二：
孩子们来自不同的班级，除本班同学外，对老师和同学均感到陌生。	被推荐来参加这个组合班级的孩子大多是老师认为的需要帮助的儿童，他们平时很少或从未在大家面前正向地展示自我、开放自我。

2. 鼓励的方式有：

活动开始前——	接受帮助后——
＊期待的眼神 ＊信任的微笑 ＊友好的拥抱 告诉他"你真勇敢" ……	＊肯定的评价 ＊感谢的拥抱 ＊与辅导师合影（课后把照片贴到照片墙上，并配上文字） ＊小小的纪念品，比如情绪贴 ……

在学生的帮助下，师生合作完成以下事项：

（1）拆凳子，安排 U 形座位（U 形排列能使每一个学生都感觉到"我在辅导师的视线范围之内，我能被每一个人关注到，我也可以看到每一个人"）。

（2）点名，学生有序入座。

（3）玩"大风吹"游戏。

游戏规则：当辅导师说到"大风吹，大风吹，吹到×××（某个特征）的人"时，具有这个特征的孩子就需要站起来，迅速换一个座位坐。凡是没有换座成功的（如没找到座位的、只能坐回原位的），就需要表演一个节目。

特征举例：穿白衣服的、长头发的、坐黄色凳子的、还没换过座位的……

【说明】在整个过程中，要注意观察学生的反应，看到有刚才未举手的学生也表现出想参与的愿望，就要及时认可，鼓励更多的学生参与"帮助辅导师"的事件。"我能为他人提供帮助"可以使大多数学生获得成就感和力量感，有助于正面自我认知的积累。

二、请你认识我

1. 完成自我介绍。辅导师做示范：拿出事先写好五个"我是……"句子的易贴纸，念完后贴到大白纸上。

如果你很注重细节，纸张也足够大，那么你可以在大白纸上画一棵树，使之更美观，同时寓意"成长与希望"；也可以画一座房子，寓意"我们是一个新的家庭"。

如图：

我们的"成长"树

我是 XXX。（第一行写姓名）
我是泸州人。
我是附城小学的教师。
我是女儿的妈妈。
我是一个乐观的人。

2. 请学生写自己的资料，至少写 5 句，多则不限。提醒学生第一行要写上自己的姓名，其他的随自己的心意。问学生：你们觉得完成这五句话需要多少时间？（按照商量的时间计时，让学生感受到自己的意见受到了足够的重视）

3. 请学生依次介绍自己。问学生：你们觉得完成自我介绍需要多少时间？

4. 每个做完自我介绍的学生都需要把写好的纸条贴到大白纸上。

5. 对于声音特别小的孩子，辅导师可以帮助他/她一起念，以这种方式给予他/她勇气。

【说明】课上和课后都可以从学生的自我介绍中了解到学生的一些心理倾向。举例来说：

＊课上观察

扭捏、不敢开口的孩子，平时缺乏当众展示的经历。有可能是班级没能给孩子平台，有可能是孩子缺乏自信心，有可能是孩子性格本身内向，有可能是孩子对自我和身边的环境都缺少关注、情绪淡漠……到底属于哪一种，则需要进一步了解。

＊课后分析

从第二句开始，每一句都可能包含孩子的心理倾向。写"我是妈妈的女儿"的孩子，有可能是母女感情比较好，单亲孩子或留守儿童则可能是很想念妈妈；写"我是妹妹的哥哥"的孩子，很可能是在家庭中自觉担当了长兄的角色，懂得呵护妹妹；写"我是某班的学生"的孩子，则对班级角色比较认同；写"我是一个勇敢的人"的孩子，说明他在"勇气"方面比较自信，平时也敢于展示自己或做一些新尝试。

辅导师小结：

恭喜每一位同学都完成了自我介绍。尤其对我们当中的一部分同学来讲，今天意义非凡：你很可能是第一次这样单独站上讲台，面对的都是陌生的辅导师和同学。你站上来了，还顺利地完成了任务。瞧，有时候，"第一次"也并不是那么难，只要我们敢于迈出第一步，就会越来越勇敢，越来越优秀。

当然，今天的自我介绍还只能对彼此形成一个初步印象，相信在以后的活动中，我们会逐渐加深了解，增进感情。

【说明】语言宜简洁，不啰唆。

三、请我忘掉"我"

1. 在过去的成长经历中，"我"有哪些不足？做过哪些不好的事？悄悄地写下来，不用给别人看。

2. 最后再看一眼刚才写的纸条吧！它们都只是你的过去，绝不代表你的现在和未来。现在，请把它们撕毁，扔掉，与过去的自己告别。（组织学生排队到垃圾桶边扔纸屑，或者由志愿者统一收走纸屑，之后再扔到垃圾桶里）

四、总结

从今天起，我们就拥有了一个全新的起点：开心班。拥有了一个全新的名字："开心超人"。在这里，我们将忘记过去，放开心态，开放真心，彼此接纳、信任，共同塑造一个全新的自己。

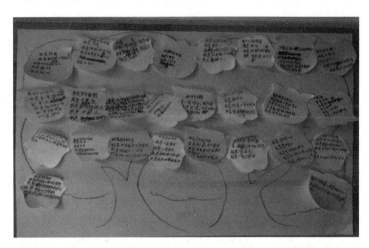

★心理拓展

书剑恩仇录

【润心驿站】

我与自己；挑战极限；自我控制。

【活动目的】

调整身心状态，提高身体的自我控制能力，感受挑战成功的快乐。

【活动准备】

室内；每人一把"剑"（笔）、一本书；秒表或屏幕倒计时。

【活动时长】

5分钟

【适合人数】

不限。

【活动过程】

1. 故事导入：金庸有一部小说名叫《书剑恩仇录》，讲的是大侠们的江湖故事。故事曲折离奇，荡气回肠，同学们有机会可以找来读一读。今天我们也带来了一书一剑（笔），下面要玩的故事就叫"书剑恩仇录"。

2. 现在请每个人拿好书和"剑"，靠墙站立，做到四贴，即后脑勺、双肩、臀部、脚跟都紧贴着墙壁。

3. 往前一步走，集中意念控制好你身体的每个部位，保持姿势不改变。

4. 先把"剑"横放在嘴里用牙咬住，练习"微笑唇"；再把书本平放在头上，用手扶好放稳；接着放开手，确保书本在头顶保持平衡，不会掉下来；最后回到直立姿势，继续站好。

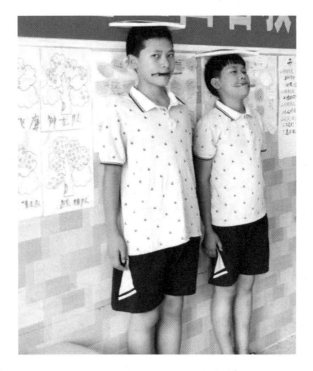

5. 如果在 30 秒内，身体保持靠墙直立姿势未变，笔和书本没有掉下，则挑战成功。坚持得最久的同学为冠军。

6. 邀请冠军同学和成功的同学代表向大家分享经验。

7. 所有人再次挑战，看能否坚持得更久。

【讨论要点】

要想挑战成功，需要注意哪些方面？

【注意事项】

1. 此活动除了在成长中心使用，还可以用在平时的课堂中，它能够让学生迅速集中注意力。

2. 活动后可以请挑战成功的同学分享一下经验，引导大家学会控制好自己的身体。

3. 提醒中途失败的同学可以自行练习，不要浪费体验机会。

【体验者说】

从成功的人身上汲取经验来改进自己的行动，做到了"三人行，必有我师"。

要想挑战成功，集中意念很重要。我之前总想着姿势会不会难看，同学们会不会觉得我很滑稽，要是失败了会不会遭到大家嘲笑……怎么都控制不好。当我强迫自己清空脑子，一门心思只想着后脑勺、肩膀、臀部、脚后跟是不是跟墙贴紧了，头顶上的书是不是放平了，结果，不知不觉就成功了。

★身临其境

空灵冥想

【活动准备】

1. 舒缓的冥想音乐；

2. 安静、封闭的环境；

3. 适合学生进行冥想的有靠背的座椅。

【活动过程】

1. 辅导师组织全体学生安静地坐好，身体靠在椅背上，集中注意力，不受外界的干扰。

2. 静息1分钟后，开始活动。（如有必要，可以关掉或调暗灯光）

辅导师用舒缓、平静的语调，在音乐的陪伴下开始引导：

现在请你平静下来，轻轻闭上双眼，忘记你的疲惫，忘记你的不快。想象一下，你正一个人坐在鲜花盛开的草地上，周围是蓝天、白云、清新的空气。深呼吸，使新鲜的空气到达身体深处。

首先放松你的两个大脚趾，然后慢慢舒展你的其他脚趾，让它们以最自然的感觉伸展着。让这种感觉慢慢延伸，延伸，就像细小的水流，流向你的两脚脚背、脚底、脚踝、脚跟，现在，你的双脚已经完全放松。继续放松你的腿、腰、背、肩、脖子、嘴巴、脸颊、眼睛、眉毛，最后，你的头皮也完全放松，想象你的头发就像在水中一样舒展，漂浮。

想象你的身体变轻了，像羽毛一样飘起来，轻轻地落在柔软的白云上，周围一片寂静。一只小鸟从你身边掠过，带起微风，拂过你耳边的头发。你朝下望去，看到一片青翠的草地，真宽广呀，一眼望不到边。蝴蝶飞舞，野花像夏日夜空中的繁星，你能嗅到微风中青草、泥土和花儿混合的芳香。你被一朵花包围着，花瓣慢慢合拢，你闭上了眼睛。你的身体和心灵全部得到了放松，你得到了最好的休息。

（静待 3 分钟后）终于，花瓣再一次打开了。你的整个身体沐浴在温暖的阳光之中，你再一次充满活力。你已经成了一个全新的你，没有烦恼，没有过去，一切从零开始。

现在，轻轻地活动手指、脚趾、手腕、脚踝，甩动左臂、右臂、左腿、右腿，拍打身体的各个部位，搓热掌心，用双手拍打脸颊、前额、双眼、鼻子及头顶，然后对自己说："我，很好。明天，会更好。"

【体验者说】

我感觉全身都很放松，心情也很轻松。

我很喜欢这种什么都不想的状态，让自己开心地过好每一天。

这种感觉像极了大扫除：把垃圾清理出去，还给自己一个整洁、舒适的环境。我觉得应该过段时间就来一次心灵的"大扫除"。

★主题故事

移掉心中的顽石

从前有一户人家，菜园里有一块大石头，每次锄草，一不小心就会把锄头挖个缺口。

在挖坏了很多把锄头之后，儿子终于忍不住了，说："爹，那块令人讨厌的大石头，我们把它搬走，扔掉吧！"

父亲回答说："那块石头啊？太大了！我记事起它就一直在那里，能搬走的话，你祖父早就搬走了。"

于是，家里锄头的缺口越来越多，挖坏了被扔掉的锄头也越来越多。

后来，孙子长大了。

孙子围着那块碍事的大石头转了几圈，这边敲敲，那边看看。

他先在大石头周围倒上水，泡了几个时辰；再花小半个下午，把大石头四周被泡软的泥土挖掉；然后请了几位身强力壮的邻居，帮着把大石头撬起来，抬到屋后的园子里，变成了一座屏风似的假山。

原来，这是一块扁平的大石头，它看起来很宽，实际上并没有想像的那么厚重、难以搬动。

【心灵火花】

生活中有许多这样的"巨石"，让它成为障碍还是成为风景，全看你自己。

★课外链接

绘本《小猪变形记》

/推荐语/

一只小猪百无聊赖，就想体验别的动物的生活。绘本用一种奇妙的方式展示了一只猪"认识自我、认识他人"的心路历程，让孩子渐渐明白"做自己才是最快乐的"。

【阅读交流】

你有没有从小猪的行为中看到自己或他人的影子？你想对他/她（小猪、自己或他人）说什么？

★开心自测

我的"开"心指数

放松心情，来玩一个游戏吧！
1. 这是一个趣味性测试，结果仅供参考；
2. 为了更准确地了解自己的情况，你不用思考太多，每项内容凭直觉真实作答即可。

1. 昨天发生了一件不愉快的事，今天我就忘了。（　　　）

A. 是　　　　　　B. 不一定　　　　　　C. 不是

2. 我不擅长说笑话、讲有趣的事。（　　　）

A. 是　　　　　　B. 不一定　　　　　　C. 不是

3. 假使我手里拿着一把装着子弹的手枪，我必须把子弹拿出来才能安心。（　　　）

A. 是　　　　　　B. 不一定　　　　　　C. 不是

4. 在从事体力或脑力劳动之后，我总是需要比别人更多的休息时间才能保持学习效率。（　　　）

A. 是　　　　　　B. 不一定　　　　　　C. 不是

5. 半夜醒来，我还因为白天受到的委屈而不能入睡。（　　　）

A. 经常会　　　　B. 有时候会　　　　C. 从来没有

6. 考试考得不好，我急得想哭。（　　　）

A. 经常会　　　　B. 有时候会　　　　C. 从来没有

7. 我喜欢参加规模庞大的晚会或集会。（　　　）

A. 经常会　　　　B. 有时候会　　　　C. 从来没有

8. 即使做了一件让别人笑话的事，我也能坦然处之。（　　　）

A. 经常会　　　　B. 有时候会　　　　C. 从来没有

9. 最近在一两件事情上，我一直觉得很冤枉，晚上经常睡不

着（　　）

    A. 是 　　　　　　　B. 不一定 　　　　　　　C. 不是

10. 我觉得任何一件事情都有好处和坏处。（　　）

    A. 是 　　　　　　　B. 不一定 　　　　　　　C. 不是

题号		1	2	3	4	5	6	7	8	9	10
分值	A	3	1	1	1	1	1	3	3	1	3
	B	2	2	2	2	2	2	2	2	2	2
	C	1	3	3	3	3	3	1	1	3	1

对照上表，看看你的得分：

25～30 分：对于曾经发生过的事，你还不太放得下，需要积极调整心态。

18～24 分：你具备了"放下重来"的能力，恭喜你！

10～17 分：对于过去，你已经放下了！打开心房，收获一个全新的自己！

第二周 积极定位

周目标：看到拥有，阳光定位

★情景演绎

两个橘子

【活动准备】

1. 准备两个橘子，一个大，一个小，分别贴上"大而酸""小而甜"的标签。

2. "1—4"四个签号的纸条，上面各有一句话。

【演绎过程】

请学生看清楚两个橘子以及上面的字。

你看到了什么？

待学生回答后，请四名学生上台抽签。

拿到签号的同学大声念出对应的纸条上的字（屏幕同步出示）。

1号纸条：我拿到的这个橘子虽然小，但是很甜。太棒了！

2号纸条：我拿到的这个橘子虽然甜，可是太小了。真郁闷。

3号纸条：我拿到的这个橘子好大呀！而且果酸味很正宗，不是那种甜得发腻的家伙。今天运气真好！

4号纸条：我拿到的这个橘子虽然很大，但是好酸啊，根本不能吃。倒霉透了！

在屏幕上打出对应的开心值。

1号纸条：我拿到的这个橘子虽然小，但是很甜。太棒了！☺☺

2号纸条：我拿到的这个橘子虽然甜，可是太小了。真郁闷。☹

3号纸条：我拿到的这个橘子好大呀！而且果酸味很正宗，不是那种甜得发腻的家伙。今天运气真好！☺☺☺

4号纸条：我拿到的这个橘子虽然很大，但是好酸啊，根本不能吃。倒霉透了！☹ ☹ ☹

问学生：你愿意选择哪一张纸条，为什么？

【体验者说】

这个实验让我看到了生活中的事情大多会不完美。我们都会面临这样的情况，这是生活的常态。

其实橘子没变，变的只是我们心里的想法。想法不一样，心情就会不一样。

我明白了左右自己心情的不是橘子，而是心态。

★团体辅导实操

我是谁

【活动目的】

1. 鼓励学生进一步放开自己，在新的班级获得更多的安全感；

2. 帮助学生从"拥有"的一面来发掘自我，并初步培养学生"将无转化为有"的意识和能力；

3. 继续观察学生的课堂反应，做好课堂记录（文字与图片），以此为基础调整后续活动设计。

【活动过程】

一、一张白纸

（一）白与黑

1. 辅导师拿出一张白纸（上面有几个不明显的小点），远距离向学生展示，问：你看到了什么？

2. 接着请学生传看，最后传回辅导师手中，问学生：你刚才还看到了什么？

3. 辅导师：如果把一个人比作这一张纸，你有什么想法？

学生可能会说出"白色部分像优点，黑点就像缺点"。如果没有学生说出类似的话，辅导师可以进行引导。

把学生的回答写在白板上。

4. 辅导师进一步引导：

刚才首先看到这是一张白纸的同学们都很了不起。这说明你们看一个人，首先看到他/她的优点，并懂得充分肯定他/她的优点。边说把这句话写在大白纸下方：

> 善于发现别人的优点和自己的优点，这是一项很厉害的本领。

（二）用与创

1. 辅导师：这张大白纸上有了黑点，没用了吧？只能扔掉了吧？唉，真是太可惜了……

说话的时候，辅导师的眼神一定要与学生有交流，密切观察学生的表情，鼓励想说话的学生站起来发言。

2. 当学生说到"不要扔，还能用"的时候，辅导师可进一步引导其说出有哪些作用。学生可能会说到写字、画画、打草稿、做作业、折纸飞机、剪纸等。

把学生说到的作用在大白纸上写下来。

写完后请学生一起读一读。

2. 辅导师：谢谢大家的提醒，让这张纸能够发挥它的价值，而不是被埋没、遗弃。看，老师就用一张跟它一模一样的纸，为咱们可爱的普格少年写了一首诗《风一样的少年》，还顺着这几个小黑点的位置，给诗配了插图。

3. 现在，你还在意先前那些小黑点吗？你对这张纸有了什么新的看法？

4. 如果把一个人比作这张纸，你有什么想法？

引导学生说出"优点可以充分利用""如果你足够用心，缺点也可以转化为优点，成为人生最美丽的图案"等。

把这两句话写在大白纸下方。

> 优点可以充分利用，发扬光大。
> 如果你足够用心，缺点也可以转化为优点，成为人生最美丽的图案。

5. 呈现《我是什么》（见附文）。重点引导学生关注第 4 自然段，问学生读这一段时想到了什么。

【说明】操作本环节要充分考虑到学生的个性化思想。学生可能会重复别人的话，也可能有自己的想法。允许每一种不同想法的存在，并给予足够的尊重和鼓励。

二、签名墙

（一）优点与缺点

1. 你发现身边的人都有哪些优点？为什么你觉得它们是优点？写到大白纸的左半边。

2. 你发现身边的人都有哪些缺点？为什么你觉得它们是缺点？写到大白纸的右半边。

优点：	缺点：

3. 你想给拥有这些缺点的人提什么建议？

学生可能会说：

胆小：谨慎小心，做事不易出错。（谨慎细心）

拖拉：深思熟虑，不冒进。（从容不迫）

力气大，爱欺负人：可以用大力气多帮助班级提午餐、修凳子、搬花盆等。（乐于助人）

话太多了，上课不遵守纪律：可以多在庆祝活动中表演节目，比如说个相声什么的，把废话多变成一项受人欢迎的特长。（乐天逗趣）

············

（二）签名墙

1. 看看上面的这些优点和缺点。哪些是你自己也有的？可以在心里默默地勾选一下。

2. 每一个人都像老师手里的这张纸一样，既有优点，又有缺点。接受自己的不完美，发挥自己的优点，做得更好，并努力改正缺点，使之变为优点，我们就能越来越接近完美了。现在我们投票选出"最受欢迎的九大优点"。如果你现在已经具备了这些优点，就把你的名字签上去。如果你将来可能会拥有这些优点，也把你的名字签上去。

先请一位同学做示范（辅导师采用问答形式，引导学生完成示范）。

再请全班同学依次排队签名。

完成后，将此九项内容重新组合排列成一张大白纸，并贴在墙上，如下图。

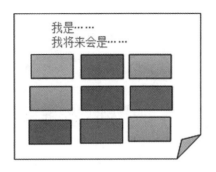

【说明】操作这个环节，一定要关注到每一个学生，一个都不能少。必须想办法让每一个学生都能发现自己的优点，对于有缺点的学生，至少要帮助他们转化一个缺点。

附：

我是什么

（选自小学语文课本）

我会变。太阳一晒，我就变成汽。升到天空，我又变成无数极小极小的点儿，连成一片，在空中飘浮。有时候我穿着白衣服，有时候我穿着黑衣服，早晨和傍晚我又把红袍披在身上。人们管我叫"云"。

我在空中越升越高，体温越来越低，变成了无数小水滴。小水滴聚在一起落下来，人们管我叫"雨"。有时候我变成小硬球打下来，人们就管我叫"雹子"。到了冬天，我变成小花朵飘下来，人们又管我叫"雪"。

平常我在池子里睡觉，在小溪里散步，在江河里奔跑，在海洋里跳舞、唱歌、开大会。

有时候我很温和，有时候我很暴躁。我做过许多好事，灌溉田地，发动机器，帮助人们工作。我也做过许多坏事，淹没庄稼，冲毁房屋，给人们带来灾害。人们想出种种办法管住我，让我光做好事，不做坏事。

小朋友，你们猜猜，我是什么？

★心理拓展

我是大富翁

【润心驿站】

价值取向；珍惜拥有；建立与世界的牢固连接。

【活动目的】

了解自己所拥有的资源，明确自己的人生目标；学会感恩和珍惜，接纳自己，感受生活的美好。

【活动准备】

安静的室内；歌曲《我的未来不是梦》；每人一份圆形纸和笔。

【活动时间】

20分钟。

【适合人数】

全体参加人员。

【活动过程】

1. 闭上眼睛，用心聆听歌曲《我的未来不是梦》，并在音乐声中默想自己目前最想追求的东西是什么，默想自己目前所拥有的都有哪些。

2. 播放完歌曲后，每个学生发一张圆形纸（纸上的扇形分为大小两个区域）。

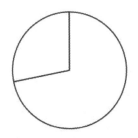

3. 在大扇形写上自己目前所拥有的东西，在小扇形上写上自己目前最想追求的东西。

4. 写完后以小队为单位进行分享，先说说自己拥有什么，再说说目前想追求什么，然后分享自己做了哪些努力来追求想要的东西，得不到的时候又该如何面对。

5. 辅导师讲《我是大富翁》的故事。

我是大富翁

有一个年轻人总是抱怨时运不济，发不了财，终日愁眉不展。

一位须发皆白的老人走过来，问他："你为什么不开心？"

"我不明白我为什么这么穷。"年轻人说。

"你很富有啊。"老人说。

"富有？这从何说起？"年轻人问。

老人反问道："假如现在斩掉你一个手指头，给你 1 千元，你干不干？砍掉你一只手，给你 1 万元，你干不干？假如使你双眼都瞎掉，给你 10 万元，你干不干？假如让你马上变成 80 岁的老人，给你 100 万，你干不干？假如让你马上死掉，给你 1000 万，你干不干？"

老人每问一个问题，年轻人就摇一次头。

老人笑着问了他最后一个问题："你看，你已经拥有超过 1000 多万的财富，为什么还哀叹自己穷呢？"

青年愕然，突然什么都明白了。

【润心要点】

你觉得自己目前所拥有的是多还是少，为什么会这样？你觉得自己追求的目标切合实际吗？实现这个目标可能会遇到什么困难？通过与小队同伴的交流分享，你有什么收获？

【余音绕梁】

听完这个故事，你受到什么启发？大家课外可以继续思考、交流。

【注意事项】

分享交流时提醒大家要注意倾听，尊重每个人的发言，同时做好一定的保密工作；注意营造一个安全的心理环境，争取每个学生都有表达和展示的机会。

【体验者说】

珍惜自己所拥有的东西，勇敢追求更好的东西，人生会更有意义。

★身临其境

我们交换吧

【活动准备】

写有财富、健康、地位、荣誉、享受、成绩等词语的字条若干张。

（提示：1. 为便于低中段学生理解，可以把这些词语写成更直观的短语形式，例如"财富"可以写成"很多很多钱"。2. 班里如果有残障学生，则慎做以下游戏。）

【活动过程】

1. 辅导师给学生看各种字条，逐一解释每种字条代表的含义。

2. 请学生为自己写字条：你实际拥有什么，就写上什么，比如健康、好成绩、快乐等。但健康只能写一张纸条。

3. 交换活动开始。健康可以换其他任意一张字条，例如：健康可以换取财富。

4. 交换活动结束。凡是失去了"健康"的孩子，必须把一只手握成拳头，在之后的活动中这只手和手臂都不能使用（模拟"身体残疾"）。

5. 体验"系红领巾"（或"穿脱外套""到操场里玩耍"等）。

6. 分别采访几类不同情况的孩子，让他们说一下感受。

【体验者说】

我很后悔把"健康"拿去换了很多很多钱。结果我发现，那些钱并不能帮我把事情做得更好。相反，没有健康，那些平时看起来轻松的事也变得好难。

这个游戏让我明白了健康是最重要的。没有健康，财富、快乐都会失去。我现在很健康，我应该珍惜。

我们应该多看到自己所拥有的，用拥有的去创造（而不是交换）自己想要的。

我身边就有这样的残障人士。我现在知道了他们的困难，以后我会更尊重他们，力所能及地帮助他们。

★主题故事

山腰上的树

高高的半山腰上，有一个光秃秃的山洞。有一天，一只鸟儿从洞口飞过，掉下一颗种子。

后来，种子长成了一棵树。

树孤零零地立在半山腰上。

树的一侧，向着洞外，沐浴着无数个日出日落，也经历了无数的风雨霓虹。四季流转，从这一侧看去，树枝繁叶茂，花果飘香。

树的另一侧，朝向洞内，因为没有阳光，枝条都不怎么生长。从这一侧看去，树跟山洞一样，光秃秃的，营养不良。

一位哲人爬山时看见了这棵树，不由感叹："朝向阳光，就能茁壮生长；背向阳光，就会萎靡惆怅。这就是自然之道啊！"

【心灵火花】

你关注的目光就是阳光，它照着你的拥有，拥有的就会越来越茁壮；它照着你的缺憾，缺憾就会越来越膨胀。

★课外链接

图书《假如给我三天光明》

/推荐语/

《假如给我三天光明》是海伦·凯勒的散文代表作，她以一个身残志坚的女子的视角，告诫身体健全的人更应珍惜生命，珍惜拥有的一切。她的故事读来令人动容。

【阅读交流】

从海伦·凯勒的故事里，你汲取到了什么力量？

★开心自测

我的"阳光"雷达

放松心情，来玩一个游戏吧！
1. 这是一个趣味性测试，结果仅供参考；
2. 为了更准确地了解自己的情况，你不用思考太多，每项内容凭直觉真实作答即可。

1. 邻居顺手送我一个石榴，看起来又大又红，吃起来有点酸，我觉得(　　)

    A. 石榴真不错　B. 没什么感觉　C. 石榴太酸了，根本不能吃

2. 逛商场时我很开心，即使什么都不买，逛逛也很快乐。(　　)

    A. 是　B. 有时候是　C. 从来不

3. 如果周围有人吵闹，我会感到讨厌，没办法集中精力做事。(　　)

    A. 不会的，我仍然可以做自己的事情　B. 有时候会　C. 是的

4. 我爸妈跟别人的爸妈比差远了。(　　)

    A. 不是啊，我爸妈很好　B. 我不知道，没比较过　C. 是的，他们太普通了，跟别人的爸妈没法比

5. 下面这幅图，你第一眼看到的是什么？(　　)

A. 杯子里有半杯水   B. 桌上有杯子，杯子里有水   C. 杯子里的水没装满

6. 羊圈破了，丢了一只羊，你想（   ）

A. 快把羊圈补起来，羊就不会再丢了   B. 幸好其他羊都还在   C. 真倒霉，羊丢了

7. 你最喜欢的玻璃杯掉到地上，摔碎了，你会（   ）

A. 哭很久   B. 无所谓   C. 收拾好就行了，好在碎玻璃没有扎到人

8. 看到同学穿着名牌球鞋，你想（   ）

A. 我有自己的球鞋，不必羡慕别人的   B. 没什么感觉 C. 我恨我爸妈，舍不得给我买

9. 同学的笔找不到了，他认为是你拿的，你想（   ）

A. 我可以去辅导师那儿解释清楚   B. 我怎么会遇到这种人 C. 太委屈了，我想骂他甚至打他

10. 你做蛋炒饭把鸡蛋炒糊了，你觉得（   ）

A. 有了经验，下次就能做好了   B. 倒掉就行，没什么感觉 C. 我简直不是做饭的料

题号		1	2	3	4	5	6	7	8	9	10
分值	A	3	3	3	3	3	3	1	3	3	3
	B	2	2	2	2	2	2	2	2	2	2
	C	1	1	1	1	1	1	3	1	1	1

对照上表，看看你的得分：

25～30分：你很善于看到自己所拥有的，时常处于愉快、满足的状态，身心健康，拥有积极的生活态度。

18～24分：你能够看到自己所拥有的，但有时也会被烦恼和遗憾左右心情。

10～17分：你常处于沮丧与不满中，建议你调整自己看待事物的角度。

第三周　积极优势

周目标：认知优点，发挥优势

★情景演绎

田忌赛马

【活动准备】

六个马形头饰。

以颜色区分两方阵营，分别写上一等马、二等马、三等马。

【演绎过程】

＊注：如果场地不方便表演，也可以用课件或布偶演示代替。

1. 邀请六名学生上台和辅导师合作，分别戴上头饰。（田忌一方的"马"要比另一方的稍微矮小一点点）

2. 请双方的马"咴咴"地长啸几声，活跃气氛。

3. 辅导师边讲《田忌赛马》的故事，边请出"六匹马"分列阵前，配合辅导师的故事走位。

4. 请一等马对一等马、二等马对二等马、三等马对三等马，高的一方胜出。随着辅导师宣布结果，田忌一方惨败。

5. 继续讲故事：但实际上，最终的结果是田忌一方胜。

6. 六匹马归位。

田忌要怎样做才能赢得比赛？谁来说说看？

学生边说对策，"六匹马"边配合走位。

最后，田忌胜。

7. 问：从刚才的演绎中你学到了什么？

【体验者说】

即使整体实力不如别人，但如果集中优势兵力，也有可能取得胜利。所以人要善于发现自己的长处。有时候，你能取得的成绩，不是由最差的那匹马决定的，而是通过发挥"优势马"的最大价值来决定的。

★团体辅导实操

做一个优势感知者

【活动目的】

1. 发现自身的优点，提升自己的存在感和价值感。

2. 进一步培养"劣势转优势"的意识和能力。

【活动准备】

多媒体课件、纸、笔

【活动过程】

一、体验活动——两个1分钟

1. 第一个1分钟——寻找并肯定自己的优点

要求：请用关键词的形式，在1分钟内写下自己的优点；请同学计数并用手势向辅导师反馈；请同桌之间相互交流分享；请3到5名学生在全班分享。

问题：想一想，这些优点在生活、学习中给你带来了哪些好处？

预设：

（1）勤奋好学——让我能在学业上取得好的成绩，让我知道更多的知识，是对自己一种很好的肯定。

辅导师回应：勤奋好学是你做好事情的前提和基础，就如爱迪生的那句名言，天才是百分之一的灵感加百分之九十九的汗水。

（2）踏实稳重——做事不急躁，让我能把自己所做的每一件事情都认认真真地做好。

辅导师回应：踏实稳重的人会给人一种安全感。

（3）乐于助人——不仅能让别人得到帮助，自己也非常开心，在这个过程中也让我拥有了很多好朋友。

辅导师回应：助人助己。

（4）好奇心强——对一个问题充满了好奇心，想要知道是什么，更想知道为什么。这样就使我对问题的思考更全面、更深刻。

辅导师回应：想要知道是什么、想要知道为什么，这是人开展行动的最好的内在驱动力。

（5）记忆力好——能在短时间内记住更多的内容，头脑中存储更多的信息。

辅导师回应：你们的记忆力确实很好，让我很是羡慕。

（6）自学能力强，接受新事物快——我可以在老师没有讲解之前，就自己学会有些课程，这让我的学习更加轻松。

辅导师回应：比如说电脑这样的高科技产物，对我的父母而言，你教他们，他们也没有办法学会；对我和我的同龄人而言，教一教还是可以学会的；而你们是不教都可以自己学会的。你们的优势在这样的对比中就可以充分地显示出来。

（7）善良——不忍心伤害别人，所以就拥有了更多善良的朋友。

辅导师回应：很喜欢你的善良，想说的是，正是你的善良吸引了善良，从而赢得了更多善良朋友的关注。

（8）耐心——可以用心感受自己所经历的一切，得到更多的内心体验。

辅导师回应：这个世界需要用心感受，没有耐心的人会错过很多东西。

（9）办事效率高——能在短时间内做更多的事情。

辅导师回应：同样的1分钟，你可以做更多的事情。

（10）谦虚谨慎——从个人角度而言，可以不断汲取他人的长处，使自己不停地前进，同时在与他人相处的过程中，能常记他人的好处，与人为善。

辅导师回应：可以猜想，你一定是一个有很多朋友的人，并且你与朋友相处得都很融洽。

（11）幽默——不仅自己心情愉悦，还让我的周边充满欢笑声。

辅导师回应：幽默是一种成熟的心理品质，是人际交往的润滑剂，在很多场合都可以用幽默化解尴尬。

2. 第二个 1 分钟——缺点也有好处

要求：请用关键词的形式，在 1 分钟内写下自己的不足；请同学计数并用手势向辅导教师反馈；请同桌之间相互交流分享。

请逐条找出"我的不足"给你带来的好处；全班分享与讨论。

问题：有没有找不到好处的缺点？（如果有，请大家一起帮忙想办法）

预设：

（1）反应慢——我们慢慢来，可以用心体验生活，感受生活中每一分钟的精彩。

（2）胆子小——因为胆子小，我们做事小心谨慎，出错的概率就小。

（3）优柔寡断——我们有充分的时间考虑事情的利弊，再三权衡，这样作出的决定会更周全稳妥。

（4）性格内向——情感细腻而敏感，在生活中可以感受到更多，获得更多的内心体验，还可以觉察他人细微的情绪变化，从而照顾身边人的情绪。

（5）粗心——我们不会斤斤计较，把一些恼人的小事一直记在心上，使自己不开心。

（6）急躁——做事不会拖拉，今日事今日毕。

（7）懒惰——最大的好处就是可以延缓情绪的发泄；有时候还可以得到意外的惊喜；还可以推动科技的发展，改善人们的生活质量，发明先进的设备。

（8）冲动——敢于及时表达自己最真实的想法，让自己不留遗憾；能去自己想去的地方，说走就走。

（9）小气——珍惜自己拥有的一切，珍惜自己的父母兄弟，珍惜自己的亲朋好友，让自己成为一个懂得珍惜的人。

（10）好高骛远——人生中永远都有目标，不会在生活中迷失自己。

这些说明了什么？

你个人认为的缺点也许也是你的优势。

二、听故事

故事一 骆驼和羊

（本故事选自人教版小学二年级上册语文教材）

骆驼长得高，羊长得矮。骆驼说："长得高好。"羊说："不对，长得矮才好呢。"

骆驼说："我可以做一件事，证明高比矮好。"羊说："我也以做一件事，证明矮比高好。"

他们走到一个园子旁边。园子四面有围墙，里面种了很多茂盛的枝叶，伸出墙外来。骆驼一下就吃到了树叶。羊抬起前腿，扒在墙上，脖子伸得老长，还是吃不着。骆驼说："你看，这可以证明了吧，高比矮好。"羊摇了摇头，不肯认输。

他们俩又走了几步，看见围墙有个又窄又矮的门。羊大模大样地走进门去吃园子里的草。骆驼跪下前腿，低下头，往门里钻，怎么也钻不进去。羊说："你看，这可以证明了吧，矮比高好。"骆驼摇了摇头，也不肯认输。

他们去找老牛评理。老牛说："你们俩都只看到自己的长处，看不到自己的短处。这是不对的。"

故事二 患病的纳什

他，是一名数学天才，21岁在普林斯顿大学读博士时就提出了著名的博弈论。然而正当他的事业如日中天时，30岁的他却出现了很多令人费解的行为。他经常拿着报纸，说银河系向他发来了生物密码；说只有他是明白世界真相的人，其他人都生活在虚幻之中；他担心自己随时会被他人杀害，因为自己是"通晓天机的人"……他就是天才数学家约翰·纳什。经诊断，他患上了严重的精神分裂症。

面对幻觉和妄想的折磨，纳什学着慢慢地接纳它们，和幻觉共存。之后，他的心境变得更为平静，慢慢地竟从虚妄中获得启发，在1994年获得了诺贝尔经济学奖。以他为原型的电影《美丽心灵》也被搬上了银幕。

听了这两个故事，你受到什么启发？有什么想法或决定？

三、辅导师总结

善用短处，短处也有可能变为长处。

与不完美的自己和解，也许你能迸发出新的能量。

★心理拓展

盲人与哑巴

【润心驿站】

1. 充分发挥自己的优势；

2. 感受到每个人在团队中都很重要；

2. 建立队员之间的支持和信任。

【活动目的】

充分发挥自身的优势，配合同伴完成任务，培养团结协作的意识，增强个体的自信心。

【活动准备】

1. 眼罩或干净的蒙眼布条；

2. 障碍物（书本、文具盒、凳子等皆可）；

3. 活动场地：操场跑道。

【活动时长】

25 分钟。

【适合人数】

10 人或者更多。

【活动过程】

1. 谈话引入：

生活中有一些先天或后天的因素导致身体的残疾，这给人们的生活造成了很大的不便。例如盲人眼睛看不见、聋哑人既听不见也说不出、肢体残疾的人行动不便等。今天我们一起来做个游戏，叫"盲人与哑巴"，看一看一位"盲人"和一位"哑巴"发挥各自的优势能创造什么样的奇迹。

2. 游戏说明：

（1）分组：所有人站成一排，1、2 报数，然后数 1 的站一排，数 2 的站一排。两组成员面对面站好，你面前的同学就是你本次活动的队友。

（2）游戏规则：

① 1 扮演盲人（戴上眼罩），2 扮演哑巴。

②让"哑巴"带领"盲人"，从跑道的起点走到终点。

③"哑巴"要承诺整个过程不说话，同时保护"盲人"不受伤害。

④"盲人"要承诺在整个过程中无论遇到什么困难都不能摘下眼罩。

⑤活动时间 25 分钟，结束后回到指定地点（操场）集合。

3. 辅导师邀请几名同学做示范，给大家练习的时间。

4. 总结训练方法：

（1）两名组员可相互搀扶，或"哑巴"背着"盲人"；

（2）口令发出后一起走向终点，用时最短的一组胜出；

（3）可用动作、手势、身体互相帮助。

5. 分享成功的经验或失败的教训。

【讨论要点】

1. 在练习过程中遇到了哪些困难，是如何解决的？

2. 正式比赛的过程中发生了哪些印象深刻的事情？

3. 你在这个游戏中收获了什么？

【注意事项】

（1）不可用尖锐的或坚硬的物体做障碍物，不可在湿滑的地面进行。

（2）参加比赛的同学要注意"哑巴"不能说话，"盲人"不能摘眼罩。

（3）不急于求快，完成任务就是胜利。

【体验者说】

牢记规则，充分发挥自己的优势，信任队友，互相鼓励。对那些身体有残疾的人要学会付出，奉献一点爱。

★ 身临其境

邯郸学步

【活动准备】

成语动画片《邯郸学步》。

【活动过程】

1. 辅导师带领学生观看动画片。看完后请学生复述，以确认学生掌握了故事的主要情节。

2. 把故事编成小短剧，每组完成一个剧本，分组排练。

3. 评选出优秀剧本，并邀请该组上台表演。

4. 请演员和观众交流感受。

【体验者说】

我喜欢当演员，这让我感到很快乐。我觉得我擅长这个。

做自己就好，不要光想着去羡慕别人。

看同学们的表演，太搞笑了。而且又很有意思，我明白了每个人都有自己的优点和长处，我们不能一味模仿别人，而丢失了自己。

★ 主题故事

新龟兔赛跑

小兔子取得了跑步冠军，非常开心地跑回家，把奖杯拿给妈妈。

兔妈妈说："这有什么可得意的，你跑得快不是天生的吗？游泳连乌龟都比不过。明天就去学游泳！"

第二天，小兔子就被妈妈送到了游泳班。

一天过去了，一个星期过去了，一个月过去了……

小兔子不仅没有学会游泳，还差点溺水。

又一次跑步比赛，小兔子来到起跑线上。它连怎么跑步也忘记了，居然输给了乌龟。

【心灵火花】

我就是我，不一样的烟火。认清自己的优势并发扬它，才是我独特的价值所在。

★课外链接

绘本《大发明家爱迪生》

/推荐语/

爱迪生是一位伟大的电学家、发明家。他自幼就在父亲的木工厂做工，由于家庭贫困，一生只在学校读过三个月的书，曾被认为是"笨蛋"。但他从小热爱科学，自己刻苦钻研，醉心于发明，一生当中有2000多种发明，被称为世界发明大王。他的发明创造不仅靠聪明才智，而且靠艰辛的科学实践。他告诉我们："天才是百分之一的灵感加上百分之九十九的汗水。"

【阅读交流】

你了解童年时期的爱迪生吗？曾经被认为是"笨蛋"的小爱迪生，长大后却取得了举世瞩目的成就，这给了你什么样的启发？

★开心自测

我有我的优势

放松心情，来玩一个游戏吧！
1. 这是一个趣味性测试，结果仅供参考；
2. 为了更准确地了解自己的情况，你不用思考太多，每项内容凭直觉真实作答即可。

1. 我能一口说出自己有什么优点。（   ）

A. 是的　B. 慢慢想能说出一两个　C. 不行，一个都说不出来

2. 我会给爸爸妈妈做家务小帮手。（   ）

A. 经常会　B. 偶尔会　C. 从来不

3. 如果别人征求我的意见，我能很快拿定主意。（   ）

A. 是的　B. 有时候是　C. 不是，我总是有点拿不定主意

4. 我在各种朋友聚会时都很受欢迎。（   ）

A. 是　B. 不一定　C. 从来没有

5. 看到电视上那些多才多艺的人，我既羡慕又遗憾，因为我什么都不会。（   ）

A. 不会遗憾啊，我也有自己的才艺特长　B. 有时候会
C. 是的，我很遗憾，我什么都不会

6. 我至少有一门学科学起来很轻松。（   ）

A. 是的　B. 有时候会感觉到　C. 从来没有，每一门都很困难

7. 昆虫、植物、厨艺、音乐、绘画、写作、数学、体育运动、演讲、刺绣、编织、拆装拼图、下棋，其中我喜欢的有（   ）

A. 5项以上　B. 1—4项　C. 没有喜欢的

8. 我在班级里担任了班干部，而且工作做得不错。（   ）

A. 是　B. 曾经　C. 从来没有

9. 同学遇到了伤心事，我会主动去安慰，并帮助他/她重新开心起来。（ ）

A. 是 B. 偶尔会 C. 从来没有

10. 班上有什么体力活，比如扫地、搬花盆、抬凳子等，我会主动参与。（ ）

A. 是的 B. 不一定，看心情吧 C. 从来没有

对照你的选择结果：

有 3 个以上 A，说明你非常清楚自己的优势所在，在自己擅长的领域已崭露头角，继续加油吧！

有 1 个或两个 A，说明你拥有独特的潜能，快快给自己制订一个优势培养计划吧！激发自己的小宇宙，能量无限哟！

没有 A 选项，说明你还没有发现自己的优势所在，接下来希望你能在辅导师和爸爸妈妈的帮助下尽快找到潜在优势，进而成为最棒的自己。

第四周　积极情绪

周目标：了解情绪　疗愈自我

★情景演绎

情绪面具

【活动准备】

1. 二十个纸杯，下方贴有红、绿两色的圆片。
2. 喜、怒、哀、乐四种面具。

【演绎过程】

1. 向全班学生展示纸杯和面具，介绍四种基本情绪脸谱。
2. 将纸杯放在桌上，摆成一排。
3. 请一些学生上台，自己挑选一个纸杯，如果纸杯下面的图片是红色，则小组得一分，如果是绿色，则全组组员接受惩罚，如进行十次蹲起或蛙跳。
4. 请一些学生说出他们的心情。
5. 请一名学生上台，挑选符合心情的面具，给其中的学生代表戴上。
6. 如果还有面具无人认领，则问：生活中你们有过这样的情形吗？如果有过，来讲给大家听听，就可以戴上这个面具了。
7. 问学生：戴着什么样的面具时，你的心情会比较好，做事情会更有力量？

【体验者说】

我了解到了四种基本的情绪。

我想要经常戴上喜和乐两个面具，但是生活中很多时候都戴了怒面具和哀面具，它们让我感到不快乐。怎样才能少和它们见面呢？我很想有机会更深入地体验和学习。

★团体辅导实操

我的情绪脸谱

【活动目的】

1. 能够区分生活中的积极情绪和消极情绪。

2. 学习合理表达情绪。

3. 感知生活中不同的情绪，正确面对不同的情绪。

【活动准备】

作业纸、《我的情绪小怪兽》、情绪罐、彩纸。

【活动过程】

一、我的情绪天气

1. 辅导师带着孩子们玩一个体验游戏，用语言引导他们对不同大小的雨做出相应的动作。

小雨：指头轻轻触碰；

中雨：轻轻鼓掌；

大雨：有节奏地鼓掌；

狂风暴雨：拍打桌子或跺脚。

2. 辅导师提问：

面对不同大小的雨，大家的心情或感受有没有什么变化？是怎样变化的呢？

学生可能会说：

小雨时，心情平和；

中雨时，开心愉快；

大雨时，兴奋激动；

狂风暴雨时，简直嗨翻了！

我想起了那些让我不愉快的事，在使劲拍手跺脚时，好像把它们全部都倒出去了，心里一片轻松！

二、我的情绪笔记

1. "情绪"交流：

（1）你知道人有哪些情绪吗？学生回答，辅导师板书到黑板上。可不可以对这些情绪进行分类呢？如开心—不开心等。

（2）根据分类方式让学生用不同颜色的粉笔将这些情绪圈出来。

2. 知识链接：

（1）定义：积极情绪就是在目标实现过程中取得进步或得到他人的积极评价时所产生的感受（来源：情绪的认知理论）。消极情绪是指个体受自身或外在因素影响，不满意自身的能力和条件，进而造成信心的缺失，在生活中逐渐形成并影响人们的正常生活的消极心理状态（来源：MBA 智库）。

（2）积极情绪的 10 种形式（由美国心理学家芭芭拉·弗瑞德提出）：

喜悦（joy）、感激（gratitude）、宁静（serenity）、兴趣（interesting）、希望（hope）、自豪（pride）、逗趣（amusement）、激励（inspiration）、敬畏（awe）、爱（love）

（3）消极情绪以及它们的不良影响：

消极情绪有忧愁、悲伤、愤怒、紧张、焦虑、痛苦、恐惧、憎恨等。

消极情绪的不良影响有以下几个方面：影响生活质量，导致精神痛苦；导致判断力下降，形成认知偏差；干扰学习过程，影响才智发挥；容易产生反社会行为，危害社会；不利于良好人格的培养；等等。

3. 辅导师总结，力求深入浅出：

简而言之，我们小学生可以这样来理解积极情绪和消极情绪——

让人开心的，能促进人积极愉快地工作、生活的心理状态就是积极情绪；

让人不开心的，不能促使人积极愉快地工作、生活的心理状态就是消极情绪。

三、绘本阅读：《我的情绪小怪兽》

1. 辅导师将绘本投影到屏幕，与学生分享阅读。

2. 请学生聊聊看绘本的收获或感受。

3. 辅导师总结：颜色与情绪有着密切的联系，不同的颜色通常代表不同的情绪，可以学习用颜色表达情绪。

四、我的情绪脸谱

1. 画一画：给出几种不同的情绪以及空白脸谱，根据不同的情绪画出相应的情绪脸谱，并用一种颜色来涂出你认为这种情绪该有的颜色。

2. 说一说：请同学们分享自己的情绪脸谱和相应的颜色，并解释为什么给这种情绪涂上这种颜色。认识情绪的表现，通过绘画的方式表达自己对不同情绪的认识，加深对情绪的感知，同时通过赋予颜色来表现不同的情绪给大家带来的感受，如愤怒—红色等。

3. 演一演：以同桌两个学生为一组，从不同情绪中选出一种情绪，但是不能说出来，通过动作或者表情表演给自己的同桌看，让同桌猜一猜这是什么情绪。两个学生互相进行一次猜和演。难度可增加，自选情绪表演。

五、我的情绪生活

1. 聊一聊：每个人都会有积极情绪和消极情绪。当我们处在积极情绪中时，做哪些事可以帮助我们提高效率？当我们处在消极情绪中时，做哪些事可以让我们的感受好起来？

2. 帮一帮：在身边的人（同学、家长等）处于积极情绪或消极情绪的时候，我们分别可以做什么？

六、我的情绪区分

1. 写一写：选择不同颜色的彩纸，写下或画下自己最近印象深刻的一种情绪，并注明什么时候发生的，丢进积极和消极两种不同的情绪罐里。

2. 想一想：看看消极情绪罐里的情绪，想想它对你造成了哪些干扰？想想你的决定，是要继续保留它还是彻底丢弃它。

3. 做一做：把你的决定带到生活中，避开消极情绪对你的不良影响，让积极情绪为美好生活服务。

★心理拓展

耐心步步高

【润心驿站】

我与团队；勇于挑战；关注细节；承担责任。

【活动目的】

增强在较大压力下良好的心理调整能力，培养耐心和细致的做事风格。

【活动准备】

室内；桌子，每组1张，塑料杯6个；纸牌，每组1副；秒表或屏幕倒计时。

【活动时长】

15分钟。

【适合人数】

所有人。

【活动过程】

一、准备活动：首尾相连

1. 辅导师讲解活动规则，请两名学生上台示范：在30秒内将6个杯子按照口对口、底对底的方式叠起来，在手离开杯子后杯子不会倒，则挑战成功。成功者加1分。速度快的前一半人数可加2分。

2. 各队练习。

3. 每队各派出一名队员参加挑战。

3. 更换队员比赛，直至所有队员均参加完一轮。累积计分。

4. 最后以得分多的小队为胜。

【讨论要点】

1. 执行任务的过程中你会紧张吗？你担心的是什么？

2. 成功或失败后你是怎么想的？

【注意事项】

1. 可以根据活动时长决定比赛的次数。一般5~10次为宜。

2. 为了提高游戏的成功率，可以提前几周告知学生游戏规则，让学生在家抽空练习。

3. 如果要全体学生参与，可以同时组队比赛，挑战成功者获黄旗+1分，挑战胜利者获红旗+2分，再各组累积计分。

【体验者说】

勇于面对挑战，细心、耐心、专心。

二、正式挑战：步步高升

1. 将纸杯换成纸牌，挑战你能叠几层，是否能叠完全部的纸牌。

2. 其他比赛过程与叠纸杯相同。

【注意事项】

1. 这个活动比叠纸杯难度要大，用时也较长，适合在时间充裕的时候进行。

2. 这个活动也适用于个体心理辅导，可以训练学生的专注力、耐心、细心、手眼协调度。

【体验者说】

情绪是很难控制的，但控制住情绪才能让自己快乐，才能更好地与自己、与他人相处，才能让自己拥有幸福的人生。

★身临其境

开心时刻

【活动准备】

卓别林幽默电影片段。

【活动过程】

1. 辅导师播放卓别林幽默电影片段，学生观看。

2. 采访：你刚才的情绪是？你能说说你为什么会有这样的情绪吗？

3. 这种感觉是否令你感到舒服、愉悦？

4. 有一种人，有他在，身边的人都会开心起来。这种人，我们叫他"开心果"。有谁愿意成为我们班的开心果，为大家带来快乐？

屏幕出现几个提示：

讲个笑话　做个鬼脸　分享童年糗事　校园幽默故事　……

5. 采访分享者：

刚才分享的过程中，你看到更多的人因为你而收获了快乐，你的感受是怎样的？

6. 采访更多的人：

对那些能让我们开心起来的人，你是否心存感激？

你愿意成为大家的开心果吗？

你是否有能力给身边的人带来快乐？

【体验者说】

我了解到积极情绪能帮助我保持身心愉快。

一个人的开心分享给大家，就变成了很多人的开心。

我想成为开心果，不仅能逗大家笑，自己也每天都开开心心的。

★主题故事

卖伞和卖扇
（根据民间故事改编）

有一个老太太，她有两个儿子。这两个儿子都是做生意的，大儿子卖扇子，小儿子卖雨伞。天晴时，老太太就为小儿子担忧，担心雨伞卖不出去；雨天时，老太太就为大儿子忧虑，担心扇子卖不出去。如此一来，老太太的日子过得就很忧郁。邻居问她为何总是愁眉苦脸的，老太太说明了情况。邻居笑着说："老太太，你真好福气呀！天晴时，你的大儿子生意很好；下雨时，你的小儿子生意兴隆。"老太太听了，豁然开朗，转忧为喜。

从那天起，每当下雨时，老太太就祈求上天多下一点雨；天晴时，就祈求太阳能更加炽热。就这样，老太太变得很快乐。

【心灵火花】

当你被恐惧、忧虑等消极情绪困扰，觉得生活处处不如意时，不妨换一个角度去思考。天气仍然变幻莫测，但情绪的天空却可以永远阳光明媚。

★课外链接

电影《头脑特工队》

/推荐语/

电影《头脑特工队》把人的情绪做了拟人化处理，五个角色乐乐、忧忧、厌厌、怕怕和怒怒，分别对应五种基本情绪。应该怎样控制情绪，以及如何让消极情绪也能带来积极影响，影片给了我们很好的启示。影片虽是动画，却富含哲理，适合不同年龄段的人观看，可以亲子共同观影。

【观影交流】

影片中的五个角色，你喜欢哪一个（些）呢？为什么？

你对哪个情节印象最深刻？

★开心自测

我的情绪管理

放松心情，来玩一个游戏吧！
1. 这是一个趣味性测试，结果仅供参考；
2. 为了更准确地了解自己的情况，你不用思考太多，每项内容凭直觉真实作答即可。

1. 刚被老师批评了，现在班级要搬新书，你会（　　）

A. 像往常那样积极参与　　B. 跟我没关系　　C. 坚决不干！谁受表扬谁去！

2. 你为了准备礼物，导致参加朋友的生日派对迟到了，朋友很不开心，不想理你，你会（　　）

A. 愤怒，亏我对他（她）这么好，礼物扔了也不给他（她）

B. 一切照常，只当什么都没有发生过

C. 为迟到表示道歉，安抚对方的情绪，并把礼物拿出来，解释自己迟到的原因

3. 和同学打球，别人都轮番赢，只有你一直输，你会（　　）

A. 烦躁、发怒　　B. 冷静分析，一定要争取胜利　　C. 打球而已，输了也可以玩得很开心

4. 诋毁过你的人，当着你的面和你的好朋友打招呼，你朋友也做出了回应，之后你会（　　）

A. 骂他（她）一顿，这个叛徒，让他（她）在你和敌人之间作出选择

B. 表面只当什么也没有发生，但从此以后不再当他（她）是朋友

C. 并不影响你们的友情，也不强求对方选择，平静地说出自己

不喜欢这个人的原因，提醒他（她）保护自己

5. 边走边看书，不小心踢到了桌子腿，脚疼得厉害，你会（ ）

A. 大哭，觉得全世界都欺负你 B. 郁闷，觉得今天真倒霉

C. 吸取教训，以后不再犯这种失误，庆幸这不是危险的环境

6. 得知同学去老师那里告你的状，你会（ ）

A. 大怒，摔书本，找到他/她吵一架 B. 无所谓 C. 分析原因，和平沟通，错了就改，没错就解释清楚

7. 期末成绩考差了，你会（ ）

A. 一个假期都闷闷不乐 B. 从此以后认为自己是个差生

C. 调整心态，寻找原因，奋起直追

8. 搬家到一个完全陌生的地方，交通也不太方便，你会（ ）

A. 每天愁眉不展 B. 没什么变化 C. 积极探索并熟悉周围的环境，交到新朋友

9. 在一个星期以内，你因为愤怒而发火的次数是（ ）

A. 有0—4次 B. 有5次及更多 C. 一次都没有

10. 每次很烦、很不开心的时间你大约会持续多久？（ ）

A. 最多半个小时吧 B. 大约一两天 C. 三天甚至更久

题号		1	2	3	4	5	6	7	8	9	10
分值	A	3	1	1	1	1	1	2	1	3	3
	B	2	2	2	2	2	2	1	2	2	2
	C	1	3	3	3	3	3	3	3	1	1

对照上表，看看你的得分：

25~30分：你的情绪管理能力目前还比较弱，加油呀！

19~24分：你初步拥有管理情绪的能力，但还需进一步学习提升。

10~18分：你能较好地控制自己的情绪，能与情绪和平相处，并积极转化不好的情绪。

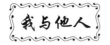

第五周　积极展示

周目标：敢秀敢当　慧眼慧心

★情景演绎

破茧成蝶

【活动准备】

《破茧成蝶》视频。

【演绎过程】

1. 播放视频。

视频播完后请学生说说心情或感受。

2. 将视频暂停至帝王蝶刚刚把茧破开一个小口的时候。

辅导师讲解另一个版本的结局：

有一天，一个人路过此处，看到幼蝶挣扎得这么辛苦，感到十分心疼，就帮它撕开了外面的茧壳，帝王蝶很容易就从茧里出来了。

你们知道这只帝王蝶后来怎么样了吗？让学生说说自己的猜想。

3. 辅导师继续讲这个版本的结局：

后来，这只帝王蝶没能飞起来。因为没有经历过挣扎与挤压的过程，它的翅膀水分过多，沉重，且没能获得足够的力量。

4. 辅导师提问：

从帝王蝶破茧的两种结局中，你体会到了什么？

如果有机会摆在你面前，你是否能大胆展示、勇敢锻炼？

【体验者说】

有时候好心会办坏事，我们应该尊重自然规律。

有一些经验和能力，必须经过自己的努力才能获得。没有人可以替代我们。

当有锻炼机会的时候，一定要积极参加，大胆展示，即使会失败也要坚持，只有这样才能够成为美丽的蝴蝶飞起来。

★团体辅导实操

我敢我能[①]

【活动目的】

1. 通过分享"六一"活动的感受，引导学生重新认识自己。

2. 回顾训练的场景，让学生感受到只要有目标，敢于展示，就会有收获。

3. 再次颁奖，激发学生强烈的自我展示信心。

【活动准备】

1. 学生准备：自带一支笔。

2. 辅导师准备：便利贴、奖状、奖品和课件。

【活动过程】

一、观看视频，交流感受，认识自我

2021 年 5 月 27 日是一个让我们难忘的日子，因为这一天，我们开心班的全体同学站到了"国学经典诵读比赛"的舞台上，为荣誉而战。让我们再来回顾一下当时的场景。

1. 回放比赛视频。

2. 辅导师引导交流。

在视频里你看到了一个怎样的自己？这和平时的你有什么不一样？（站姿、表情、态度）

是什么原因让你表现出一个不一样的自己呢？（预设：因为是比赛，要为开心班争光，不能给开心班丢脸……）

---

① 本案例由贾丽萍提供。贾丽萍，原普格县附城小学校心理辅导师，现为螺髻山镇铁道兵希望小学校教师。

3. 现场采访：

（1）主动承担领诵的四位同学；

（2）比赛那天因为穿了不一样颜色的裤子差点影响演出成绩的男生；

（3）临时跟他换裤子的同学；

（4）曾经非常沉默、不敢当众说话的一对双胞胎；

（5）其他。

4. 辅导师小结，过渡：

比赛那一天，每一个同学都展现了不一样的自己。其实这个不一样的自己一直住在我们心里，他上进、努力，心中装着集体。这样优秀的自己并不只是出现在舞台上，让我再来看一看训练中的你。

二、回顾训练场景，我手写我心

1. 回放平时训练的视频。

2. 交流：在训练中你又看到了一个怎样的自己？

3. 写一小段话送给自己或者老师。

4. 自愿展示自己写的话，并把它贴到展示墙上。

三、颁发奖状，合影

1. 由辅导师或莅临现场的校领导隆重颁发"国学经典诵读比赛"团队获奖证书。

同学们手搭着肩膀，形成一个整体，一个同学领奖，所有同学都能感受到这一张奖状的力量，集体荣誉感爆棚。

2. 集体合影。课后将照片彩色打印后，贴在班级成长墙上。

3. 播放欢乐的音乐，分发"六一"礼品。活动在高潮中结束，自信伴随孩子们成长。

★心理拓展

请你记住我

【润心驿站】

我与他人；姓名魅力；个人特质。

【活动目的】

挖掘自己姓名中的意义、特色，在自我介绍时让人印象深刻。

【活动准备】

姓名背心。

【活动时长】

20分钟。

【适合人数】

全体学生。

【活动过程】

1. 所有人穿好自己的姓名背心。

2. 辅导师宣布游戏规则：每个人都要作一分钟的自我介绍，想办法让大家记住你的名字。

3. 辅导师根据自己的姓名作富有特色的自我介绍，为大家提供示范。

4. 全体队员各自准备两分钟。

5. 每名队员在小队里练习自我介绍。

6. 辅导师随机采访：你的名字被大家记住了吗？你是怎样介绍自己的？恭喜你（或加加油）！

6. 每队推荐一名同学上台作一分钟的自我介绍，台下的同学用心记住他们的名字。

7. 要求台上的同学脱掉姓名背心，依次请台上的同学出列，在台下的同学中任意采访：你记住他叫什么了吗？是什么让你对他印象深刻的？

8. 采访台上的同学：你被（或没有被）记住姓名时，感受怎样？

你有什么想法或决定？

【润心要点】

善于展示自己的特点，善于发现别人的特点。

【注意事项】

如果人数较少，可以不用分内外圈，而是要求大家在场地内随意走动，并和所有的人都做一遍"找朋友"的游戏。

【体验者说】

主动挖掘特质，发现意义，我感觉我是最特别的。

如果我盼望被他人记住，那么在交往中，我也应该尽量去记住更多人。

★身临其境

才艺舞台秀

【润心驿站】

我与世界；自信自强；热爱生活。

【活动目的】

大胆展示；敢于挑战；主动学习。

【活动准备】

室内。

【活动时长】

40分钟。

【适合人数】

不限。

【活动过程】

1. 全体成员分成两队进行比赛。

2. 每队成员可以从列表中任意挑选内容进行准备。准备时间10分钟。

唱歌 5分	舞蹈 10分	绘画 5分	书法 5分	武术 10分	乐器 10分	背诗 2分	相声 5分	演讲 10分	体育 5分

3. 每队拥有10分钟的展示时间。

4. 展示完毕后，根据得分进行评比。计分方法：辅导师可根据项目难度、表演质量和流畅程度给分，不超过该项目最高分；多个项目可累积计分；该队成员人人都参与了展示，加50分；有主持、串场等，另加10分。

【讨论要点】

1. 对这个活动你有什么样的想法或感受？

2. 怎样做才能在这个展示中获得高分？

3. 你想成为一个多才多艺的人吗？如果想，你有什么想法或打算？

【注意事项】

提醒各队展示时间只有10分钟，并注意加分规则。

【体验者说】

大胆展示，秀出自我。只有充分练习，才会学有所成。

★主题故事

八仙过海，各显神通

一天，八仙驾云去参加神仙会，路过东海。吕洞宾说："驾云过海，不算仙家本事。咱们不如用自家的拿手本领，踏浪过海，各显神通，你们看好不好？"众仙都说"好"。

铁拐李把手中的拐杖抛入东海，变成一叶小舟，平平安安地到达了对岸。

汉钟离把响鼓扔进海里，盘腿坐在鼓上，稳稳当当地渡过了东海。

张果老拿出一张纸，折成了一头毛驴，驮着他踏浪而去，一会儿就到了对岸。

接着，韩湘子、何仙姑、曹国舅等也都用身边的东西做渡船，平平稳稳地渡过了东海。

七位仙人到了对岸，左等右等不见蓝采和的人影。

原来刚才他们过海时惊动了东海龙王的太子，他派虾兵蟹将抓走了蓝采和。吕洞宾对着东海大喊："龙王听着，赶快把蓝采和交出来，要不，当心我的厉害！"

太子听了勃然大怒，冲出海面大骂吕洞宾。吕洞宾拔出宝剑就砍，太子一下子就潜入了海底。

吕洞宾哪会放走太子。他拿出腰间的火葫芦，把东海烧成了一片火海。

龙王忙问出了什么事，太子只得老老实实地讲出了事情的真相。龙王立即下令放了蓝采和。

八位仙人告别东海，逍遥自在地赴神仙会了。

【心灵火花】

生活是片海，目标在对岸，看你怎么"八仙过海，各显神通"。

★课外链接

综艺节目《星光大道》

/推荐语/

《星光大道》是央视综艺频道推出的一档大型综艺选秀节目，本着"百姓自娱自乐"的宗旨，突出大众参与性、娱乐性，力求为全国各地各行各业的普通劳动者提供一个放声歌唱、展现自我的舞台。你可以选择性地看几期节目，感受一下普通人的才艺风采。

【观后交流】

如果生活中也有类似"星光大道"这样的展示机会，你准备展示什么？（不限于才艺，也可以是其他解决问题的才能）

★开心自测

我也敢秀敢当

放松心情，来玩一个游戏吧！
1. 这是一个趣味性测试，结果仅供参考；
2. 为了更准确地了解自己的情况，你不用思考太多，每项内容凭直觉真实作答即可。

1. 从进入幼儿园以来，你当众表演（朗诵、唱歌、跳舞、演讲……）的次数是（　　　）

A. 次数太多，记不清楚了　B. 平均一年两三次吧　C. 不足5次

2. 家里有长辈过生日，亲友聚餐，妈妈让你说几句祝福的话。你会（　　　）

A. 当众响亮、清楚地说　B. 小声说，怕说错被人笑话
C. 从来不会

3. 如果你跑步很不错，运动会要开始了，你会（　　　）

A. 主动报名参加跑步竞赛　B. 辅导师点名我才去　C. 辅导师点名我也不去，没兴趣

4. 班里要举行讲故事比赛，你的普通话不是很好，你会（　　　）

A. 坚决不能参加，怕闹笑话　B. 无所谓参加与否　C. 主动报名参加，试试也没什么

5. 当你在课堂上被老师点到回答问题，你会（　　　）

A. 立即起立回答，即使不会也大声说"我不会"　B. 磨蹭半

天才起立作答 C. 垂着头或嬉皮笑脸，基本不回答

6. 几个小伙伴聚会，气氛有点沉闷，你会（   ）

A. 主动讲笑话活跃气氛 B. 自顾自做自己的事 C. 不好玩，回家了

7. 班里将举办手抄报展览，你会（   ）

A. 抓住机会创作，争取交一份作品 B. 看心情要不要参加
C. 我美术不好，才不要参加

8. 如果你学习成绩很不错，老师请你上台给大家讲题，你会（   ）

A. 感到很荣幸，大方地讲解 B. 看心情要不要上台 C. 不想上台，不想讲

9. 班上要办黑板报了，你的粉笔字写得还不错，你会（   ）

A. 班上办黑板报关我什么事 B. 找机会告诉老师自己的字写得不错 C. 举手争取加入办报小组，展示自己的才能

10. 几家人一起去旅行，大家都在讨论计划，你会（   ）

A. 当别人问到我了解的知识时，我会加入交谈

B. 觉得跟自己没关系，坐在一边玩手机或做其他的事

C. 主动加入讨论，谈自己的想法或打算，跟大家一起为旅行出谋划策

题号		1	2	3	4	5	6	7	8	9	10
分值	A	2	6	3	1	3	3	3	3	1	2
	B	4	4	2	2	2	2	2	2	2	1
	C	6	2	1	3	1	1	1	1	3	3

对照上表，看看你的得分：

25～30分：你敢于随时随地大胆地展示自己，做得不错！

18～24分：你有时候能积极展示自己，有时候做得还不够，要坚持。

10～17分：你几乎不怎么主动展示自己，要加油哟！

第六周　积极沟通

周目标：学会倾诉，大方表达

★情景演绎

猜心游戏

【活动准备】

若干情绪贴纸。（或用课件制作"情绪翻翻乐"小游戏）

【演绎过程】

1. 将情绪贴纸反扣在桌面上。

2. 请学生上台来翻任意一张，展示给大家。

3. 请台下的学生说出这一情绪的名称。

4. 请台上的学生根据翻到的情绪，讲一个生活中真实发生的相关事件。例如：抽到"愤怒"情绪，就讲自己曾经因为某件事情特别愤怒，当时的感受，后来……现在……

如果有时间，还可以分组玩一玩。

5. 采访分享的学生：当你说出自己的情绪事件后，你的感受如何？

采访倾听的学生：当你听了他/她的情绪事件后，你的感受如何？

6. 辅导师总结：

向别人倾诉自己的情绪故事，往往能拉近与别人之间的距离，获得理解和支持。

当然，倾诉也要有方法、讲策略。这就是我们之后的课程要学习的内容。

【体验者说】

我觉得说出让自己愤怒的事情后，看到大家理解的目光，愤怒就放下了，心情就好了很多。

本来我之前很伤心，为那件事耿耿于怀，但是说出口之后，觉得也就没什么了，好像是在讲别人的故事一样。

★团体辅导实操

跳大绳①

【活动目的】

1. 培养团结协作意识及能力；

2. 当有沟通不畅而导致合作不愉快的情况时，能主动说出自己的顾虑、想法和需求，用主动、良好的沟通来解决问题。

【活动准备】

几根长绳，秒表。

【活动过程】

一、活动练习

大家都跳过绳是吧，长绳也玩过吧？跳绳时不同的人会有不同的反应，为什么呢？我们今天的活动是一个典型的团队活动，需要大家配合才能完成，你们敢于挑战吗？

1. 请一组学生出列做示范，其他同学观摩。请两个学生各握住绳子的一端，开始甩绳，其余同学依次排队进入圈中跳绳，当所有人都进去后，开始数十下，即为挑战成功（计时人员从第一个跳进去的同学开始计时，直到所有人跳完后结束计时），最后统计各小组的挑战时间，时间越短，成绩越高。

2. 分组自由练习，观察学生的沟通情况。

二、采访交流

（1）采访摔倒或总是跳不好的学生：你当时的心情怎样？你有没有把你的想法表达出来？

（2）采访表现出着急、责怪等情绪的学生：你当时的心情怎样？有什么想法？后来是怎么做的（有没有积极沟通或提供帮助），效果怎样？

三、小组讨论：你认为在团队成员遇到困难（或自己遇到困难）

---

① 本案例由谢娟提供。谢娟，普格县附城小学校心理辅导师，国家三级心理咨询师。

的时候，最好的解决办法是什么？是互相责怪，还是积极有效的沟通和帮助？

四、总结：在这次活动中，你有什么收获？

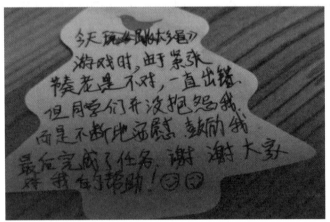

★心理拓展

盲人过沼泽

【润心驿站】

我与他人；信任他人；准确描述。

【活动目的】

1. 帮助孩子建立对伙伴的信任；

2. 能主动表达担忧、恐惧等情绪；

3. 能对共同营造安全环境承担起责任。

【活动准备】

1. 室内或户外的空地（20平方米）。

2. 眼罩一个或多个。

3. 十几张报纸。

【场地布置】

把报纸撕成大大小小各种形状的小块，铺在平地上。每一张报纸中间留比一只脚大一点的缝隙。

【游戏人数】

不限，但每个小队的人数必须是双数（最好为2～8人）。

【活动时长】

20～40分钟。

【游戏过程】

一、情境导入

一个公司要招聘高管，很多人前去应聘。公司负责人就让这些应聘者都参加一个游戏"盲人过沼泽"，以此来选拔人才。现在，你们就是这些应聘者，谁能应聘成功呢？让我们开始游戏。

二、游戏竞聘

1. 宣布游戏规则：

（1）应聘者每组两人，一人扮演盲人，一人做引路人。

（2）盲人蒙上眼睛后，引路人给盲人伙伴描述过沼泽地的路线。如：左脚向前迈一小步，右脚左移半步……

（3）如果盲人踩到报纸就说明掉入了沼泽，游戏失败。如果盲人在引路人的指引下顺利到达终点，表示成功。

2. 应聘者自由组合，两人一组，分配角色，确定谁是盲人，谁是引路人。组合好后到"沼泽地"集合。

3. 开始游戏。

4. 游戏结束，公布每个组的成绩。宣布应聘成功者名单，并颁发"聘书"。

5. 让失败或是获胜的学生谈谈原因或感受。

【讨论要点】

1. 游戏过程中，你是"盲人"，你想了些什么？

2. 你是引路人，你觉得有哪些困难？

3. 引路人和盲人要怎样合作才能通过沼泽？

【注意事项】

1. 盲人一定要遵守规则，不得偷看路线。

2. 整个过程要注意安全，不要摔倒。

【体验者说】

在生活中每个人都会遇到各种困难，有时候只靠自己的力量难以解决。这时我们要学会信任他人，大胆倾诉，积极沟通，表达自己的需要。

通过活动，让我感觉到求助并不可耻，互相帮助能让我们生活得更美好。

★身临其境

心理树洞

【活动准备】

准备好"心理信箱"（外观伪装成树洞的形状更好），再贴上文字：心理树洞。

【活动过程】

1. 创设真实的"心理信箱"，取名为"心理树洞"。

2. 辅导师呈现一封信"成长的烦恼"，或读或念或展示，让学生能被故事感染，并引起共鸣。

书信内容示例：

×老师：

您好！

妈妈说，我小时候是一个很开朗的小家伙，很受大家的喜爱。不知从什么时候起，我发现周围的人都开始讨厌我了，同学们也经常去老师那里告我的状。但我其实只是想跟他们玩，所以才动手的，他们就说我打他们。唉，我一个人太无聊了，也不知道可以玩点什么。为什么他们不能理解我呢？

一个需要您帮助的孩子

回信示例：

亲爱的同学：

谢谢你对我的信任，愿意把你的心事告诉我。

你的烦恼我已收到，我能体会到你难受的心情，也能理解你很想跟大家一起玩的愿望。并且我相信，你说动手并不是想欺负别人，这是你真实的想法。那么，我们可否来讨论一下达成愿望的方法呢？你可以尝试着这样做：口头先提出申请，商量好大家都能接受的玩耍方式；或者观察一下别的同学是怎么玩在一起的，哪些方式最受大家欢迎；或者通过老师问一问同学们不喜欢跟你玩的原因，真诚地改正。

试过之后，结果会怎么样呢？欢迎你再次来信告诉我哟！

你可信赖的朋友：×老师

3. 辅导师继续呈现"心理树洞"的"回音"，让学生感受能获得的帮助。

4. 辅导师扮演"心理树洞"，告诉大家：

我是树洞深不见底，

我会替你保守秘密。

无论听到多少话语，

绝不私自泄露出去。

如果你还期待余音，

渴望树洞回馈关心。

我也可以给出建议，

只要你愿认真倾听。

5. 播放音乐，可以选择轻快的、悲伤的或愤怒的，让学生闭上眼睛，回忆自己的生活经历，唤醒曾经的某种情绪，想想有没有什么要倾诉的，如果有，就写一写"成长的××"，投递到"心理树洞"。

6. 如果课堂上有时间，可以当堂选择某一封成长书信（所反映的应该是普遍问题）给予回应（不点名，不暗示，不泄露秘密），让学生感受到所有的倾诉都会得到回应和帮助。

7. 鼓励学生以后有心事仍然可以告诉"心理树洞"。

【体验者说】

终于有个地方可以说点秘密了。其实也不一定要得到什么答案，就是觉得不吐不快。

曾经的郁闷被我写出来后忽然变得云淡风轻。

家庭接二连三地遭遇不幸，我感觉我要崩溃了，写出来后我觉得心里轻松了一些。没想到后来老师还私下找我了解情况，安慰我，开导我。我现在不再抱怨了，觉得不管生活怎样为难我，我都会挺过去的。就像老师告诉我的，"天将降大任于斯人也，必先苦其心智，劳其筋骨"，我就当是上天考验我好了。

★主题故事

树洞里的秘密

（根据网络故事改编）

从前，有一个国王，他有一个不为人知的烦恼：耳朵一天比一天长。

国王每天都很担心：我的耳朵越来越长，如果百姓知道了，他们一定会嘲笑我……

为了遮住长耳朵，国王特意定做了一顶大帽子。

全国的人民都很好奇：为什么国王每天都戴着大帽子呢？但是，没有人敢问，所以也就没有人知道国王长了一对长耳朵。

有一天，国王发现自己的头发太长了，便请最守信用的理发师进宫帮他剪头发。理发师小心翼翼地脱下国王的帽子，看到了国王的耳朵，吓得直发抖。

国王对他说："我听说你是个守信用的人，我要你发誓，绝对不会说出我长了驴耳朵的秘密，如果你违背了誓言，我就把你关起来！"理发师不停地点头，说："您放心！我绝对会保密的！"

理发师回到家，邻居都跑来问："听说你进宫帮国王剪头发啦！那你知道国王为什么每天都戴着一顶大帽子吗？国王到底是不是秃头呀？"但是理发师只是摇摇头，什么也不敢说。

知道国王的秘密后，理发师每天都会不由自主地想："国王有一对驴耳朵！国王有一对驴耳朵！国王有一对驴耳朵！"他一直将秘密闷在心里，终于病倒了。

医生给理发师提了一个建议："你到深山找一棵大树，对着树洞大声说出藏在心中的秘密，病就会好了。"

理发师听了医生的话，立刻到深山里找了一个树洞，对着洞口大声喊："国王有一对驴耳朵！国土有一对驴耳朵！国王有一对驴耳朵！"

说完以后，理发师觉得轻松多了，他开心地说："啊！说出秘密真舒服呀!"接着，他用泥土把洞口埋起来，高高兴兴地回家了。

【阅读交流】

你从故事中受到了什么启发？你有什么想说的话吗？快去找个信任的朋友说一说吧!

★课外链接

绘本《做我朋友好吗?》

/推荐语/

这是一本教会孩子突破社交壁垒，勇敢袒露心扉，用真诚去接触世界的绘本。很多时候，我们都渴望拥有一个好朋友，但是这个朋友又不是谁都可以。小男孩希望能有个知心朋友，但他并不想跟附近的小熊玩，而小熊也不好意思和他打招呼……直到有一天小男孩在小纸船上发现了一句留言，一切才发生了变化。

【阅读交流】

读完故事，你知道自己"完美的好朋友"是谁了吗？你愿意向谁吐露心事呢？

★开心自测

我的沟通能力

放松心情，来玩一个游戏吧！
1. 这是一个趣味性测试，结果仅供参考；
2. 为了更准确地了解自己的情况，你不用思考太多，每项内容凭直觉真实作答即可。

1. 你有没有很聊得来的好朋友？（　　）

A. 有很多　B. 有几个　C. 一个都没有

2. 如果时间允许，你跟人聊天可以聊多长时间？（　　）

A. 一小时以上　B. 一二十分钟吧　C. 几句话就聊不下去了

3. 心情不好的时候，你会（　　）

A. 找人聊聊　B. 做点其他事分散注意力　C. 什么都不做，保持抑郁状态很长时间

4. 你跟人聊天时的感受是（　　）

A. 聊天前难受，聊完后好多了　B. 聊天前还行，聊完后更难过了　C. 没什么感觉

5. 老师让你负责组织同学们办板报，你会（　　）

A. 找同学们沟通，分配任务　B. 直接把任务安排出去 C. 懒得组织，自己一个人办完

6. 妈妈的生日快到了，你会（　　）

A. 给妈妈做张生日贺卡祝她生日快乐　B. 当天早上说声生日快乐　C. 我不记得妈妈的生日，就算记得也不会做什么

7. 问问你身边的人，通常情况下，你跟他们聊完天后，他们的感受是（　　）

A. 聊天前难受，聊完后好多了　B. 聊天前还行，聊完后更难过了　C. 没什么感觉

8. 同学冤枉你考试时偷抄答案，老师叫你去办公室，你会（　　）

A. 不去！我又没偷看！　B. 当堂跟同学吵一架　C. 去老师那里解释清楚

9. 愤怒到极点的时候，你会（　　）

A. 想办法让自己先冷静，然后好好说　B. 大吵一架，吵了就好了　C. 拿拳头去砸墙，或者扔东西发泄

10. 悲伤到极点的时候，我不想跟别人讲，只想做一些伤害自己的行为，比如揪自己头发、一天不吃饭等。（　　）

A. 经常会　B. 有时候会　C. 从来不

题号		1	2	3	4	5	6	7	8	9	10
分值	A	3	3	3	3	3	3	3	1	3	1
	B	2	2	2	1	2	2	2	2	2	2
	C	1	1	1	2	1	1	1	3	1	3

对照上表，看看你的得分：

25~30分：你很善于与人沟通。

18~24分：你具备了与人沟通的能力，可以把这种能力培养得更强。

10~17分：目前为止，你还不太善于与人沟通，可以通过主动学习来改变自己。

第七周 积极感恩

周目标：心怀感恩，学会赞美

★情景演绎

说声谢谢

【活动准备】

无。

【演绎过程】

1. 全班同学围坐成一圈，辅导师也坐在同学们中间。

2. 从辅导师开始，向大家致谢。比如：

谢谢××今天帮全班擦黑板。

谢谢××今天早上给了我一个问候，让我一天心情都很好。

谢谢××上课管好了自己，让我省心，让全班同学的学习效率都提高不少。

…………

3. 同学们依次向大家致谢。辅导师提示：致谢时，要具体到某个人、某件事，以及被别人帮助后自己的感受。

【体验者说】

有三个同学向我致谢了，每一次听到自己的名字，我都非常激动。其实我做的都是些顺手的小事，也没觉得有多么了不起，可是当我从别人口中听到这些小事能给他们带来帮助的时候，我很有成就感。

当我向别人致谢以后，我收到对方的目光回应，感觉我们的关系更亲密了。

听到有同学向班上有名的调皮鬼致谢，我很吃惊。原来他也并不是那样糟糕，平时默默做了些好事。也许我平时对他带有偏见，我应该重新看待他。

★团体辅导实操

千人糕①

【活动目的】

1. 懂得自己的成长离不开家长、老师和社会的关爱，拥有感恩惜福的健康心态。

2. 珍惜学习、生活的机会，孝敬父母，勤奋学习，服务社会。

3. 不仅有感恩的想法，还要落实到自己的行动中。

【活动准备】

1. 蛋糕。

2. 二年级下册课文《千人糕》动画视频，《抢枕头》动画片。

3.《感动中国》孟佩杰的视频。

4. 歌曲《感恩的心》。

【活动过程】

一、品蛋糕，思来源

1. 同学们，你们爱吃蛋糕吗？那么今天的课我们先从吃蛋糕开始好不好？请小组长把蛋糕分发下去。

2.（播放舒缓的音乐）请大家全身放松，把蛋糕放到右手手心里，眼睛看着它们，放到鼻子下面闻一闻，再放在嘴唇间，最后放到嘴里细细咀嚼，慢慢回味。想着一个问题：这个蛋糕是怎样做成的呢？

3. 播放《千人糕》视频，辅导师配合解说：

做米糕，需要农民种稻子，种稻子需要种子、农具、肥料……

做糕需要糖，糖是用甘蔗汁、甜菜汁熬出来的。甘蔗、甜菜也需要人种。熬糖还需要工具、火……

---

① 本案例由贾丽萍提供。

就算米糕做好了，还得要人包装、送货、销售，这些又需要很多人的劳动。

这样一块平平常常的糕，经过很多很多人的劳动，才能摆在我们面前，它是名副其实的千人糕。

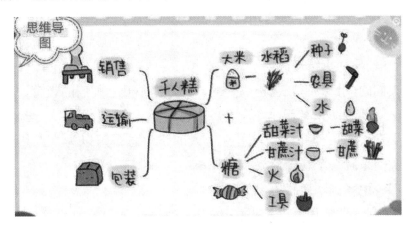

4. 同学们，我们手里的这块小小的蛋糕，也可以称为"千人糕"。品尝了蛋糕的味道，也看了视频，你想说点什么呢？

学生交流。

二、懂感恩，齐致谢

不仅仅是蛋糕，我们所吃的粮食都是农民伯伯辛辛苦苦种出来的。让我们一起对农民伯伯说声——（学生："谢谢农民伯伯！"）

是啊，简单的一个谢字，却是我们发自内心的感激。

除了农民伯伯，生活中还有哪些值得我们感恩和致谢的人呢？

三、聊生命，谈成长

1. 同学们，下面我们来谈一个轻松的话题。你们今年都几岁了？估计一下，以天为单位，大概有多少天？（学生活动，不交流）4000多个日日夜夜，你知道有多少人伴随着你的成长吗？对于他们的关心，你体会到了吗？

2. 学生交流：成长中给过自己关心与帮助的人（预设）。

学生1：从小抚养我们长大的父母，为了我们的成长呕心沥血。

学生2：爷爷奶奶、外公外婆，小时候都是他们牵着我的手送我上学、接我放学。

学生3：学校的老师无私地教给我们知识，食堂的叔叔阿姨给我们做饭菜。

学生4：我们班的同学都经常关心我、帮助我。

学生5：送我们上学的公交车司机们。

学生6：生病时为我们治病的医生护士们。

⋯⋯⋯⋯⋯⋯

3. 辅导师小结过渡：

我们的成长离不开爸爸妈妈的养育，离不开老师们的教育，离不开同学们的帮助，离不开许许多多的人。可是我们有很多人已经习惯了接受别人的关爱和帮助，对身边人的付出总是习以为常，熟视无睹，我们来看一个动画片。

四、说案例，启感恩

1. 观看动画片《抢枕头》。

2. 同学们笑了，为什么呢？你有什么想法或感受？

学生交流（预设）：

学生1：三个儿子想要父亲的财宝，最后什么也没得到。

学生2：三个儿子做得不对，他们应该孝顺自己的父亲。

学生3：父亲辛苦养大三个儿子，最后却得不到孩子的真心对待，真可怜。

学生4：赡养老人是我们应尽的义务。

⋯⋯⋯⋯⋯⋯

3. 一个小小的动画片引起了我们这么多的思考，说说你的想法吧。

学生交流。

五、树榜样，谈感恩

1. 辅导师播放孟佩杰的视频，学生观看。

2. 你对感恩有了什么不一样的认识？对于今后的生活，你是否有什么想法或决定？

感恩需要细心呵护，刚才同学们谈到了自己的一些非常好的想法，老师这里有一些关于感恩的名言，我们一起来读一读（辅导师出示课件）。

没有感恩就没有真正的美德。——卢梭

鸦有反哺之义，羊知跪乳之恩。——《增广贤文》

人家帮我，永志不忘；我帮人家，莫记心上。——华罗庚

一粥一饭，当思来之不易；半丝半缕，恒念物力维艰。——《朱子家训》

六、齐演唱，共升华

亲爱的同学们，今天的课就要结束了，但感恩的行动却刚刚开始，它将伴随我们一生。让我们从现在开始，学会珍惜，学会感恩，共同谱写一曲感恩的乐章！

辅导师播放《感恩的心》，全体同学边唱边做手语。

★心理拓展

掌声的魔力①

【润心驿站】

相互信任；欣赏同伴；学习致谢。

【活动目的】

激发队友间的相互信任，培养致谢能力。

【活动准备】

教室；爱心贴纸。

【活动时长】

10 分钟。

【适合人数】

10 人或者更多。

【活动过程】

一、谈话引入

我们学过一篇课文《掌声》。患有小儿麻痹症的女孩英子，因为

---

① 本案例由陈静提供。陈静，普格县附城小学校心理辅导师，优秀心理辅导员。

一次意外上台时获得了同学们的掌声而逐渐改变了自己。掌声的背后是关爱与鼓励，它像魔法一样让胆小自卑的英子变得活泼开朗。今天我们要做的游戏也和掌声有关，让大家亲眼见识一下掌声的魔力。

二、游戏规则

1. 出示爱心贴纸，游戏目的是把爱心贴纸藏在教室的某个角落，然后某位同学找出这颗"爱心"。

2. 找"爱心"的同学事先走出教室，教室里的同学一起出谋划策藏好"爱心"。

3. 大家用掌声引领他寻找目标，如果离"爱心"越远，掌声就越轻，离"爱心"越近，掌声就越响亮，直到帮助他找到"爱心"为止。

三、开始游戏

1. 选出自愿寻找"爱心"的同学，并让他在教室外等候。

2. 教室里的同学商议把爱心贴纸藏在何处。

3. 找"爱心"的同学走进教室，同学们用掌声引领他找到"爱心"。

四、分享心得

1. 采访寻找"爱心"的学生：你想对同学们说些什么？

2. 采访给予掌声的学生：你有什么想对他或对同学们说？

3. 学生在小组内分享想法和感受。

【讨论要点】

1. 在寻找"爱心"的过程中，你希望那位同学找到"爱心"，还是希望他找不到"爱心"？

2. 你是如何找到"爱心"的？在这个过程有没有获得帮助？你想对他们说什么？

【注意事项】

1. 提醒同学们牢记游戏规则，不能用语言提示找"爱心"的同学。

2. 寻找"爱心"的同学不能询问，只能根据同学们掌声的强弱寻找"爱心"。

【体验者说】

掌声助你找到"爱"。

拥有感恩之心，你会获得更多帮助。

★身临其境

谢谢你

【活动准备】

无。

【活动过程】

1. 小组队员闭上眼睛，用心聆听歌曲《童年》，并在音乐声中回想自己与同学之间发生过的难忘的事情。

2. 听完歌曲后，小组队员交流刚才听歌曲时所想到的事。

3. 举手表决一件大家都觉得最打动人心的事，改编成一个小品剧，并进行表演。题目可自拟。可按以下步骤进行：

（1）迅速完成一个提纲式的剧本，应包含以下内容：

角色姓名特征： 故事梗概及分幕： 场景布置：

（2）全员进行角色分工。最好能推荐一人做导演。

（3）因地制宜进行简单的场景设计与布置。

（4）进行排练。

4. 各小组表演。表演时间每小组 3~5 分钟。不管表演得好不好，都要坚持完成。

5. 体验者交流感受、想法或决定。

【体验者说】

看表演让我想起了我跟同学之间的故事。我们也有过争吵，可更多的是感动，我们互相照顾，互相关心，感觉很温暖。

有朋友陪伴的时光才叫童年。谢谢你，我的伙伴。

曾经觉得只是一件微不足道的小事，如今回想起来，却倍觉温暖。雨中的那一把小伞，用友谊为我撑起了童年的晴天。

★主题故事

刻在石头上

两个朋友外出旅行，在一次争执中，甲打了乙一耳光。乙既伤心又屈辱，在沙地上写下："今天甲打了我一巴掌。"后来，乙在蹚过河沟时不小心滑倒了，掉进水中，差点被激流卷走，甲奋不顾身地伸出手，拉住了他。乙在路边坚硬的山石上用刀刻了一句话："今天甲救了我。"

甲好奇地问："为什么我打了你以后你要写在沙子上，而现在要刻在石头上呢？"

乙笑笑说："被朋友伤害时要写在沙子上，风会负责抹去它；如果得到了朋友的帮助，就应该把它刻在石头上，风雨都难以让它磨灭。"

【心灵火花】

让愤怒和仇恨像沙子一样被风抹去，把朋友的帮助和恩情永远记在心中，做一个心怀感恩的人！

★课外链接

图书《爱的教育》

/推荐语/

《爱的教育》是一部由意大利作家埃迪蒙托·德·亚米契斯创作的长篇日记体小说。它以一个四年级男孩恩利科的视角，讲述了校内外的所见、所闻和所感，其间还包括父母为他写的许多劝诫性的具有启发意义的文章，以及教师在课堂上宣读的一个个感人肺腑的故事。爱是整篇小说的主旨，老师之爱、学生之爱、父母之爱、儿女之爱、同学之爱……每一种爱都不是惊天动地的，却是感人肺腑的。小说通过塑造一个个看似渺小实则不凡的人物形象，在读者心中激起一阵阵情感的涟漪，使爱永驻读者心中。

【阅读交流】

你感受到身边的各种爱了吗？面对你得到的各种各样的"爱"，你有什么想法或打算？

★开心自测

我的感恩之心

放松心情，来玩一个游戏吧！
1. 这是一个趣味性测试，结果仅供参考；
2. 为了更准确地了解自己的情况，你不用思考太多，每项内容凭直觉真实作答即可。

1. 小时候，妈妈每天都给我做饭、洗衣服，我（　　）

A. 很感动，觉得自己将来也要照顾好妈妈　B. 没觉得有什么啊，这是每个妈妈都应该做的　C. 妈妈做的饭真难吃，我真是受够了

2. 同学曾经借给我橡皮擦，下次他如果向我借东西，我（　　）

A. 只要我有，当然要借给他　B. 要看是借什么吧　C. 他借

是他傻，我才不借呢

3. 爸爸外出打工了，有时候过年都不回来，我觉得（　　）

A. 爸爸是个坏爸爸，他不爱我和这个家

B. 爸爸工作很辛苦，我要经常给他打电话，关心他是不是平安

C. 要看情况吧

4. 取得学习上的进步，我要感谢辅导师的帮助，长大以后也会感激他们，回报他们。（　　）

A. 当然是　　B. 看情况吧　　C. 完全不可能，辅导师天天逼我学习，讨厌死了

5. 我觉得生活很温暖，经常都能得到他人的帮助。（　　）

A. 当然是　　B. 有时候是　　C. 完全没有得到过

6. 一想到现在拥有的一切（亲情、友情、健康……），我内心就充满了感恩之情。（　　）

A. 当然是　　B. 有时候是　　C. 完全不是

7. 以前别人对我提供过帮助，我（　　）

A. 都还记得很清楚　　B. 有一些忘了，有一些还记得　　C. 完全记不得了

8. 曾经有人救出了落水儿童，自己却淹死了。你认为（　　）

A. 被救的孩子应该好好感谢救人的英雄，社会也应该表彰他

B. 不用感谢，是他自己要救的，人家又没喊他救

C. 这救人的就是个傻子，这下好了，自己死了吧

9. 我认为我们班成绩最差的那个同学也有很多优点。（　　）

A. 是的　　B. 努力找也能找出一两个优点来　　C. 完全找不出

10. 如果我必须列出值得感恩的每一件事，这个列表一定会（　　）

A. 很长很长　　B. 有一些吧　　C. 完全没有

题号		1	2	3	4	5	6	7	8	9	10
分值	A	3	3	1	3	3	3	3	3	3	3
	B	2	2	3	2	2	2	2	2	2	2
	C	1	1	2	1	1	1	1	1	1	1

对照上表，看看你的得分：

25～30分：你是一个非常懂得感恩的孩子，常有美好围绕在你身边。

18～24分：你有时候会懂得感恩，有时候还不能，可以多用感恩的心去看待人和事，你会发现生活更美好。

10～17分：你对世界几乎没有感恩之心，大概率生活得不幸福。尝试转变观念，转变心情，学着感恩吧，你会收获不一样的人生。

第八周　积极关系

周主题：父母师友，良好人际

★情景演绎

三角支撑

【活动准备】

制作一个模型：一个三条腿的凳子，腿可以取下来。

在每条凳子腿上贴上字条：亲子关系、师生关系、伙伴关系。

凳面上贴上"心理健康"。

【演绎过程】

这是一个三条腿的凳子。

拼接以后，它很稳固。谁愿意来坐一坐？

邀请一个学生上来坐上去。

请学生们读一读凳子腿上的字条。（对这三张纸条代表的含义有没有疑问？有的话可以提出来）

如果取下一条凳子腿，会怎样？

凳子倒了。

从刚才的实验中你看懂了什么？

【体验者说】

要和身边的人处好关系，这样才能使我们的心理之凳健康、稳固。

★团体辅导实操

天堂与地狱①

【活动目的】

1. 知晓人际交往的重要性，练习人际交往的方法。

2. 掌握人际交往的原则及技巧，并能在生活中灵活运用，增强自己的人际吸引力。

3. 学会相互接纳，相互信任。

【活动准备】

课件、小贴纸。

【活动过程】

一、漫画欣赏：天堂与地狱

1. 辅导师播放课件呈现漫画，并讲解故事：

一个人想知道天堂与地狱的区别。

他先来到地狱。地狱的人正在吃粥，却个个面黄肌瘦，饿得嗷嗷直叫。原来他们使用的勺子有一米长，每个人都舀着粥往自己嘴里送，却怎么也吃不着。

然后，这个人又来到天堂。天堂的人也在吃粥，却个个红光满

———————

① 本案例由陈静提供。

面。天堂的勺子也是一米长，但天堂的人是用勺子把粥喂到对方嘴里，这样人人都吃到了粥。

2. 听完故事后思考：

这个故事有什么寓意呢？你从中想到了哪些生活中的人或事？

二、案例分享：一对好朋友

1. 辅导师播放课件呈现文字故事，学生观看。

一对好朋友

王磊和李轩是一对好朋友，他们每天一起出入教室、图书馆、实验室、宿舍、食堂，可谓情同兄弟，形影不离。后来，王磊被同学们推选为学生会的学习部长，这时李轩的心理就失去了平衡。他认为，两人的学习成绩、工作能力都不相上下，各方面表现也差不多，为什么好友王磊能当学习部长，还被评为"三好生"，而自己却"一事无成"呢？李轩百思不得其解，越想心情越糟糕，心中开始滋长不满和怨恨的情绪。从此，两个人开始疏远，李轩还经常无中生有，造谣中伤，使王磊受到伤害，两人的关系越来越紧张，一对好朋友似乎变成了仇人。

2. 看完故事后讨论：如果你是李轩，面对这样的情况，你会怎么办？如果你是王磊，你又会怎么做？

三、游戏体验：地雷阵

1. 活动规则：

用绳子在一块空地上圈出一定的范围，撒满各种玩具（如娃娃、球等）作为障碍物。学生两人一组，一人指挥，另一人蒙住眼睛，听着同伴的指挥通过地雷阵，过程中只要踩到任何东西就要重新开始。指挥者只能在绳子外，不能进入地雷阵，也不能用手扶同伴。

注意：不能用尖锐的或坚硬的物品做障碍物，不能在湿滑的地面进行。需注意两位蒙眼者不要撞到一起。

2. 师生游戏。

3. 感受分享：

（1）在通过地雷阵的时候你有什么感觉？

（2）若再有一次机会，我们还可以加强些什么？

4. 辅导师小结：现在社会上经常会有险恶的事情，许多人为了保护自己，选择不相信别人，给自己的心门上了一把锁，这样虽然起了一定的保护作用，但也把很多人拒之门外，非常不利于人际交往。为了营造良好的人际关系，我们要真实地表达自己，重建人与人之间的信任。

四、互动实践：赞一赞

1. 两人为一组，每人取一张纸条，在上面写出对方令你最敬佩的特点（至少三条）。

2. 交换纸条，大声读出来。

3. 双方拥抱，并发自内心地大声说："你很棒！"

4. 辅导师小结：其实我们每个人都很棒，但是如果我们不去发现对方的好，我们可能永远都不会知道；如果我们不把想法表达出来，对方也永远不会知道。你的一句赞美，对对方来说，就是一个莫大的鼓励，也是加强交流的有效途径。

五、人际福利：祝福卡

给每一位学生发一张心形的祝福卡，让每个人在卡上写上"对××的祝福"，然后依次向右传递，每位同学都写下自己对其他同学的祝福、鼓励或建议。写完后，每个人都阅读他人给自己写下的祝福，并表示感谢。

六、课堂总结

1. 播放歌曲《朋友》。

2. 辅导师总结：

造成人际关系障碍的原因有很多，如自卑、自傲、自私、恐惧、封闭、害羞、嫉妒、猜疑、逆反等，我们要在生活中努力克服。

良好的人际关系是一门学问，需要我们树立平等交往、真诚交往、主动交往、学而得之和以交往促发展的观念，适当运用一些交往技巧，如微笑、倾听、赞美以及自我调节等，做到心胸开阔、待人宽厚、处世宽和，这样就能获得很多好人缘。希望大家的人际关系都能够更上一层楼！

★心理拓展

寻你千百度

【润心驿站】

价值观；主动交往；同伴支持系统。

【活动目的】

学会主动交往，释放热情；感受找到朋友的喜悦；解析自己的交友模式；促进心灵的成长。

【活动准备】

室内或户外的空地；音乐《找朋友》。

【活动时长】

20分钟。

【适合人数】

全体学生。

【活动过程】

1. 播放歌曲《找朋友》。在音乐声中，全体参加人员分成人数相同的内圈和外圈，面对面站好，给其中一对人员的手臂系上领巾。

2. 在辅导师的带领下，同时喊口令"好朋友"，在喊到"友"字时伸出手指（1—3个，自己决定）。如果双方都伸出1根手指，请点个头并说声"你好"；如果双方都伸出两根手指，请握个手并说声"你好"；如果双方都伸出3根手指，请拥抱一下并说声"你好"。

3. 假设双方伸出的手指数不一样，表示找朋友不成功，不过可以再来一次，如果还不成功，就最后再来一次，如果三次都不成功，则说声"谢谢你"，更换下一人。

5. 在辅导师的口令声中，内圈或外圈依次向左或向右移动一个位置，与下一位队员继续玩游戏，直到戴着领巾的一对人员重新相对。

6. 现场调查：你成功交到了几个朋友？交到朋友时有什么感受？

【润心要点】

1. 在伸出手指前，你是怎么想的？有没有自己预先设定一个策略？

2. 你的想法后来有没有发生改变？

3. 从这个游戏中你收获了什么？

【注意事项】

如果人数较少，可以不用分内外圈，而是要求大家在场地内随意走动，并和所有的人都做一遍"找朋友"的游戏。

【体验者说】

尊重每个人的交友方式，与志同道合的人交朋友。主动开放自我，积极与人交往。

★身临其境

友谊时光

【活动准备】

纸、笔、指导课件。

【活动过程】

1. 小组队员闭上眼睛，用心聆听歌曲《朋友》，并在音乐声中回想自己与好朋友之间发生过的难忘的事。

2. 听完歌曲后，小组队员交流刚才听歌曲时所想到的事。

3. 举手表决一件大家都觉得感人的好朋友之间的事，改编成一个小品剧，并进行表演。题目可自拟。可按以下步骤进行：

（1）迅速完成一个提纲式剧本，应包含以下内容：

角色姓名特征：
故事梗概及分幕：
场景布置：

（2）全员进行角色分工。最好能推荐一人担任主要导演。

（3）因地制宜进行简单的场景设计与布置。

（4）进行排练。

4. 各小组表演。表演时间每小组 3～5 分钟。不管表演得好不好，都需要坚持完成。

5. 体验者交流感受、想法或决定。

【体验者说】

校园友情单纯可贵，值得用一生珍惜。

分享感受时每个人都应该注意倾听，这是一种礼貌。

看到小伙伴分享的好朋友的故事，我很感动，也很后悔。我因为长得高大，小时候有点喜欢逗那些同学玩闹，到现在一个好朋友都没有。幸好我还有很多机会可以交到朋友，我要改变自己，要学会交朋友。

★主题故事

最后一声枪响

恩塔与贝拉结伴横穿沙漠，水喝完了，恩塔也中暑了。贝拉说："我亲爱的朋友，你在这里等着，我去寻找水源。"

临走前，贝拉把手枪塞在恩塔的手里，说："枪里有五颗子弹，记住，三个小时后，每小时对空鸣一枪。听到枪声，我会找到正确的方向，然后与你会合。"

恩塔眼睛盯着表，按时鸣枪。除了自己，他很难相信还会有人听见枪声。他的恐惧越来越深，一会儿他认为贝拉可能找水失败，中途渴死；一会儿他又认为贝拉找到了水源，却弃他而去，不再回来。

到应该鸣发第五枪的时候，恩塔绝望地想："这是最后一颗子弹了，伙伴已经放弃我了，我只有等死而已。而且，在一息尚存之际，兀鹰会啄瞎我的眼睛，那是多么痛苦的事啊，还不如……"他用枪口对准自己的太阳穴，扣动了扳机。

几分钟后，贝拉提着满壶清水，领着一队骆驼商旅循声而至。可惜，他们见到的只是一具尸体。

【心灵火花】

有时候，由于我们对自己、他人或者整个社会存在着这样那样的不信任，才使我们失去了许多本该拥有的东西。

★课外链接

图书《别独自用餐》

除了才华和天赋，成功还源于人们在世界中丰富的情感联系。法拉奇用亲身经历讲述了一个来自贫穷家庭的孩子，从给人当球童起，悟出人际交往和人脉的重要性的故事。本书介绍了众多知名人士的社交案例，包括比尔·克林顿、戴尔·卡内基和弗农·乔丹等，内容通俗易懂，各种事例贯穿其中，读起来胜似一本故事书，适合多种职业和年龄层的读者。

★ 开心自测

我的亲情友情

放松心情，来玩一个游戏吧！
1. 这是一个趣味性测试，结果仅供参考；
2. 为了更准确地了解自己的情况，你不用思考太多，每项内容凭直觉真实作答即可。

1. 翻看相册时，你发现你的照片里有与小伙伴的合影。（　　）

A. 有很多　B. 有少量几张　C. 一张都没有

2. 听到同学给你起的绰号，你心情会很不好。（　　）

A. 是的　B. 不一定　C. 从来没有

3. 你做事时总觉得有人在盯着你，想挑你的错。（　　）

A. 经常是　B. 有时候会　C. 从来不

4. 你觉得自己很受辅导师的喜欢。（　　）

A. 是的　B. 有可能　C. 不可能

5. 如果爸爸妈妈外出很久没回来，你会担心。（　　）

A. 一定会　B. 有时会　C. 从来不

6. 下课后你会和同学一起玩，或者讨论作业。（　　）

A. 经常是　B. 偶尔会　C. 从来不

7. 寒暑假你会跟小伙伴一起约着打球、去书店看书，或做其他喜欢的事。（　　）

A. 经常是　B. 偶尔会　C. 从来不

8. 你会跟最好的朋友闹矛盾。（　　）

A. 经常会　B. 偶尔会　C. 从来不

9. 有开心的事情，你会讲给爸爸妈妈听。（　　）

A.　经常会　　B.　偶尔会　　C.　从来不

10.　你很喜欢你的老师们。（　　　）

A.　全都喜欢　　B.　有一两个喜欢　　C.　一个都不喜欢

题号		1	2	3	4	5	6	7	8	9	10
分值	A	3	1	1	3	3	3	3	1	3	3
	B	2	2	2	2	2	2	2	2	2	2
	C	1	3	3	1	1	1	1	3	1	1

对照上表，看看你的得分：

25～30分：你已拥有了很棒的人际关系，继续保持哟！

18～24分：你具备了处理好人际关系的能力，行动起来吧！

10～17分：你的人际关系有点紧张，你需要好好调整。

第九周　积极担当

周目标：共建共享，主动担当

★情景演绎

红绿灯坏了

【活动准备】

1. 红灯、绿灯指示牌各一个；

2. 模拟十字路口布置场景。

【情境演绎】

一、无序体验

1. 辅导教师创设一个十字路口的场景。

2. 留几名学生作为观察者，把其余学生分为行人及司机，每种身份又分 A、B 两队，分别沿南北、东西方向交叉行进。路口无人指挥。

3. 采访交流。

（1）问路人：你刚才跟别人发生了碰撞，有什么感受？

（2）问司机：你驾车感到通畅吗？为什么一会儿停下，一会儿又开始？你在担心什么？

（3）问观察者：你看到了什么？你希望怎样？

（4）问大家：有没有什么解决办法？

二、有序体验

1. 给十字路口安装上"红绿灯"。（请一名学生扮演红绿灯，分阶段出示指示牌）

2. 行人和车辆按照红灯、绿灯的指示有序行进。

3. 采访交流：

辅导师分别问行人、司机和观察者：这次的感受与刚才有什么不同？

三、总结交流

通过今天的两次活动，你体验到了什么？有什么想法或决定？

【体验者说】

有规则，才会有秩序。

只有共同遵守规则，才可能拥有安全、快乐和幸福。如果不遵守规则，很有可能会发生灾祸。

有限制的自由才是真正的自由。

★团体辅导实操

班规制订我参与

【活动目的】

1. 为班级取一个好听好记的名字，增加认同感和归属感。

2. 约定一些共同的原则，使班级活动能更加顺利地进行。

3. 完成开心小组的建队工作。

4. 在组织建队的过程中，让有领导才能的学生有机会展示并参与挑战。其他学生能主动参与，有集体感，有想法，并敢大胆发表。

【活动准备】

大白纸、笔。

【活动过程】

一、游戏：击鼓传花。

目的：暖场，调动情绪。

二、为班级取名。

1. 现场按座位分为三个组。

2. 每个人在纸条上写一个你最喜欢的班级名字。写的时候想一想，你为什么喜欢它，并在组内介绍。

3. 组内投票表决，把最受欢迎的名字写到白板上。邀请一位计票员和一位记录员到台上工作。

4. 对推荐出来的三个名字再次进行全班投票，由计票员统计票数，记录员做好记录。得票最多的名字成为咱们班级的名字。

【说明】如果学生思路打不开，辅导师可以呈现以下例子进行启发。但要说明仅为举例，同学们可以借鉴，也可以创新。

举 例
1. 追梦班：生命因梦想而美丽，人生因追梦而精彩！
2. 开心班：希望每一个成员都能开心每一天。
3. 星火班：寓意点点星火凝成火炬，携手同行共创辉煌。
4. 星骥班：骥为千里马，星为指路星。老骥伏枥，志在千里。寓意一群小小的千里马目标长远。
5. 智达班：智慧，通达。
6. 万里班："一朝开始，鹏程万里"，寓意非常好，象征咱们班的孩子都能展翅翱翔，成为祖国的栋梁。

三、我们的约定

1. 你希望我们的班级是一个什么样的班级？

学生可能说不出来，辅导师可以从几个方面进行启发：

（1）安全的：在这里我们可以畅所欲言，做最真实的自己，而不用担心会被打小报告、被嘲笑、被惩罚、被批评。

（2）有序的：我说话时有人听，我能被大家尊重。做活动时能顺利进行，而不是拖延浪费时间。

（3）有价值的：我能在这里学到东西，能听到更多人的想法，能直言不讳地表达自己，能在与同学的交往中提升各方面能力。

2. 由我们想要的，说说我们的班级应该有一些什么样的全班共同遵守的规则。

【说明】如果学生说不出来，辅导师可以启发学生一一对应，提出约定，例如下表中的内容：

我们想要的	所以我们应该共同做到
安全的：在这里我们可以畅所欲言，做最真实的自己，而不用担心会被打小报告、被嘲笑、被惩罚、被批评	为彼此保守秘密，不打小报告； 尊重每一个人，不能嘲笑他人； 取消惩罚，不批评
有序的：我说话时有人听，我能被大家尊重。做活动时能顺利进行，而不是拖延浪费时间	可以不举手发言，但要一个一个地说； 一人发言时，其他人应该认真听； 要做好充分的准备，不要迟到，也不要被叫到了才思考，浪费大家的时间
有价值的：我能在这里学到东西，能听到更多人的想法，能直言不讳地表达自己，能在与同学的交往中提升各方面能力	我要主动参与，大胆表达； 我要认真倾听别人的发言，并给予意见； 我要主动与人交往，友好互动，文明礼貌

3. 说出你所想到的其他约定，全班表决。全部通过的才能成为共同约定。

教给学生表决手势：以"点赞"手势为基础，大拇指向上为"同意"；大拇指水平指向为"弃权"或"还没想好"；大拇指向下表示"我有不同意见"。

举 例

1. 准时到班，不迟到。

2. 可以想来就来，不想来就不用来。

3. 主动举手发言。

4. 发言时声音要响亮，让每个人都能听见。

5. 不能嘲笑任何人。

6. 积极为班级和他人做贡献。

7. 按时放学。

4. 将《共同的约定》贴到墙上，全班共同遵守。

四、开心组队

1. 辅导师招募队长。

全班分 5—6 队。辅导师宣布队长的权力与责任。

权力越大，责任越大。你敢挑战自己吗？	
队长的权力： 1. 你可以决定将本队所获得的开心果分配给全队的任何人，包括你自己。 2. 你可以组织队里的任何活动，也可以把组织权暂时移交给其他队员。 ……	队长的责任： 1. 在队员违反规则时，队长需要与他共同承担责任。 2. 如果某项任务没有队员能承担，队长必须站出来。 ……

2. 队长招募队员。

（1）每位队长依次发表建队宣言。举例如下。

我的建队宣言： 大家好！我是队长×××。如果你加入我的团队，你可以—— 1. 有机会参与团队的每一条建议与决策； 2. 拥有一个团结的、积极的小团队，拥有几位友爱的、优秀的队员朋友…… 来吧，喜欢我，就站到我的面前来！

（2）队员自主选择队长：站到该队长的面前。

（3）每队按平均人数分配，额满为止。超出的队员必须重新选队。

3. 队长组织队员完成本队建制。

（1）小队名称（比如猛虎队、星河队……）

（2）队旗、口号、队歌。

队旗	我们的队名： 我们的口号： 我们的队歌：

五、班级公共任务的承担与分工

附：

开心轮值表

日期	值周小队	日期	值周小队
4 月 14 日		4 月 21 日	
4 月 28 日		5 月 12 日	
5 月 19 日		5 月 26 日	
6 月 2 日		6 月 9 日	
6 月 16 日		6 月 23 日	
6 月 30 日		7 月 7 日	

开心果盘（小队竞争榜）

队名	我们的开心果

开心成长树（第×小队）

六、辅导师总结

1. 从此，我们的班级有了姓名：××班。有了小队××队。我们每一个人都有了一个共同的名字：××小伙伴。

2. 我们也有了自己的约定，相信我们能够共同遵守。如果有人暂时忘记了，可以善意地提醒他，不嘲笑，不挖苦。

3. 约定没有对和错。如果当我们发现某一项约定阻碍了班级的共同发展，可以取消；如果我们发现班级需要新的约定，也可以像今天这样通过讨论、表决进行增补。

4. 同时，辅导师要祝贺每一位同学：在今天我们"为班级取名""为小队取名"和"共同的约定"三个活动中，你积极参与建言献策，为集体贡献了你的智慧，也懂得了尊重他人的意见，学会了聆听。这些可以帮你成为一个有主见、有思想、有能力、能够影响别人的人。

七、课堂任务大挑战

1. 辅导师发放《风一样的少年》诗单，人手一份。明确课堂任务：每一位队员都必须能够准确、流利地朗读全诗。

2. 各小队用自己认为的最有效的方式进行练习。

3. 各小队用自己认为的有效的方式进行自我评估，认为已经达到目标了，就可以到辅导师那里接受抽查验收。

4. 开心果评价：一次性通过验收的小队奖励 10 枚开心果；返工一次后通过，奖励 5 枚开心果；返工两次后通过，奖励 1 枚开心果。但申报验收最迟不得晚于放学前 5 分钟，如果有小队超时，其他未超时的小队将被奖励 3 枚开心果。

★心理拓展

对不起，我错了[①]

【润心驿站】

克服心理障碍，敢于承担责任。

[①] 本案例由贾丽萍提供。

【活动目的】

通过体验，使学生认识到承认错误是需要勇气的，敢于承认错误是自身敢于承担责任的表现。

【活动场地】

室内室外均可。

【活动时长】

30分钟。

【适合人数】

多人。

【活动过程】

1. 谈话引入：

请同学们聊一聊什么是责任。

辅导师小结："责任"一词有两种解释：一是分内应做的事；二是没有做好分内应做的事，因而应当承担的过失。

在生活中面对错误时，我们很多人知道自己错了，但没有勇气承认，因为很难克服心理障碍。今天让我们一起来试着说出："对不起，我错了！"

2. 游戏说明：

（1）学生随机或自愿报名参加游戏，根据场地大小决定人数多少，人数一般为16～20人，也可以更多。

（2）学生按照体操队形站立，站4～5排，每排4～5人（根据人数和场地大小调整队形），前排侧平举，后排前平举。

（3）辅导师发出口令：喊1时，向右转；喊2时，向左转；喊3时，向后转；喊4时，向前跨一步；喊5时，不动。

（4）当有人出错时，出错的人要走出来承认错误，具体方式需要大家共同决定。比如：出错的人走出来站到大家面前先鞠一躬，然后举起右手高声说："对不起，我错了！"

（5）出错的同学退出，游戏重新开始，依次循环，可根据实际情况选择终止，也可以直到剩下最后一个同学。

3. 辅导师进行示范，并给出同学们商量承认错误方式的时间。

4. 进行游戏。

5. 集体分享感受。

【讨论要点】

1. 游戏中当你大声说出"对不起，我错了"时，内心是什么感受？

2. 在生活和学习中承认自己错了也是需要勇气的。自愿说说自己没有勇气承认的错误，大声说出："对不起，我错了！"

【注意事项】

1. 说出"对不起，我错了"的方式要由同学们自己商量决定。

2. 遇到实在说不出口的同学，不能强制性地要求他。

3. 辅导师要注意观察出现错误的同学在面临惩罚时的情绪反应。

【体验者说】

直面自己；敢于担当。

★ 身临其境

瓶口取球

【活动准备】

1. 每组一个小口透明瓶，上面贴着"电影院"。

2. 每组5个（或按各组人数）带绳子的小球，小球直径略小于瓶口直径。

细节提示：注意稳定瓶身，实验过程中不要倾倒破碎。

【活动过程】

1. 辅导师解释：瓶子就是电影院，里面的小球就代表学生们。

2. 小组的每名学生分别提着一个小球，该小球就代表学生自己。

3. 辅导师解说，营造火灾情境：

有一天，大家正坐在电影院里看电影，突然，报警器响起，滚滚的浓烟涌入电影院。起火了孩子们，快逃呀！有效逃生时间只有10秒钟！

计时开始。

4. 学生们操纵手里的小球逃生。

5. 分别采访成功的小组和不成功的小组：你们是怎么做的？有想过为什么成功（或失败）吗？

6. 问大家：你从中体会到了什么？有了什么样的想法或决定？

【体验者说】

秩序真的很重要，有时甚至关乎生死。

我明白了为什么一个团队需要一个领袖，因为他要负责制定规则、执行规则。我们组就是因为有了华×同学的统一口令，才能有序地在 10 秒内成功逃生。

我感觉做团队的领袖很酷。这种酷与权力无关，但与秩序有关，与责任有关。我希望自己将来也能够成为团队里有担当、能担当的那个领袖。

★主题故事

爱唱歌的小鸭子

有一只小鸭子非常喜欢唱歌。

早上，兔哥哥正在树下背诗。小鸭子从旁边经过，嘎嘎嘎地唱，兔哥哥把刚背的诗给忘了。兔哥哥问小鸭子："鸭子弟弟，你能到别处去唱吗？"小鸭子说："在哪儿唱歌，是我的自由！"兔哥哥只好塞紧耳朵。

中午，狗弟弟正在家里午休，小鸭子从旁边经过，嘎嘎嘎地唱，狗弟弟被惊醒，汪汪汪地哭。狗妈妈祈求地说："鸭子宝宝，小声些好吗？"小鸭子说："大声地唱歌，是我的自由！"狗妈妈只好关紧门窗。

晚上，猫姐姐在悄悄地等着抓老鼠，小鸭子从旁边经过，嘎嘎嘎地唱，把老鼠吓回了洞里。猫姐姐生气地说："小鸭子，你真讨厌！喵！"小鸭子说："哼，唱歌是我的自由，你喜欢不喜欢，我才不稀罕！"猫姐姐只好等待下一次的抓捕行动。

小鸭子想找小动物一起玩耍，但没有人愿意理睬它。小鸭子感到非常难过。

【启示】

小鸭子只活在自己的需要里，从不考虑世界的秩序和大家的需要。因此，它被大家抛弃也就在所难免。

★课外链接

图书《天下兴亡，匹夫有责》

/推荐语/

这本书属于"阳光人生的爱国故事"丛书系列。它选取了 50 个中国古今名人的事迹，记述了这些名人是如何励志爱国、敢于担当的，也记述了国难之时国民的生活，意在用无国便无家的历史事实唤起读者的爱国热情，激发青少年报效祖国、勇挑重担的责任心。

【阅读交流】

读了这本书，你从故事中的主人翁身上学到了什么？如果有一天，你所在的团队需要一个人来带领，建立秩序，执行规则，以使团队变得更好，你愿意成为那个人吗？

★开心自测

我的担当意识

放松心情，来玩一个游戏吧！
1. 这是一个趣味性测试，结果仅供参考；
2. 为了更准确地了解自己的情况，你不用思考太多，每项内容凭直觉真实作答即可。

1. 你在家里会主动做家务吗？（   ）

A. 经常会　B. 偶尔会　C. 从来不

2. 你为班级管理提过建议吗？（   ）

A. 经常会　B. 偶尔会　C. 从来不

3. 爸爸妈妈吵架了，你会怎么做？（   ）

A. 吵得心烦，离他们远点　B. 试着去劝解，逗他们开心
C. 无所谓，习惯就好了

4. 身边人表现出不开心，你会去问问情况并适当安慰吗？（   ）

A. 经常会　B. 偶尔会　C. 从来不

5. 早读时有同学不守纪律影响大家，你会怎么做？（   ）

A. 提醒他　B. 跟我没关系　C. 等班干部去制止

6. 经过有红绿灯的路口时，你正好遇到红灯，就会停下来等绿灯时再过公路。（   ）

A. 总是这样　B. 偶尔这样　C. 从来不这样，太浪费时间了

7. 跟朋友约好了三点钟在书店门口见，你会迟到吗？（   ）

A. 通常会　B. 可能会　C. 从来不

8. 班上竞选班委，你的投票依据是（   ）

A. 谁跟我好我就投给谁

B. 谁优秀我就投给谁

C. 谁当干部与我没关系，反正又不是我当，胡乱投投就好

9. 如果有条件，你会每天看看时事新闻吗？（   ）

A. 肯定会   B. 偶尔看看就行   C. 不会看，不感兴趣

10. 如果有机会参加志愿者活动，为养老院的老人们做点什么，你会主动报名吗？（   ）

A. 会   B. 看情况   C. 不会

题号		1	2	3	4	5	6	7	8	9	10
分值	A	3	3	1	3	3	3	1	3	3	3
	B	2	2	3	2	1	2	2	2	2	2
	C	1	1	2	1	2	1	3	1	1	1

对照上表，看看你的得分：

25～30分：你很有责任感，能主动担当，也懂得遵守规则。

18～24分：你有主动担当的意识，但还可以加强。

10～17分：你对周围的世界漠不关心，需要学着改变自己。

第十周　积极互动

周目标：接纳不同，乐于互助

★情景演绎

姓名串烧

【活动准备】

无。

【演绎过程】

1. 全班围坐在一起。

2. 从第一个学生开始，说自己的姓名（如果学生互相认识，可以改成说小名、别名、笔名等）。

第二个要连续说出前一个人的名字和自己的名字。

第三个要说出第一、二、三个人的名字。

第四个要说出第一、二、三、四个人的名字。

以此类推。

看游戏能玩到第几个人。

3. 如果人数比较多，可以分队比赛，串烧人数多的为胜。

【体验者说】

要全神贯注地注意别人说了什么，还要记住，感觉有点心累。

当自己的名字被后面的很多人记住的时候，觉得很满足，感到自己受到重视。如果被人家忘记了，或者记错了，就有点难受。

越到后面越难，感觉这个游戏太挑战记忆力了。

★团体辅导实操

不一样的你我他①

【活动目的】

1. 意识到每个人各有不同，能正确认识自己。

2. 能够通过具体的实践认识到不同的人有不同的想法和选择，理解并尊重他人的想法和选择。

3. 观察同学和自己身上的闪光点，感受大家的不同。正是因为大家各不相同，我们的集体才更加丰富多彩，并为此感到骄傲。

【活动准备】

1. 学生准备：自带铅笔、彩色笔。

2. 辅导师准备：一个空白圆、一幅待涂色的鲜花图画、树叶形状的贴纸、大树壁报。

【活动过程】

一、激趣导入：两片树叶

1. 观察树叶的不同（课件），引出这个世界是由形形色色的你我他组成的。

2. 说说人与人有什么不一样。（长相、性格、爱好……）

二、课堂活动一：圆的遐想

1. 我们除了长相不一样、打扮不一样，我们脑子里的想法也不一样。你们的桌子上有一个大圆，看到它，你想到了什么？（点名学生作答）

2. 课件播放音乐，学生自由作画，辅导师巡视检查并发现典型的画。

3. 请几位同学到讲台上展示自己的画。

三、课堂活动二：花的私语

1. 学生们的桌子上有一束没有颜色的花，小组成员要合作给花

---

① 本案例由贾丽萍提供。

涂上颜色。在这之前，我们每个小组先给自己取个组名吧。

2. 随机抽取两个小组，现场采访取名字的过程。（预设问题：你们小组叫什么名字？这个名字是谁提出来的？一开始大家都同意吗？意见不一致时你们是怎么做的？）

3. 辅导师小结：当我们看到别人和我们不一样，或者听到不一样的意见时，我们要学会尊重别人的不一样，接纳别人的不一样。（板书：尊重他人）

4. 现在我们共同来作画吧！既要发扬自己的个性，也别忘了尊重别人的意见。（学生在音乐声中作画）

5. 请各个小组长带着作品到讲台上展示作品。

请你用一个词说说你看到作品时的感受。（五颜六色、五彩缤纷……）

四、课堂活动三：叶的绽放

1. "树叶"分享：我们的班集体里需要个性鲜明的你我他，我们每个人都可以用自己的特点、特长为他人、为集体做一些力所能及的事。现在，请你把自己可以为集体做的事，或者别人可以做的事写在"树叶"上。（课件出示句式）

2. 点名学生念出自己写的内容，贴树叶。

3. 思考：为什么大树变得枝繁叶茂了？（因为有了不一样的你我他的共同努力，我们的集体才会像这棵大树一样朝气蓬勃）

五、情感升华：人的相融

1. 辅导师话语点睛：在与他人相处的时候，面对别人的不一样，我们要学会接纳、尊重。面对自己的不一样，并且这会给你带来痛苦的时候，我们更要正确认识自己，大声对自己说"没关系！"

2. 幻灯片出示几幅"没关系"的图片，大家一起朗读文字。

辅导师：是啊，集体因为有了不一样的你我他，才更温暖，世界因为有了不一样的你我他，才更多姿多彩。

六、课后拓展：我的独特

写写你认识的自己是什么样子的，同学之间互相交流。

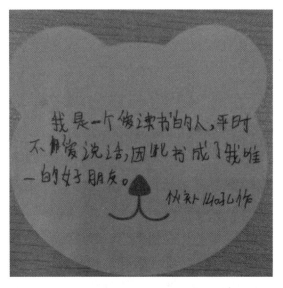

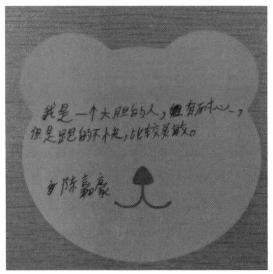

★心理拓展

丑小鸭的进化之路

【润心驿站】

主动挑战；主动成长

【活动目的】

培养学生主动交往的意识和敢于尝试的勇气，明白正确表达自己的重要性，学会在困境中努力和坚持，感受成长和成功的喜悦。

【活动准备】

室内或户外的空地；无材料。

【活动时长】

15 分钟。

【适合人数】

10 人或者更多。

【活动过程】

1. 故事情景导入：

听过或看过童话故事《丑小鸭》的同学举手。

有谁愿意来讲一讲吗？如果没有学生能讲，则由辅导师来讲，也可以用几分钟的动画故事来代替。

一只丑小鸭……（故事略）

丑小鸭终于变成了白天鹅，这是一个多么美好的故事呀！接下来就让我们跟着丑小鸭一起，感受它的升级进化之路吧！

2. 大家首先要学会四个姿势，认真学，学准确，下面的游戏才有可能获胜。

学习动作：

第一个姿势，蹲下来呈团状，表示"鸭蛋"；

第二个姿势，"丑小鸭"，翅膀半开，半蹲着走鸭子步；

第三个姿势，"丑大鸭"，翅膀半开，直立，走鸭子步；

最后一个姿势是张开翅膀飞翔，表示"天鹅"。

如下图：

鸭蛋→　丑小鸭　　　→　　丑大鸭　→　天鹅

团蹲　半蹲鸭子步　　　直立鸭子步　展翅高飞

3. 游戏说明：

（1）游戏开始前，大家蹲在场地中，都是"鸭蛋"；

（2）游戏开始后，大家迅速行动，找同级别的人比赛；

（3）游戏的口令是"丑小鸭"这三个字，说到"鸭"字的时候伸出右手做"石头、剪刀、布"的动作，赢者依次进化一级，输者保持原状。

（4）晋级到天鹅时，就可以张开"翅膀"飞回座位坐下了。

4. 启发思考：按照这个规则，游戏结束时，场地中还会不会有同学剩下？剩几位？

【讨论要点】

1. 在游戏的过程中，如果你输了，你是怎么想、怎么做的？

2. 为什么在游戏过程中有一些人找他们比赛的人不多？

【注意事项】

1. 要求大家严格遵守规则，如果已经没有机会再进化了，必须保持原来的姿势不变，直到游戏结束；

2. 整个过程要注意安全，避免碰撞。

【体验者说】

鸭蛋从外打破是压力，从内打破是成长。

要相信自己的潜力。

主动交往，主动挑战，才能成长为更好的自己。

★身临其境

快乐交友

【活动准备】

每人一张信息清单。

【活动过程】

1. 分发信息清单，呈现课堂任务：

信息清单

朋友名字	性别	小名（或乳名）	生日	他/她最得意的事是	他/她最出糗的事是

2. 创设真实情境，开展交往活动：

（1）交往时间 20 分钟，在这 20 分钟内，全场可以任意走动，与新老朋友交流。

（2）将获得的信息填在信息清单里。

（3）获得信息的方式应该是善意的，是对方自愿告诉你的。

（4）交往时间结束后，将从每个人所获得信息的数量、完整度两个方面进行评比。

3. 展示任务完成情况，评出优胜者。

4. 由优胜者说说聊天、交往的过程，其他人说说从中学到了什么经验。

5. 每个参与者都在小组里说说自己的感受。

【体验者说】

他来问我信息的时候，其实我心里很着急，因为我也想多了解一些其他人的信息，不想耽误时间。但是我看他态度特别诚恳，又不好拒绝，只好先回答他的问题。

连续问了几个人都不理我，我意识到自己的方式不对，态度也有点生硬。所以后来我就调整了一下，见到一个人就满脸堆笑地迎上去，还说"麻烦一下""拜托啦"，好不容易才收集到两个。

我收集得很多是因为我直接告诉对方，我会跟他交换我的信息，所以没有多余的废话，我们直接就表达了。

我的方法是直接把纸条拿给对方写。因为写的是自己的事，所以就很快。但是中间有个新朋友写的时候慢慢想，所以我没有成为收集得最多的那一个。不过我不怪他，朋友嘛，各种性格的都会碰到，我应该包容，太挑剔了就交不到朋友。

★主题故事

森林学校的故事[①]

上次的跑步成绩出来了，动物们都涌向学校的告示栏，争着去看第一名是谁。

笨笨兔拉着好朋友流风马，挤进了人群，看到红榜上的第一个名字，兴奋地看向朋友："风风，你又是年级第一。"流风马的脸上没有什么波澜，因为她已经连霸首位一年了。她笑了笑，对好朋友笨笨兔说："这有什么，我都习惯了，赶紧走了，我还要回教室学习呢。"说完便自顾自地向教学楼走去，笨笨兔在后面跟着，不满地小声嘟囔："你每次都这样……"

---

① 本故事的原创作者为曾子隽，泸州市第十二中学校学生。

流风马回到教室以后，掏出自己的笔记本，开始背诵赛跑口诀。这时长腿鹿走过来，小心翼翼地问她："那个……流风马同学，祝贺你，又是第一。"流风马缓缓抬起眼皮，瞄了他一眼："哦，好的，谢谢，还有什么事吗？没什么事的话就先请离开吧，我要背口诀了。""哎，别，我主要是想找你讨论一下今天老师课堂上布置的跨栏，听说你有一种新的方法更快捷，可以和你探讨一下吗？"流风马很不耐烦地大声说："真是抱歉，我没这个时间，还有，我也不是特别想跟你讨论，我觉得没有这个必要，你自己去想吧。"长腿鹿同学只好讪讪地离开了。

在接下来的一个月里，流风马拒绝社交，拒绝交流，连好友笨笨兔的邀请也回绝了，理由是要专心准备下一次竞赛。笨笨兔几次三番地劝她多与人交流互动，却发现没有什么作用，便不再管她。

竞赛过后，很快又到了放榜日。流风马信心满满地来到告示栏，却发现榜首换人了。流风马十分难过，她已经非常努力了，竞赛也发挥得非常完美，为什么没有拿到第一呢？

这时辅导师千里走过来，把她拉到一旁，温和地说："孩子，我知道你伤心难过，你想过原因吗？"流风马红着眼睛，摇了摇头。

"那是因为你缺少和同学交流互动。好几次，同学们交流中找到了许多好的技巧，你都没有听到。以后要吸取教训，只有大家集思广益，才能碰撞出思维的火花。"流风马恍然大悟，惭愧地低下了头。

从此以后，她虚心与人交流，不懂就问，也热心帮助别人。竞赛再没有谁能独霸榜首，"第一"总是在几个"高手"之间产生，但他们谁也不在乎。只要大家都在进步，谁是第一又有什么关系呢。

【心灵火花】

要学会与同伴相处，多与同伴交流互动，才能学到更多的知识，碰撞出智慧的火花，也获得更多的快乐。

★课外链接

绘本《咕叽咕叽》

/推荐语/

　　一只名叫咕叽咕叽的鳄鱼，阴差阳错地出生在一个鸭子家庭中，一直以为自己也是鸭子的他，受到鸭妈妈一视同仁的细心照顾，长得既结实又聪明，并且深爱他的家人。可是有一天，突然来了三只讨人厌的鳄鱼，威胁咕叽咕叽把他的鸭子兄弟姐妹带到河边，以便吃掉他们……善良的咕叽咕叽用自己的聪明帮助了鸭子们，赶走了坏鳄鱼。故事的角色可爱、情节有趣，让人不禁莞尔，内容也深具启发性。

【阅读交流】

作者希望所有的孩子都能学习包容不同的人与事，以更宽广的心胸看待世界。你愿意尝试吗？

★开心自测

我的互动指数

放松心情，来玩一个游戏吧！
1. 这是一个趣味性测试，结果仅供参考；
2. 为了更准确地了解自己的情况，你不用思考太多，每项内容凭直觉真实作答即可。

1. 小组里讨论问题时，你会认真倾听。（　　　）

A. 一直都会　B. 有时候会　C. 从来不会

2. 观看同学的表演时，你总是很专注。（　　　）

A. 一直都是　B. 有时候是　C. 从来不是

3. 辅导师提出一个要求，你会立即行动。（　　　）

A. 一直都会　B. 有时候会　C. 从来不会

4. 跟别人谈话时，你会看着对方的眼睛，重视他的感受和情绪变化。（　　　）

A. 一直都是　B. 有时候是　C. 从来不是

5. 当有陌生人向你表达握手、拥抱等正常社交礼仪时，你不会拒绝。（　　　）

A. 是的，通常不会　B. 看情况吧　C. 不，我一般都会拒绝

6. 课堂上有两人小组活动时，你通常是先开始行动的那一个。（　　　）

A. 一直都是　B. 有时候是　C. 从来不是

7. 就算让你跟陌生的辅导师报告你们班的早读情况，你也可以

流利地说清楚。（　　）

　　A. 一直都是　B. 有时候是　C. 从来不是

8. 你会根据对方的反应来调整你们的聊天方式。（　　）

　　A. 一直都是　B. 有时候是　C. 从来不是

9. 小伙伴曾经跟你聊过的事情，你通常会记得很牢。（　　）

　　A. 一直都是　B. 有时候是　C. 从来不是

10. 你能迅速、准确地记住一个新伙伴的名字。（　　）

　　A. 一直都是　B. 有时候是　C. 从来不是

题号		1	2	3	4	5	6	7	8	9	10
分值	A	3	3	3	3	3	3	3	3	3	3
	B	2	2	2	2	2	2	2	2	2	2
	C	1	1	1	1	1	1	1	1	1	1

　　对照上表，看看你的得分：

　　25～30分：你是一个很乐意与人互动的人，能尊重人与人之间的差异，善于接纳与包容，通常会拥有良好的人际关系。

　　18～24分：你拥有与人互动的能力，但有时候显得不太上心，可以提高主动性。

　　10～17分：你很难与人互动，几乎没有朋友。可尝试打开心扉，积极关注同伴，融入集体。

第十一周 积极合作

周目标：精诚团结，享受成果

★情景演绎

折筷子实验①

【活动准备】

一次性竹筷一把。

歌曲《众人划桨开大船》MV。

【演绎过程】

1. 拿一根竹筷，请一位学生上来折断。

问：感觉怎么样？

2. 拿一把竹筷，请同一位学生折断。

问：感觉怎么样？

3. 如果时间允许，可以再请1—2名同学上台体验。

4. 问大家：你从中体会到了什么？

5. 播放歌曲《众人划桨开大船》，大家欣赏。

【体验者说】

正如歌曲所唱的："一支竹篙难渡汪洋海，众人划桨开动大帆船。"

我想到了一句名言："团结就是力量。"

如果你想折断一把筷子，"各个击破"是个好办法。

---

① 本案例由陈静提供。

★团体辅导实操

团结的力量

【活动目的】

培养学生的团队精神，明白自己一个人的优秀不算优秀，大家齐心协力，共同优秀，这样的团队才是战无不胜的。

【活动过程】

课前呼号。

各队长带领队员进入室内球场，穿上名字背心，六个队竖排站立，队长在前。如下图：

1	2	3	4	5	6
×	○	×	○	×	○
×	○	×	○	×	○
×	○	×	○	×	○
×	○	×	○	×	○
×	○	×	○	×	○

课前列队队形示意图

一、搬运足球

1. 辅导师讲解"团队搬运足球"的游戏规则：

（1）队员采用接力形式往返运球，直至最后一名队员成功将球运回。

（2）如果球中途不慎弄丢，需要捡起后回到丢失点位再继续前进。

（3）用时最短的组获胜。

（4）不遵守规则者直接淘汰。

场地安排如下图：

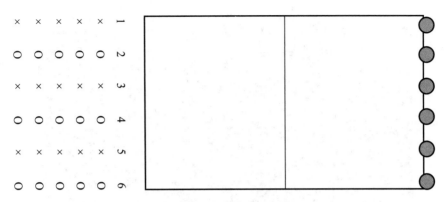

团队搬运足球场地示意图

2. 各队练习。

3. 六队竞赛，辅导师现场计时。

4. 公布比赛结果。

二、开心火车（"搬运足球"升级版）

1. 辅导师讲解"开心火车"的游戏规则：

（1）每组队员站成一列，第一位手抱足球，后一位的左手搭在前一位同学的左肩上，右手拉着前一位同学的右脚，组合成一列"开心火车"，一齐前进。

（2）完成比赛需要往返三次，用时短的队获胜。

（3）如果队伍中途散掉了，需要整好队后再原地前进。

（4）不遵守规则者直接淘汰。

场地安排与上图相同。

"开心火车"游戏组队规则示意图

2. 各队练习。

3. 六队竞赛，辅导师现场计时。

4. 公布比赛结果。

三、总结交流

通过本次活动，你有什么样的感受、想法或决定？

★心理拓展

开心节拍

【润心驿站】

我与他人；团队合作；增强自信。

【活动目的】

激发团队学生热情，释放自身能量；感受团队合作的快乐。

【活动准备】

运动场地；计时器。

【活动时长】

30 分钟。

【适合人数】

全体人员。

【活动过程】

1. 开心班的每个小组为一个队，总共六个队，所有队员围成一个圈，左右间隔 15~20 厘米，脸朝向内侧，然后伸出双手，两手重叠，用击掌的方式喊出"我们是最棒的××队"。

2. 每喊一个字，都要完成相应的动作。例如：喊"我"，自己的双手在胸前击一次掌，然后重叠，拍一下左边队员的肩膀，喊"1"，然后拍右边队员的肩膀，同样也喊"1"，左右都拍完之后，这就代表我们把"我们是最棒的××队"中的第一个字"我"完成了，接下来就是第二个字"们"，同样的方法，喊"我们"，最后自己在胸前击掌两次，先拍左边队员的肩膀喊"1、2"，喊的时候要紧凑，再拍右边队员的肩膀喊"1、2"，这样"我们是最棒的××队"当中的"我们"两个字就完成了……一直把"我们是最棒的××队"全部喊完，当把"队"字喊完之后喊一个"耶"，代表挑战完毕，秒表停止计时。

3. 站成向心圆，开始分小组挑战。用时最短、声音最响亮、动作最整齐的小组获胜。

4. 全班集体赛：全班同学合成一个大团队，多次进行游戏，看每一次游戏的用时是否一次比一次短、动作是否更整齐。学会超越自我，体验合作的快乐。

【讨论要点】

1. 当你的双手拍得又红又疼的时候，你想过放弃吗？

2. 整齐响亮的口号和掌声带给你什么样的感觉？

【注意事项】

1. 完成任务后，各小组进行短暂的练习。

2. 在挑战完所有的字以后，一定要说"耶"才算完成全部挑战。

【体验者说】

密切合作，动作快速，注意力高度集中。稍一走神，受影响的不仅是自己，更是整个团队。

平时我常常觉得，班上这么多人，少我一个不少，因此很多集体活动我都很随意，爱参加就参加，不想参加就不参加。但这个活动让我深刻地感受到：每个人在团队里都很重要，一人出错，影响大家。

★身临其境

众人划桨

【活动准备】

歌曲《众人划桨开大船》MV。

【活动过程】

1. 观看歌曲《众人划桨开大船》MV，提示学生注意歌词和画面的整齐划一。看完后问学生有什么感受。

2. 学生回忆一件与同学、家长或教师合作完成的任务，讲一讲过程。

3. 在小队里举手表决一件大家都觉得很有意思的事，改编成一个小品剧，并进行表演。题目可自拟。可按以下步骤进行：

（1）迅速完成一个提纲式剧本。

（2）全员进行角色分工。最好能推荐出一人担任主要导演。

（3）因地制宜进行简单的场景设计与布置。

（4）进行排练。

4. 各队表演。表演时间每队 3~5 分钟。不管表演得好不好，都需要坚持完成。

【体验者说】

通过表演，我反思了当时的团队合作，了解到自己的一些不足，明白了团队合作不能太计较个人得失，要多从集体利益出发考虑问题。以后肯定还有很多需要合作的事情，我会做得更好。

刚才观看表演的时候我发现了，要想合作取得成功，每个人都要充分发挥自己的长处。

★主题故事

三个和尚
（根据民间故事改编）

从前有座庙，庙里有个和尚，长得高高的。高和尚每天都要到山脚下去挑水。

后来，来了第二个和尚，长得胖胖的。高和尚和胖和尚每天一起到山脚下抬水。

再后来，来了第三个和尚，长得瘦瘦的。高和尚、胖和尚和瘦和尚你看看我，我看看你，谁都不愿意去取水。

没过两天，庙里的水就用完了。他们没有水喝，渴得要命。为了活下去，他们终于开始想办法，要么轮流取水，要么一起去，一人挑，两人抬。

从那以后，庙里再也没有缺过水。

【心灵火花】

主动担责，乐于奉献。推诿扯皮只会让事情变得糟糕。

一个集体中，人人都应该承担自己的责任。如果有人闲着，其他人会心理不平衡，事情反而做不好。

合理分配任务，可以让合作更有效。

★课外链接

绘本《石头汤》

/推荐语/

三个和尚向村民们宣布，要做一锅用石头煮的汤。当然，为了汤的味道更鲜美，他们还需要一点佐料，比如盐和胡椒什么的。当然有一点胡萝卜会更好。卷心菜呀、土豆呀配一些也不错。如果再来一些大麦和牛奶，连国王都可以喝了……一锅神奇的石头汤真的煮好了！《石头汤》根据法国民间故事改编，因此故事出现了多个不同的版本，但核心没变。你能在读完故事后说一说它的核心意义吗？

【阅读交流】

读了故事，你觉得故事中的村民们明白了什么道理？

★开心自测

我与人合作

放松心情，来玩一个游戏吧！
1. 这是一个趣味性测试，结果仅供参考；
2. 为了更准确地了解自己的情况，你不用思考太多，每项内容凭直觉真实作答即可。

1. 学校要举行运动会，你本来不喜欢，但为了集体荣誉，你还是会主动参加，做些力所能及的事情。（　　　）

A. 一直都是　B. 有时候是　C. 从来不是

2. 你们小组合作完成一个实验，最后失败了，你觉得原因是你们组的同学都很糟糕，要是换了某些优秀的同学跟你一组，就不会这样了。（　　　）

A. 一直都是　B. 有时候是　C. 从来不是

3. 辅导师选你参加拔河比赛，你觉得人那么多，一个人偷省点力气无所谓。（　　　）

A. 一直都是　B. 有时候是　C. 从来不是

4. 课堂上辅导师要求合作学习，允许同学们自主选择合作伙伴，你感觉会有多少同学愿意主动选择你？（　　　）

A. 非常多　B. 应该有几个吧　C. 估计一个都没有

5. 在小组讨论中，你会认真听取大家的想法后，再提出自己的不同意见。（　　　）

A. 一直都是　B. 有时候是　C. 从来不是

6. 当所有人的意见都与你相反时，你会反思自己是不是真的想错了。（　　　）

A. 一直都是　B. 有时候是　C. 从来不是

7. 轮到你们小组打扫教室卫生，你会（　　　）

A. 做完自己分内的事就离开　　B. 主动帮助还没完成的同学

C. 能溜就溜，留下来打扫的是傻子

8. 如果你是学校足球队成员，平时球技不错，但比赛时教练却只选你做后备队员，你会（　　　）

A. 仍然坚持训练　　B. 很失望，没动力参加训练了　　C. 不让我做主力队员我就坚决退出球队

9. 玩拓展游戏时，你们组总是失败，你会主动站出来，组织大家建立秩序，完美合作，完成任务。（　　　）

A. 一直都是　　B. 有时候是　　C. 从来不是

10. 在一些临时的合作任务中，你会被推荐为队长或组长。（　　　）

A. 一直都是　　B. 有时候是　　C. 从来不是

题号		1	2	3	4	5	6	7	8	9	10
分值	A	3	1	3	3	3	3	1	3	3	3
	B	2	2	2	2	2	2	3	2	2	2
	C	1	3	1	1	1	1	2	1	1	1

对照上表，看看你的得分：

25～30分：你是一个很善于合作的人，而且已具备一定的领导力。

18～24分：你具备了合作的能力，在集体中比较受欢迎，可以在主动性方面再提升自己。

10～17分：你需要学习如何与人合作，找到团队归属感。

第十二周　积极挑战

周目标：突破固化，挑战创新

★情景演绎

锯的发明

【活动准备】

一把小锯子，一把小刀，两根一模一样的一次性筷子。

【演绎过程】

1. 推荐班级的两名"大力士"和两名安全协助员。

2. 请两位"大力士"分别用小锯子和小刀切断两根筷子。（辅导师要指导学生正确使用，确保安全）

问：谁更快？谁更省力？

3. 请一名学生讲讲鲁班发明锯子的故事。如果学生不知道，可以由辅导师讲。

有一天，鲁班和他的徒弟们接受了一项建造皇家宫殿的任务。

开始的时候，鲁班率领徒弟们带上斧头，上山砍伐木料。可是，面对又高又粗的参天大树，仅用手中的斧头去砍，十分费力。几天下来，他们师徒都累倒了，可砍下的树木却远远不能满足建造宫殿的需要。

鲁班心里焦急，在爬陡坡的时候，差点摔倒，他急忙抓住路旁的一丛茅草。"哎呀！"他一看，手居然被柔软的草叶划破了，渗出血来。

柔软的茅草怎么可以这么锋利呢？望着手掌上裂开的几道小血口子，鲁班陷入了沉思。于是，他忘记了伤口的疼痛，扯起一把茅草，细细端详，发现草叶边缘有许多锋利的小齿。他用这些小齿在手背上轻轻一划，居然又划了一道小口子。

他心念一闪：要是我也用带齿的工具来伐木，是不是可以又快又省力呢？

于是，他就请铁匠师傅打造了几十根边缘上有锋利小齿的铁片，拿到山上试验。他和徒弟各拉一端，在一棵树上来来回回地锯，很快树就被锯断了。

鲁班给这种新发明的工具起了个名字，叫作"锯"。后来，他又给锯安上了一个"共"字形的把手，用起来可方便了。

4. 听完故事，你想到了什么？

【体验者说】

用对了工具可以很省力。

好的工具是需要创新的，就像好的学习方法，也需要不断总结和思考。

★团体辅导实操

穿越时光隧道①

【活动目的】

1. 训练学生的灵活性和协调性；

2. 让学生充分体验竞争与合作带来的快乐与压力；

3. 培养团体合作精神。

【活动准备】

呼啦圈若干个。

【活动过程】

一、介绍游戏名称及呼啦圈的意义

教师：我们今天的游戏叫"穿越时光隧道"，要用到呼啦圈，一

———————————

① 本案例由谢娟提供。

个呼啦圈代表十年，十个呼啦圈代表一个世纪。把学生分为 12 人一组，每组穿越一个世纪。

二、请一组队员出列，辅导师讲解规则，队员示范。

一组中的十个人每人手拿一个呼啦圈，排成一列，间隔一米。剩余的两名队员在呼啦圈前排队钻呼啦圈。

规则：当第一个同学钻过第一个呼啦圈后，拿着呼啦圈的同学就快速跑到队伍的最前面，将呼啦圈交给钻出来的人，他再迅速退回来，排队准备钻时光隧道。同时，排队钻时光隧道的第二个同学必须等第一个同学钻出去拿到呼啦圈以后才能进入时光隧道。然后第二个手拿呼啦圈的同学又迅速跑到队伍的最前面将呼啦圈递给刚钻出来的第二个同学，他又迅速赶回来排队准备钻时光隧道。以此类推，直到将一个世纪的时光隧道钻完为止。

三、小组自由训练，辅导师分组指导

1. 时光隧道里只能有一个人（即后一个钻的同学必须等前一个同学钻完后才能进入时光隧道）。

2. 思考怎样才能钻得快。

3. 提醒同学们在穿越时注意安全。

四、成果展示：小组比赛

五、游戏拓展：全班排成一列，形成时光长廊，尝试穿越

六、总结分享

1. 在穿越过程中最重要的是什么？

2. 在穿越过程中你有什么样的体验，又有什么样的收获？

★心理拓展

蚂蚁搬家

【润心驿站】

我与他人；创新思维；突破局限。

【活动目的】

培养良好的团队合作能力和意识；感受集体活动的快乐。

【活动准备】

有桌子的室内；每组乒乓球 20 个，篮子 2 个。

【活动时长】

15 分钟。

【适合人数】

不限，分组即可。

【活动过程】

1. 故事情境营造：一群蚂蚁发现了一堆"虫卵"（篮子里的乒乓球），想把它们搬回"巢"里（另一个空篮子）作为过冬的食物。"小蚂蚁"们（学生），快来搬运你们的过冬食物吧！搬得多、搬得快才不会饿到哟！

2. 发放材料：每组乒乓球 20 个，篮子 2 个。

3. 宣布游戏规则：每颗"虫卵"都必须从每位队员手里经过，再进入"巢"里。全部"虫卵"都运到"巢"里为挑战成功。速度最快的小队为冠军。

4. 各队练习。

5. 每队逐一展示，秒表计时，并记录成绩。

6. 评出获胜组，请他们分享经验。

【讨论要点】

1. 活动中你的心情如何？

2. 曾经有小队在一分钟内完成了任务，你相信吗？但这是真的！

猜猜他们是怎么做到的。

【注意事项】

1. 乒乓球掉出盆外时可以用手捡回原来的篮子再开始；

2. 认真听清楚规则，想想你们可以怎么做。

【体验者说】

既要遵守规则，又要善用规则，敢于寻求突破。

★身临其境

突破之后

【活动准备】

计时器。

【活动过程】

1. 创设情境使学生鼓掌，比如辅导师给学生唱几句歌。

2. 谢谢你们的掌声。你认为一分钟你可以鼓掌多少个？学生自由猜测。

3. 计时一分钟，学生体验。

4. 体验结果是否出乎你的意料？你有什么感想？

5. 还想试试其他挑战吗？如果学生还想尝试，可以再试试其他挑战。比如：一分钟能读多少个字、一分钟可以左右跳脚多少个、一分钟可以互相击掌多少个……

【体验者说】

我能做到的比我认为我能做到的要多。

挑战有时候能成功，有时候会失败。但不管怎样，都能让我发现不一样的我。我喜欢这种挑战的感觉。

★主题故事

出走的小鳄鱼

在非洲大陆上，一群鳄鱼陷在即将干涸的池塘中。只有一只瘦弱的小鳄鱼鼓起勇气离开水塘，爬向未知的大地。

慢慢地，池塘中的水愈来愈少，最强壮的鳄鱼已经吃掉了不少同类，剩下的鳄鱼也将难逃被吞食或渴死的命运。

又过了些时候，池塘完全干涸了，池塘里的最后一只鳄鱼也饥渴而死。唯有那只离开的小鳄鱼，历经艰难险阻，终于找到了水草丰美的绿洲。

【心灵火花】

在环境发生变化的时候，守旧无异于等死。改变观念，勇敢寻找出路，才会有新的希望。

★课外链接

综艺《挑战不可能》

/推荐语/

《挑战不可能》是央视倾心打造的综艺节目，每期选择几名选手，涵盖技能、体能、脑力等多个项目的极致挑战。节目在展示这些选手挑战各种不可能的任务和故事的同时，重点展现了"认识自我"和"挑战自我"。

【观后讨论】

很多看起来完全不可能的事情在《挑战不可能》中都成了可能。每个人的潜能都是不可估量的，你愿意挑战自己吗？

★ 开心自测

我的创新小宇宙

放松心情，来玩一个游戏吧！
1. 这是一个趣味性测试，结果仅供参考；
2. 为了更准确地了解自己的情况，你不用思考太多，每项内容凭直觉真实作答即可。

1. 有人说青少年拥有很强的创新能力，你认为呢？（　　）

A. 他说得很对　B. 要分情况吧　C. 不可能啊，我们还是小孩子，怎么创新啊？

2. 你常常凭直觉来判断问题的对和错。（　　）

A. 一直都是　B. 有时候会　C. 不是的，我会理性思考

3. 你遇到什么不明白的事情，都喜欢问个为什么。（　　）

A. 一直都是　B. 有时候会　C. 不是的，我一般不会提问

4. 当别人提出一种新的可能性时，你会习惯性地说"这不可能"。（　　）

A. 一直都是　B. 有时候会　C. 不是的

5. 你从来没有当众演讲过，当老师说希望你在班上讲成语故事时，你会怎么做？（　　）

A. 想都没想就拒绝　B. 犹豫是否要做　C. 试试吧

6. 当你提出一个新的想法被否定后，你会马上放弃。（　　）

A. 一直都是　B. 有时候会　C. 不是的

7. 你认为自己智商一般，所以没什么创新能力。（　　）

A. 一直都是　B. 有时候会　C. 不是的

8. 写作文时，你都是按老师教的模板来完成，不敢有新的想法。（　　）

A. 一直都是　B. 有时候会　C. 不是的

9. 在小组合作时，通常你都是出主意最多的那一个。（　　）

A. 一直都是　B. 有时候会　C. 不是的

10. 你们家里的某个地方是由你亲手布置或装饰的。（　　）

A. 一直都是　B. 有时候会　C. 不是的

题号		1	2	3	4	5	6	7	8	9	10
分值	A	3	3	3	1	1	1	1	1	3	3
	B	2	2	2	2	2	2	2	2	2	2
	C	1	1	1	3	3	3	3	3	1	1

对照上表，看看你的得分：

25～30分：你的创新能力很强，也能落实于行动，棒棒哒！

18～24分：你具备了创新的能力，但还需要进一步提升。

10～17分：你的创新潜能还没有得到开发，加油哟！

第十三周　积极探索

周目标：认识环境，模拟社交

★情景演绎

消失的成语

【活动准备】

1. 开学时在教室里贴上一些不太常用的成语。

2. 上本次课的前一天把它们取下来，收好。

3. 成语测验小纸条。

【演绎过程】

1. 观察：我们的班级发生了什么变化？

2. 分发小纸条，进行成语完形填空测验。

3. 公布答案，批改成绩，对优异者给予鼓励。

4. 请一些学生说说感受。

【体验者说】

在教室里贴了大半个学期的东西我却视而不见，真惭愧。

我应该对周边的事物保持好奇心。如果有不懂的，就应该主动想办法弄懂。

生活中处处都有学习的机会，只有积极探索，才能越来越优秀。

★团体辅导实操

小学生使用手机利大于弊还是弊大于利
——开心班首届辩论赛（含过程实录）

一、导入

你想成为口齿伶俐、思维敏捷的人吗？

开心班辩论赛，助你梦想成真！

二、开心小知识

1. 什么是辩论赛？

辩论赛也叫论辩赛，还叫辩论会。它在形式上是参赛双方就某一问题进行辩论的一种竞赛活动，实际上是围绕辩论的问题而展开的知识竞赛、思维反应能力竞赛、语言表达能力竞赛，也是综合能力竞赛。

2. 辩论赛怎么做？

（1）播放视频：某次辩论赛现场（择要播放即可）。

（2）观看完视频后请学生交流：

从视频中，你了解到辩论赛双方各有几位辩手？他们各有什么称号？

（3）讲解：

辩论赛双方各有四位辩手，分别叫一辩、二辩、三辩、四辩。四位辩手既密切合作，又互有分工。（让学生浏览感知即可，不必详讲）

程序及用时规定			
顺序	程序	时间	备注
1	正方一辩发言	2分30秒	
2	反方一辩发言	2分30秒	
3	正方二辩选择反方二辩或三辩进行一对一攻辩	1分45秒	每个提问不超过15秒
4	反方二辩选择正方二辩或三辩进行一对一攻辩	1分45秒	每次回答不超过20秒

续表

程序及用时规定			
顺序	程序	时间	备注
5	正方三辩选择正方二辩或三辩进行一对一攻辩	1分45秒	
6	反方三辩选择正方二辩或三辩进行一对一攻辩	1分45秒	
7	正方一辩进行攻辩小结	1分30秒	
8	反方一辩进行攻辩小结	1分30秒	
9	自由辩论（正方先开始）	8分钟（双方各4分钟）	
10	观众向正方提一个问题	回答时间不超过1分钟	除四辩外任意辩手回答
11	观众向反方提一个问题	回答时间不超过1分钟	同上
12	观众向正方提一个问题	回答时间不超过1分钟	同上
13	观众向反方提一个问题	回答时间不超过1分钟	同上
14	反方四辩总结陈词	3分钟	
15	正方四辩总结陈词	3分钟	

为便于操作，我们将之进行简化：

●一辩立论：陈述观点。

●二辩、三辩陈词：摆出论据（理论、数据、事例等）。

●自由辩论：双方辩手针对对方陈述自由展开辩论。

●场外援助：辩手可有两次现场求助的机会，观众也可参与。

●四辩总结：综前所述，总结己方观点。

3. 辩论赛要注意些什么？（先播放课件呈现注意事项，再提问）

问题一：正方与反方有什么关系？

（1）正方与反方只代表观点的对立，而不代表对与错：正方不等于正确，反方也不等于错误。一般来说，观点为肯定句的一方为正方，为否定句的一方为反方。

（2）辩论双方只是观点对立，不是立场对立。所以双方既是对手，又是战友。在辩论中，大家的认知可以共同提高。

问题二：辩论中有哪些需要提醒大家的？

（3）辩论要有理有据，也可情理相融，但不得无理取闹、胡搅蛮缠。

（4）对方陈词时应认真倾听，既是礼貌，也是辩驳的需要。

4. 辩论赛有哪些技术要领？

很多啊！比如引蛇出洞、借力打力、李代桃僵、移花接木、正本清源、顺水推舟……还有孙子兵法和三十六计，基本都用得上。这里不多说，让我们在实际辩论中再领悟吧！

三、实战体验

主持人入场。开场白、规则、座位调整、纪律、要求。

【主持人】随着时代的发展，手机已经成为人们生活中极为重要的部分。那么，小学生使用手机究竟利大还是弊大？今天我们开心班就以"小学生使用手机的利与弊"为主题展开辩论。正方所持观点是：小学生使用手机利大于弊。反方所持观点是：小学生使用手机弊大于利。

请所有观众起立重新选择座位，坐到与你的观点相符的观众席中。

在辩论赛正式开始之前，请允许我宣读比赛中的注意事项：

1. 每个人每次的发言时间不超过 3 分钟。终止铃声响，发言辩手必须停止发言，否则作违规处理。

2. 在比赛中禁止出现挑衅性或不文明的语言。

下面我宣布辩论赛正式开始。

（一）双方辩手入场。介绍辩手。

这是正方辩手。请各位做自我介绍。

这是反方辩手。请各位做自我介绍。

（二）评委入场。介绍评委。

今天，我们有幸邀请到了学校方校长、徐校长、付校长和郑校长，以及儿童成长关爱中心的辅导师们担任辩论赛的评委，大家以热烈的掌声欢迎他们的到来！

（三）辩论开始。

【主持人】首先请双方一辩陈述己方观点。

1. 正方一辩陈述正方观点。

【正方一辩】我方观点是："小学生使用手机利大于弊。"手机是科技发展的产物，其目的是方便人们沟通。当前手机在国内发展的速度和普及率就证明了人们对手机的需求，科技的发展就是为人服务的。既然先进的技术为人所用，为什么要禁止呢？再说了，如今手机有许许多多的功能，它既是一种方便快捷的联系工具，又是一种不错的休闲工具。手机已成为我们生活中必要的工具。所以我方坚定地认为：小学生使用手机，利大于弊。

2. 反方一辩陈述反方观点。

【反方一辩】我方认为：小学生使用手机弊大于利！首先，马克思曾经告诉我们，量变是质变的必要准备，质变是量变的必然结果。当小学生迷上了手机游戏，用手机 QQ 谈恋爱，或登录手机不健康网站等，甚至受到手机辐射，必然会影响成绩，身心健康受到危害，世界观、人生观、价值观变得扭曲，不利于终身发展。其次，好奇心是每一个小学生的天性，自制力差是小学生的普遍问题，在面对手机的诱惑时，小学生无法抗拒这些诱惑，甚至盲目交网友，增加了安全隐患。所以我方认为：小学生使用手机弊大于利！

【主持人】接下来请双方辩手就观点展开辩论。

3. 正方二辩陈词。

【正方二辩】随着手机的应用和普及，手机上网为小学生接触社会、了解社会开辟了新的途径。试问，我们的社会需要的是一心只读圣贤书的考试机器，还是能够融入社会、有所作为的人呢？

刚才对方辩友说到小学生禁不住诱惑，请问这是手机的错，还是人的错？打个比方：有一把刀放在那里，有人用它来削水果孝敬爸妈，也有人用它来杀人实施犯罪，这是刀的错吗？

仅从手机通信这方面讲，难道小学生就不能加强与亲戚朋友的联系吗？难道与父母兄弟表达一下感情都有错？手机的便利必将惠及所有的小学生。我想请问对方辩友：你愿意回到没有手机的时代，愿意和你的亲人好友很多年都不联系一次吗？

4. 反方二辩陈词。

【反方二辩】手机越来越成为人们必不可少的物件，无论是走路、吃饭，还是睡觉都离不开手机，网络上丰富的内容吸引着每个人的眼球，使多数人都成为低头族，过度使用手机真是害处多多！

（1）颈椎变形：经常玩手机会导致颈椎变形、弯曲，甚至引起头晕眼花等。还会导致上半身疼痛，难受，经常感到很疲惫。

（2）影响视力：夜里或者是不开灯，常在黑暗的地方看手机会损伤视力，导致眼睛干涩，流眼泪，更容易近视。

（3）影响睡眠：手机会对人体造成干扰，影响睡眠质量，导致多梦，睡觉时最好把手机放远一点。

（4）伤害皮肤：容易导致皮肤老化，油腻，长斑起痘，严重的会引发皮炎，导致过敏等。

（5）长成键盘手：长期拿手机的动作会使手指头变得不那么灵活，手容易抽筋，酸疼，也可能会导致肌腱出现炎症。

（6）影响交友：手机会让自己和身边的人关系疏远。每天只是通过一部机器来问候和聊天，对身边人的感情会越来越淡。

5. 正方三辩陈词。

【正方三辩】对方辩友也说了，这些危害，都是"过度使用"手机的危害。所以还是那句话：如果你用错了刀，那不是刀的错，那是你的错。小学生正确使用手机，益处太多，这里就不再重复了。我只举两个例子。

让我们想象一下：一周的紧张学习之后，周末终于可以放松一下。于是我们拿起手机，给父母打个电话，发条短信，都带着浓浓的亲情，传递给亲人的是关切与安心。用手机听听音乐，看看新闻，我们的生活不再闭塞和无聊。如果作业遇到难题，还可以从网上找资料，或者通过手机聊天软件与同学讨论。

再让我们回忆一下：新冠病毒来了，如果是在没有手机的时代，我们都只能傻傻地待在家里，无所事事，闭目塞听。但是因为有了智能手机和网络，我们可以实现在家里上网课、学知识、看新闻、知天下。钟南山的事迹，通过手机新闻把全国人民团结在一起；全国的优秀课程，通过手机网络使我们学无止境。所以，对方辩友，你们还要说，小学生使用手机弊大于利吗？如果你们坚持你方观点，请永远不要使用手机查看新闻、搜集资料、学习知识！你们能做到吗？

6. 反方三辩陈词。

【反方三辩】我要感谢对方辩友精彩的发言，但我想说"再华丽的言辞也掩饰不了错误的理论"。首先，我想指出对方辩友以下几点漏洞：

对方辩友一再强调手机的种种优势，功能越来越强大，但我们今天所讨论的主体是小学生。小学生的主要任务就是学习，而手机对学习来说绝对不是必需品，没有哪位学生是因为使用手机而考上清华、北大的，并且就小学生本身的特点而言，手机的许多功能就是弊大于利的。我也举个例子：我哥哥有一位同学，原本是学校里的优等生，但自从偷偷拿了老爸的手机，迷上网游之后，他的学习成绩一落千丈，每天回家，他总要偷拿爸爸的手机来玩几局游戏，平时和他聊天，也只能听他说网游里面的故事，后来他还将游戏里的道具带到现实中来，为此发展成偷家里的钱来买装备。他的父母知道了非常伤心。这个同学直到现在也没有完全戒掉网瘾。说到这里，我想请问对方辩友一个问题，可以吗？

【主持人】好，下面进入自由辩论环节。请正方予以回应。

【正方三辩】可以。

【反方三辩】谢谢。请问对方辩友：如果这个沉迷网游的同学是你的哥哥，你愿意他这样深陷其中、执迷不悟吗？请对方辩友正面回答。

【正方二辩】不愿意。但这不是手机的错，这是人的错，是人没有管理好自己。

【反方二辩】但如果没有手机的诱惑，这位同学会犯这样的错误吗？

【正方一辩】我方重申：我方的观点是——小学生使用手机利大于弊，这并不等于就没有弊。而对方辩友所举的事例恰恰为我方证明：这小小的弊端，还是人为造成的，并不是手机的错。

【反方一辩】如果对方辩友觉得，沉迷游戏、成绩下降、偷拿钱财这些都还只是"小小的弊端"，那我方也无话可说。那么我再跟大家举个例子：据新闻报道，有个小学生用手机看直播，为了打赏主播，竟然花光了家里十年的积蓄。请问对方辩友，这也还是"小小的弊端"吗？在你们心里，什么样的问题才是大问题呢？

【主持人】现在进入双方外援环节。现场的观众分别坐在代表两方观点的席位上，双方可分别推荐代表，向对方提问质疑，或是帮助己方论证，也可以弃权。

【正方观众】我方观点是小学生使用手机利大于弊。请问反方辩友：你用过手机吗？（对方回答：用过。）你是小学生吗？（对方回答：是。）既然你认为小学生使用手机弊大于利，那么你能保证今后都不使用手机吗？

【反方观众】我方观点是小学生使用手机弊大于利。我认为对方观众代表刚才在偷换概念。"小学生使用手机弊大于利"，不等于说"小学生不能使用手机"，而是要提醒大家：要谨慎使用手机，不要被它支配、诱惑而影响学习，影响健康。

【主持人】现在请双方四辩总结陈词。

7. 正方四辩总结陈词。

【正方四辩】对方辩友认为使用手机弊大于利，这显然是错误的。

手机方便了人与人之间的联系，成为我们生活中必不可少的工具。

反方辩友说了手机的很多弊端，比如玩手机游戏、利用手机传答案、看一些乱七八糟的东西。那么没有手机，也有同学上课的时候不听讲，考试的时候传纸条，在家只看电视不学习。请问，这是学生的错还是手机的错呢？就好比一把菜刀，厨子能用它做菜，而杀人犯却用它杀人，那么为了避免杀人犯作案，世界上就不再生产刀具了吗？显然不是的。对方辩友你们所提出的手机的弊端，只是一些个别现象，而手机的大部分用途都是正面的。

综上所述，我方认为使用手机利大于弊！谢谢！

8. 反方四辩总结陈词。

【反方四辩】下面，我将对我方观点进行总结。

我方认为，小学生使用手机对自身影响极坏：

其一，影响学习。据调查，70%的小学生使用手机所做的事与学习无关。对自制力不强的小学生来说，这难道还不影响学习吗？

其二，影响身心健康。长期使用手机还会导致身体疾病、心理疾病，以及视力下降。当手机辐射、垃圾短信、攀比之风袭向小学生时，难道我们还要坦然处之，不顾身心健康，将手机生活进行到底吗？

【主持人】现在让我们请出评委代表付玲校长对今天的辩论进行点评，并宣读获奖名单。

（四）评委代表点评，宣读名单。

【付校长】首先祝贺这次辩论会取得成功，感谢开心班的孩子们给我们带来的精彩辩论，感谢朱朱老师的主持和辛苦付出，感谢评委们百忙之中来参加辩论赛。

手机是科技发展的产物，它给人们带来便利的同时，也给人们带来了很多问题。通过今天的辩论，我们都认识到了：小学生使用手机有利有弊。如果管理得好，用在正道上，查资料、学知识、看新闻，那就是有利的。如果管理得不好，用来刷抖音、玩游戏、看直播，那就是有害的。相信同学们今后都能与时俱进，用好手机之长，避开手机之短，管理好手机，管理好自己。

同时，我还了解到，这次辩论赛参赛选手的机会都是自己争取来的。比如，八位选手中，有四位是上次经典诵读比赛主动报名参加领诵的同学，这次我们就首先把辩手的机会给了他们。其余的四位辩手则是班主任推荐的，依据是你们平时的表现很好。这启发我们：有时候，你一步主动，就能抢得先机；平时的表现也很重要，任何时候，我们都要努力做最好的自己。

另外，今天的辩论，还让我看到了开心班孩子能认真倾听、高度自律。尤其是那几位主动参与场外援助发声的孩子，我特别欣赏你们的主动和大胆。在辩论过程中，各位辩手也都经过了充分的准备，场上都能自信地发言，你们的思辨能力、认真的态度、敏捷的口才，给评委们留下了深刻的印象。下面我将宣布最佳辩手、优秀辩手和阳光辩手获奖名单。

（五）颁奖。

【主持人】今天我们的辩论活动就将告一段落了。感谢方校长在百忙之中来关注孩子们的成长，让我们请方校长为今天的活动作总结。

（六）校领导总结。

【方校长】站在这里，我首先要给孩子们道歉（鞠躬）。曾经，我对开心班的印象，是各班推荐出的"需要帮助的孩子"，为此，我一边密切关注大家的成长，一边又为大家可能具有的一些不良行为习惯担忧。而今天的辩论赛，我看到了你们的主动、积极、阳光，看到了你们高度的自主和自律，更看到了你们在心灵和行动上的奋发自强。是你们，让我更为坚定地相信：没有教不好的学生。我由衷地为你们的成长感到高兴，更对你们的未来充满信心。希望开心班的孩子们能继续努力，发扬优点，保持进步，成为更优秀的自己！

同时，我也要代表学校感谢开心班朱朱老师和所有辅导师的付出，是你们对孩子们太阳般的关爱、温泉般的浸润，才有了孩子们今天的成长。建议孩子们以掌声对他们表示感谢！

（七）主持人总结。

今天的辩论会到此结束。感谢评委们的付出，谢谢大家的参与。祝贺获奖的辩手，也希望全体同学都能乘着今天的东风，在生活中做一个善于思辨、敢于表达的人。请开心班的孩子们再留一下，我们进行简短的活动感受交流。

四、活动感悟

通过今天的辩论会，你有些什么收获？（辅导师主要从两方面引导：一是对今天辩题的收获，二是对参加辩论赛的成长体验）

学生1：我感觉我今天太强了，我的反应能力我自己都感到吃惊。我以后要多参加这样的活动，有时候，你不参加，就不知道自己到底可以有多棒。

学生2：我明白了手机对我们是有利也有弊的，要用好它有利的一面，但是又不能被它左右。

学生3：我看到好几个从来不说话的同学今天都主动谈想法了，我觉得我们开心班真的很好。

学生4：在辩论的时候，我们还要更好地抓住对手的逻辑漏洞，辩驳会更有力度。要多多练习辩论的技巧。

★心理拓展

校园特工 007

【润心驿站】
我与环境；团队合作；主动探索。
【活动目的】
培养对环境的好奇心，以及良好的团队协作能力，感受合作的快乐。
【活动准备】
每组任务单、计时器各1份。
【活动时长】
30分钟。

【适合人数】

不限。

【活动过程】

1. 播放电影《007》精彩片段，学生观看。

2. 情景引入：有一部美国电影，里面有个特工，叫詹姆斯·邦德，代号007，他冷酷多情，机智勇敢，总能在危险时刻化险为夷，成功完成任务。今天让我们也来当一回校园特工，体验一把冒险和挑战的快乐。

3. 各队领取任务单。

任务单示例：

1. 请一位你不认识的同学为你画一朵花并签名。

2. 搜集5位以上老师的签名。

3. 请其中一位老师为你们写一句成长赠言。

4. 写出《附城小学赋》的第二句。

5. 附城小学校的校园一共有几道门可以出入？

6. 写出咱们附小厨师的名字（至少两位）。

7. 报告厅外侧的通道有多少级阶梯？

8. 附小操场上有几个篮球架？

9. 附小校园里正盛开着哪几种花？（至少写出三种）

10. 附小温泉池什么时候会喷出温泉？

11. 附小钟楼上的钟表现在显示几点几分？

......

---

4. 在规定的时间内，通过小组的分工合作，完成任务单上的任务，并向辅导师汇报。

5. 评比：在规定时间内做完任务的为挑战成功，用时最短的组获胜。

6. 分享成功经验或谈谈失败的教训。

【讨论要点】

1. 你们小组接到任务后，是如何进行分工的？

2. 在完成任务的过程中，你遇到了哪些有趣的事？有没有遇到困难，如何解决的？

【注意事项】

1. 任务单上的任务可以根据实际情况灵活设置，难度要适宜，同时要考虑到安全因素。

2. 时间的设置可以根据任务的难易来确定，一般 10～20 分钟为宜。

3. 提醒各个队员要按时返回，超时即为任务失败。至于如何才能利用仅有的一份计时器来通知所有的队员，请各队自己想办法。

【体验者说】

只有合理分工，密切合作，互相信任，才能共同完成任务。

一定要有时间观念，否则会导致任务失败。

★身临其境

跟岗实习

【活动准备】

根据学校或班级实际，设定各种实习岗位及职责。

【活动过程】

1. 创设情境，岗位竞聘。

学校需要一批实习小助手。这批小助手不要求工作经验、学习成绩，只要你有热情、愿意做事，都可以竞聘上岗。

岗位如下（仅举例）：

校长助理：在校长办公室任职。协助校长整理办公室，记录工作日志，协调各部门日常工作事务，上传下达，联系沟通。

德育主任助理：在德育办公室任职。从学生中来，到学生中去，协助德育处了解生情，收集并整理学生意见，必要时通过德育处报告校务会。

班主任助理：在班主任办公室任职。协助班主任了解本班学生思想动态、学习困难，收集并整理同学意见，在班主任的指导下处理一些班级事务。

校园 110：在德育处任职，安保处跟岗。在校园保卫科的指导下，根据德育处对校园文明、礼仪、卫生、安全等的要求，定期或不定期进行校园巡逻、值守，发现问题及时解决或记录上报，学习处理一些日常矛盾。

....

工作待遇（仅举例）：完整地完成一个周期的实习岗，给予实习证明，并可参与社会实践跟岗实习评优；优秀实习生可获得优秀证书、奖品、奖金。

2. 学生根据自己的特长、爱好以及岗位设定，填报实习意向。

3. 如果有同一岗位的实习申请人数超过岗位容量，可以通过演讲、投票的形式开展竞聘上岗。未竞岗成功的学生可再申请其他有余额的岗位。

4. 全部申请成功后，进行简短的就职演说。

5. 在岗位指导者的指导下，完成一个周期的跟岗实习工作。一般周期为一学期。

【体验者说】

我应聘上了"班主任代理"，在工作中有一次被同学气哭了，感到很委屈。这才了解到了老师们工作的不容易。每一次同学之间有了矛盾，都需要用智慧去化解，还要有耐心和包容心。

我学到了跟不同的人有不同的沟通方式，就像不同的锁需要用不同的钥匙去打开。

我作为"校长助理"，在协助校长传递资料的过程中，感受到办学校需要考虑方方面面的问题，太难了。不管我将来做什么，现在都要把自己的能力锻炼好。

★主题故事

小马过河[①]

马棚里住着一匹老马和一匹小马。有一天，老马对小马说："你已经长大了，把这半口袋麦子驮到磨坊去吧。"

小马驮起麦子，飞快地往磨坊跑去。跑着跑着，一条小河挡住了去路。

小马不知道怎么过河。他想问妈妈，可是妈妈不在身边。

他向四周望望，看见一头老牛在河边吃草。小马嗒嗒嗒跑过去，问道："牛伯伯，请您告诉我，这条河，我能蹚过去吗?"老牛说："水很浅，刚没小腿，能蹚过去。"

小马听了老牛的话，立刻跑到河边，准备蹚过去。一只松鼠在树上大声喊："小马，别过河，会淹死的!"小马吃惊地问："水很深吗?"松鼠认真地说："深得很呢! 昨天，我的一个伙伴就是掉进这条河里淹死的!"

小马连忙收住脚步，不知道怎么办才好。他叹了口气，甩甩尾巴，跑回家去，把事情经过告诉了妈妈。

妈妈亲切地对小马说："孩子，光听别人说，自己不动脑筋，是不行的。河水是深是浅，你试一试就明白了。"

小马跑到河边，刚刚抬起前蹄，松鼠又大叫起来："怎么，你不要命啦!"小马说："让我试试吧。"他下了河，小心翼翼地蹚了过去。原来河水既不像老牛说的那样浅，也不像松鼠说的那样深。

【心灵火花】

凡事都要独立思考，只有亲身去实践和体验，才能知道这个事情适不适合自己。

不要让别人的思想和言论左右你的方向和行动，因为每个人的性

---

① 本文选自小学二年级下册语文教材，作者彭文席。

格、喜好、自身经历、对事物的理解，以及敏感度都不一样。因此，面对同样的问题时会有不同的态度、处理方法和结果。

★课外链接

丛书《神奇校车》

/推荐语/

《神奇校车》是美国国家图书馆推荐给孩子们的自然科普读物，也是全美最受欢迎的儿童自然科学图书系列。欢迎大家搭上这列"神奇校车"，跟着弗瑞丝小姐和她那些精怪顽皮的学生，经历一次又一次精彩的自然科学大探索吧！

【阅读交流】
世界那么大，我们真应该到处去看看！

★开心自测

我的探索魔法

放松心情，来玩一个游戏吧！
1. 这是一个趣味性测试，结果仅供参考；
2. 为了更准确地了解自己的情况，你不用思考太多，每项内容凭直觉真实作答即可。

1. 你去参加好友的生日聚餐，路上想给她买一个小蛋糕作为生日礼物，却发现她喜欢的口味没有了，你会（   ）

A. 随便买一个口味就好了，何必那么麻烦

B. 跑下一家店继续为她买到喜欢的蛋糕

C. 用相同口味的饼干代替

2. 朋友心情不好的时候，你会默默陪在他/她身边，并承受他/她的小脾气吗？（   ）

A. 一直会　B. 有时候会　C. 从来不会

3. 逛超市时，下面哪种类型的糖果更能吸引你的注意力？（   ）

A. 只要好吃就行　B. 无所谓，随便买点　C. 不但要好吃的，还要好看的

4. 当大家在一起玩的时候，你总会注意到那些情绪不太好的人，并且提供帮助。（   ）

A. 一直会　B. 有时候会　C. 从来不会

5. 周末放假时，你通常是下面哪种状态？（   ）

A. 约好友一起出去玩　B. 在家睡懒觉、看电视　C. 宁可在家发呆，也不愿意出去找朋友玩

6. 对于新生事物，你会第一时间接受并主动了解、学习

吗？（　　）

　　A. 一直会　B. 有时候会　C. 从来不会

　　7. 与朋友外出聚餐时，你通常会怎样点餐？（　　）

　　A. 主要按照自己的口味　B. 优先考虑朋友的口味　C. 随便点

　　8. 朋友让你陪他/她去参加聚会，你更愿意参加哪种？（　　）

　　A. 全都是老朋友的小型庆生会　B. 有陌生朋友的大型主题派对　C. 都不去

　　9. 朋友向你推荐了一本你并不感兴趣的书，你会怎么做？（　　）

　　A. 直接无视　B. 不喜欢也买来看看　C. 表示感谢，再告诉他你不喜欢这本书

　　10. 在朋友眼中，你是个怎样的人？（　　）

　　A. 活跃气氛的开心果　B. 安静的倾听者　C. 冷漠的旁观者

题号		1	2	3	4	5	6	7	8	9	10
分值	A	1	3	2	3	3	3	2	2	1	3
	B	3	2	1	2	2	2	3	3	2	3
	C	2	1	3	1	1	1	1	1	3	1

　　对照上表，看看你的得分：

　　25～30 分：你乐于主动探索世界，敢想敢干，还有勇有谋，棒棒哒！

　　18～24 分：你对世界有一定的好奇心，需要落实到行动哟！

　　10～17 分：建议你放下手机或是其他影响你探索的东西，对大千世界多一些好奇，积极走进大自然、走进未知世界，去感受探索的乐趣吧！

第十四周 积极应逆

周目标：迎难而上，不轻言弃

★情景演绎

石缝草籽

【活动准备】

1. 玻璃杯几个，草籽若干，小石头若干。

2. 开学前在几个玻璃杯里分别放上草籽或草芽（比如情人草、冷水花等），用小石头压住。注意拍照。

3. 学期中注意保持一定的温度和湿度，使草能够绕过小石头长出来。

【演绎过程】

1. 播放草籽发芽过程的照片：你看到了什么？

学生可能注意到石头下的草籽，也可能没注意到，都没关系。

2. 把玻璃杯里的小草展示给学生看。（有的可能掀翻了石头，有的可能沿石头缝长出来）

揭开石头，你看到了什么形状的草？

3. 总结：当遭遇挫折时，你如果有足够的力量，就踢开它；如果没有，那么顺着石头的缝隙弯曲地向上，也是一种坚强。

【体验者说】

我感受到种子的力量真的很强大，它可以掀翻比它重许多倍的石头。

生活中有许多"石头"，但并不是所有的时候都必须与它正面刚。有时候，绕升"石头"，另寻他途，也是一种解决问题的智慧。

★团体辅导实操

战胜黑暗①

【活动目的】

1. 加强自我认识，培养自我调适的能力。

2. 树立积极健康的心态，以解决学习、成长过程中的诸多困惑。

【活动过程】

一、阅读绘本《讨厌黑夜的席奶奶》

1. 创设情境，调动气氛，师生互动。

同学们，大家晚上睡觉的时候怕黑吗？你一般都会采取什么方法来克服黑暗呢？在遥远的高山上住着一位席奶奶，她也很怕黑。让我们走进"席奶奶"的故事。

2. 共同阅读，整体感知。

辅导师用课件展示绘本封面及简介：

席奶奶十分讨厌黑夜，为了赶走黑夜，异想天开地用了很多种方法：用扫帚扫、用麻布袋装、用大锅来煮、用藤蔓来绑、用剪刀剪、把黑夜丢给猎狗吃、塞进草垫里、沉到井里、对黑夜吐口水，但是都无法把黑夜赶走。当白天来临时，席奶奶已经累得睁不开眼睛了，只好上床睡觉，养精蓄锐，等到天黑时，再跟黑夜拼命。

3. 细读内容，交流收获。

辅导师用课件展示绘本内容，学生阅读后交流：

（1）席奶奶住在哪里？她讨厌什么？

（2）席奶奶用了哪些办法赶走黑夜？

（3）这场席奶奶与黑夜的战争，最后是谁获得胜利呢？

4. 主题探讨，总结升华。

辅导师用课件呈现主题：驱逐心中的"黑夜"。

（1）故事中的"黑夜"你认为真的是"黑夜"吗？

---

① 本案例由付玲和郭静怡提供。

（2）"黑夜"让你想到了哪些令你讨厌、心烦的事？

（3）分享：自己讨厌的人或事是什么？为了驱赶这些讨厌的人或事，你做过什么？

（4）讨论：你这些驱赶的行为有用吗？你觉得这些行为让你得到了什么，失去了什么？

（5）自由讨论：现在再来看看你生活中的"黑夜"，你会如何克服它？

5. 调整心情，乐观面对。

黑夜犹如那些令人心烦、讨厌的人、事、物，或者不愉快的经历，或者成长中遇到的困难。当我们面对这些的时候，就像席奶奶面对黑夜一样，会害怕它，或是想赶走它。但困难有时候很难被完全赶走，就像大自然一定会有黑夜一样。换一种思维方式，在"黑夜"来临时美美地睡上一觉，与"黑夜"友好共存，醒来后也许就会看到朗朗晴空，拥有美好的心情和更强大的战胜"黑夜"的力量。

二、实战练兵

在你的贴纸上写出自己生活中的"黑夜"，以及你的想法和打算。

举例：

1. 不想做作业——与其在那儿磨蹭，不如早点做完。

2. 被朋友误会——与其生气，不如解释，和好。

3. 爸爸妈妈唠叨——与其反抗，不如接受，或者好好沟通。

4. 早晨起来摔了一跤——虽然摔了跤，还好没有摔伤。

三、儿歌升华

辅导师播放课件，呈现儿歌，配乐，学生齐读，升华主题。

黑夜总是会来，

无论愿或不愿。

惧怕夜的狰狞，

心情全被搅乱。

享受夜的宁静，

美梦伴你一晚。

学会与夜共存，

心中能量满满。

等到朝阳升起，

又是美好一天！

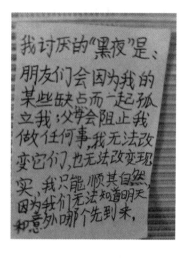 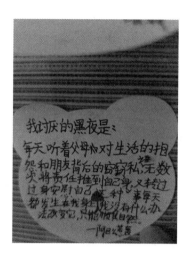

★心理拓展

撕 纸

【润心驿站】

我与他人，随意伤害是不可能弥补的。

【活动目的】

让孩子体验和感受伤害带来的破坏不可弥补，在生活中做到不随意伤害他人。

【活动准备】

室内，每人一张白纸。

【场地布置】

有课桌凳即可，活动前每人准备一张完整干净的白纸。

【游戏人数】

不限。

【活动时长】

10 分钟。

【活动过程】

1. 撕纸：伴着音乐，随意把手中的纸撕碎，想怎么撕就怎么撕。

2. 拼纸：把撕碎的纸恢复成原样。

3. 说一说自己在这个游戏中的感受。

【讨论要点】

1. 你在撕纸时想过什么吗？

2. 你能把撕碎的纸恢复成原来的样子吗？

3. 这个游戏让你想到了什么？

【注意事项】

让学生保管好自己的纸屑，不要影响教室的环境卫生。

【体验者说】

撕纸只是一个简单的行为，但其实这个行为代表了一种破坏。当我们随意的破坏行为给同学、家人或社会造成了伤害时，是很难弥补的。所以在生活中要务必注意自己的言行，不要给别人带来伤害。

★身临其境

风暴来临

【活动准备】

无。

【活动过程】

1. 回忆你曾经遭遇的挫折，讲 讲过程。

2. 你最后战胜它了吗？这个挫折给你带来了什么样的损失或收获？

3. 在小队里举手表决一件大家都觉得很有意思的事，改编成一个小品剧，并进行表演。题目可自拟。可按以下步骤进行：

（1）迅速完成一个提纲式的剧本。

（2）全员进行角色分工，最好能推荐出一人担任主要导演。

（3）因地制宜进行简单的场景设计与布置。

（4）进行排练。

4. 各队表演。表演时间每队 3～5 分钟。不管表演得好不好，都需要坚持完成。

5. 交流感受、想法或决定。

【体验者说】

回忆那段失败的经历，我已不再感到痛苦，失败让我变得更强大。

当时我要是咬牙再坚持一下下，也许今天就不是现在这样了。有时候失败离成功其实只有一点点距离。如果上天再给我一次机会，我一定会坚持走完最后十米。

我还没有遭遇过什么挫折，但看了别人的故事，我也受到了启发，只有坚持才能胜利。

★ 主题故事

胡萝卜·鸡蛋·咖啡豆

女儿对父亲抱怨上司挑剔，前途渺茫，生活无趣，没有希望。

父亲把女儿带进厨房，在三只锅里倒入水，再分别放入胡萝卜、鸡蛋、咖啡豆，然后打开火。大约 30 分钟后，父亲把锅里的东西都捞了出来。

女儿看着面前变软的胡萝卜，剥开壳的鸡蛋，以及一杯香浓的咖啡，不知道父亲是什么意思。

父亲说："同样是被浸入煮沸的开水，胡萝卜变弱了，鸡蛋变强了，而咖啡豆却把开水变成了香香的咖啡。"

女儿恍然大悟。

在面对生活给予的考验时，你会是哪一个呢?

【心灵火花】

生活不可能一帆风顺，逆境也可能是机会，就看你怎样应对。

★课外链接

电影《当幸福来敲门》

/推荐语/

这是一部治愈性极强的电影。当父子俩落魄到只能在厕所过夜时，他们仍然没有放弃努力和坚持，最终苦尽甘来。世界上有些人就是用来促进你成长的，有些事就是用来阻拦你的绊脚石，有些机遇就是会与你擦肩而过。尽管生活那么不尽如人意，但只要坚持，幸福总会来敲门。

【阅读交流】

生活中你遇到过什么样的困难? 克服了吗?

★开心自测

我的抗逆能力

放松心情，来玩一个游戏吧！
1. 这是一个趣味性测试，结果仅供参考；
2. 为了更准确地了解自己的情况，你不用思考太多，每项内容凭直觉真实作答即可。

1. 考试考差了，你会（　　　）

A. 大哭一场再订正错题

B. 抱怨老师出的题太难，再也不喜欢这个学科了

C. 吸取教训，总结经验，争取下次提高

2. 你是否认为失败也可以是成功之母？（　　　）

A. 一直是　B. 有时候是　C. 从来不是

3. 如果你遇到一道数学难题，做了很多遍都做不出来，你会坚持研究或请教他人，直到弄懂为止。（　　　）

A. 一直是　B. 有时候是　C. 从来不是

4. 你认为挫折给你带来了什么？（　　　）

A. 迷茫、困惑、不知所措　B. 克服困难的信心和勇气　C. 两者都有

5. 你认为怎样才会有顺利的成长环境？（　　　）

A. 父母给予　B. 安于现状　C. 凭自己的努力克服困难后获得

6. 面对父母的责骂，你会怎么做？（　　　）

A. 没错要积极沟通，有错就立刻改正　B. 充耳不闻，我行我素　C. 我没错！我要反抗！

7. 当你被老师请家长时，你的心态是怎样的？（　　　）

A. 我没错，我是对的　B. 无所谓，随便怎么样都行　C. 立

即反思并改正

8. 最近一年，你是否有过战胜困难的经历？（　　　）

A. 是的，很多次　B. 偶尔有　C. 完全没有，遇到困难我就放弃了

9. 你对"滴水穿石"这个成语的看法是（　　　）

A. 水滴好痛苦啊　B. 石头怎么可能被水穿透呢，不可能　C. 水滴真厉害，我很佩服它

10. 你觉得这幅漫画是在讲（　　　）

A. 一个人挖井很辛苦，我们应该去帮他

B. 做事要坚持，只差一点就能挖到水，可惜他放弃了

C. 做事要灵活，一个地方没挖到水，就换个地方挖

题号		1	2	3	4	5	6	7	8	9	10
分值	A	2	3	3	2	1	3	1	1	3	1
	B	1	2	2	1	1	2	2	2	2	3
	C	3	1	1	3	3	1	3	3	1	2

对照上表，看看你的得分：

25～30分：你遇到困难总是能努力克服，拥有坚强的意志力。

18～24分：你已拥有了努力克服困难的勇气和信心，只是在行动上还要加强哟。

10～17分：你面对困难容易选择放弃，需要从内心树立坚持的信念。

第十五周　积极竞取

周目标：目标竞航，进取有道

★情景演绎

你看到了

【活动准备】

1. 三个工匠头套，高度依次递增，分别写上"砌墙""挣很多钱""建温暖的家"。

2. 三个贴着"工匠""有钱人""建筑大师"名牌的背心。

3. 三个工匠的台词纸条（内容见下文）。

【演绎过程】

1. 辅导师讲故事，请三个学生戴上头套配合表演。

三个工匠正在盖房子。

第一个工匠一脸麻木，机械重复。

第二个工匠满头大汗，十分卖力。

第三个工匠一边干，一边露出微笑。

辅导师问：你们在做什么？

第一个工匠说：我在砌墙。

第二个工匠说：我在挣钱养家。

第三个工匠一边端详着墙的基线，一边回答：我正在盖温暖的家，许多人会在这里幸福地生活。

十年后，第一位工匠还是工匠。（工匠1穿上了"工匠"背心）

第二位工匠挣了好多钱，成了有钱人。（工匠2穿上了"有钱人"背心）

第三个工匠成了建筑大师，设计建造了许多充满感情的伟大作品。（工匠3穿上了"建筑大师"背心）

2. 辅导师提示：请观察他们的头套和背心，你看到了什么？

【体验者说】

我看到了做同一件事情，眼光不一样，想法不一样，结果就很不一样。

认真做好手里的事情，哪怕只是小事、普通的事、枯燥的事，但只要你用心了，就会跟别人做的不一样。

我希望自己是"有钱人"或"建筑大师"，不想永远只做一名工匠。所以我要从小树立远大的目标，哪怕现在只能"搬砖"，也要为理想而"搬砖"。

★团体辅导实操

目标的智慧

【活动目的】

1. 认识到目标在成长中的巨大作用。

2. 帮助学生根据自身情况，确定合理的目标。

【活动准备】

每人准备一张白纸，一支笔。

【活动过程】

一、我们的成长有些烦——生活照片展示

1. 课件展示学生近一段时间来生活和学习中感到苦恼的照片。（注意遮挡面部，保护学生和家长隐私）

2. 小结过渡：

孩子，成长的烦恼、辛苦、孤独、难过，我们看在眼里，疼在心里。将来那么遥远，我到底会成为一个什么样的人？会过一种什么样的生活？

因为未知，所以担忧；因为遥远，所以很辛苦。

想要使成长成为一段愉快而充实的旅程吗？我们一起来探索一些有效的办法吧！

二、他山之石，可以攻玉——凭智慧战胜对手

1. 讲故事《来自马拉松的启示》

1984 年，在日本东京国际马拉松比赛中，日本选手山田本一意外夺得冠军，爆出一个大冷门。记者问他凭什么夺冠，山田很淡定地说："凭智慧战胜对手。"众所周知，马拉松比赛更需要体力和耐力，速度与爆发力在其次，大家都觉得"靠智慧取胜"是在糊弄人。

两年后，在米兰举行的国际马拉松邀请赛中，山田本一再次获得第一名。当记者再次采访他时，他仍然还是那句老话："凭智慧战胜对手！"

十年后，山田本一退役了，在自传中揭开了谜底：

"每次比赛前，我都先去坐车仔细看一遍比赛线路，画下一路比较醒目的标志，比如第一个标志是邮局，第二个标志是一个路口，第三个标志是一座红房子——这样一直画到赛程的终点。比赛开始后，我就以百米冲刺的速度奋力向第一个目标冲去，到达第一个目标后，我以同样的速度冲向第二个目标——40 多千米的路程就被我分解成这么几个小目标轻松地跑完了。一开始，我并不懂这个道理，我把目标定在终点线的那面旗帜上，结果跑到十几千米时就疲惫不堪了，我被前面那遥远的路程吓倒了。"

人们才知道，山田本一说的话是认真的。关于把宏大的目标分解成小目标，确保每一段目标都能以最佳状态冲刺，这本身就是一种智慧。

2. 交流讨论：你觉得，山田成功的秘诀是什么？

三、我的目标我作主——我的生命线

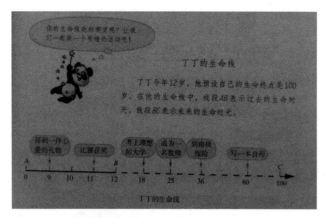

丁丁的生命线

1. 出示丁丁的生命线图例；

2. 学生照着图例画出自己的生命线。

3. 讨论交流：你怎样才能实现你的三个愿望？

四、为了目标来行动——我的目标宣言

1. 观看视频：

有了目标不行动，目标就变成了空想。只有为目标不停努力，目标才能成为现实。播放视频《永不放弃》，学生观看。

2. 交流感想：

(1) 在实现目标的过程中，主人公做了哪些努力？

(2) 教练和队员对他实现目标有哪些帮助？

(3) 今后面对师长和同学的督促，你会怎么选：（　　　）

A. 感恩　　B. 厌烦　　C. 逆反　　D. 仇恨

3. 目标宣言：

我最近的目标是（　　　　　），为了实现目标，我（做出哪些努力　　　　　　　）。

3. 入脑入心：

大声诵读最近的目标宣言，并张贴在心愿墙上。

★心理拓展

鸡王争霸赛

【润心驿站】
敢于直面挑战，正确对待成败。

【活动目的】
调整身心状态，培养自控能力，感受挑战的快乐。

【活动准备】
场地不限，室内室外均可；秒表或屏幕倒计时。

【活动时长】
5分钟。

【适合人数】
不限。

【活动过程】
一、预备活动：金鸡独立

1. 练习单脚站立，双手合十，坚持30秒。

2. 如果在规定的时间内抬起的脚落地了，或者踩地的脚移动了，均视为挑战失败。

【讨论要点】
要想挑战成功，需要注意哪些方面？

【注意事项】
此游戏能够迅速调动学生的注意力。可以请挑战成功的学生分享一下经验，引导大家学会控制自己的身体。

【体验者说】
一个人如果连自己的身体都掌控不了，他还能掌控什么呢？

二、竞技：鸡王争霸

1. 双方队员两两相对，组成二人竞技小组。注意拉开左右距离，留足比赛的空间。

2. 二人竞技小组的两名队员各自单腿直立，一人以手抱另一条腿保持平衡，组成"蛐蛐"，另一人以膝盖为"武器"向对方的膝盖发起"进攻"。"蛐蛐"形状被打散或脚落地为战败，另一人胜出。

3. 输了的队员淘汰，胜利的队员留下，再次组成二人竞技小组进行比赛。

4. 依次循环，直到其中一队的队员被全部淘汰，该队输掉全局，另一队获胜。

【讨论要点】

1. 要想挑战成功，需要注意哪些方面？

2. 团队最终的胜利与哪些因素有关？

【注意事项】

注意友好竞争，禁止可能受伤的行为。

【体验者说】

敢于竞争，直面挑战，不断使自己变强大，才能在竞争中立于不败之地。每个人都强大了，团队就强大了。

★身临其境

班委竞选

【活动准备】

准备好班委干部竞选方案。

【活动过程】

1. 创设真实的竞争环境，向全班同学民主征选班委干部。

2. 公示竞选职位、岗位要求等。

3. 公开报名，对敢于"亮剑"的学生予以鼓励。

4. 对竞聘者进行竞选演讲培训，指导写作演讲稿。

5. 开展真实的竞选演讲活动。拟定评分规则，让未参与竞选的学生都能参与评价，例如投票等。

6. 公布竞聘结果。

7. 由竞聘成功者即兴发表就职演说。

【体验者说】

这次竞聘成功让我更自信。原来有这么多的老师和同学都欣赏我。我觉得我可以做得更好。

以前我从来不敢当众大声说话，这次虽然竞聘失败了，但我的说话能力得到了提高。我也可以当着全班同学大声说话了。

很后悔报名的时候我没能举起手。看到其他同学的进步，我觉得我错过了一个很宝贵的机会。下次再有这样的机会，我一定抓住它。

★主题故事

狮子和羚羊的家教

每当太阳升起的时候，非洲大草原上的动物就开始奔跑了。

狮子妈妈在教育自己的孩子："孩子，你必须跑得再快一点儿！要是你跑不过最慢的羚羊，你就会被活活饿死。"

在另一边，羚羊妈妈也在教育自己的孩子："孩子，你必须跑得再快一点儿！如果你不能比跑得最快的狮子还要快，那你就会被吃掉。"

【心灵火花】

在这个处处充满竞争的社会，只有不断进取，才能战胜对手。

★课外链接

图书《林肯传》

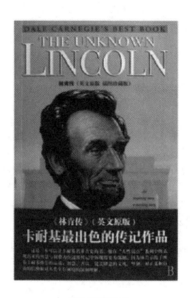

/推荐语/

《林肯传》是成功学大师戴尔·卡耐基的经典作品，用生动的笔触简洁明了地讲述了林肯人生中各阶段的重大事件——家庭生活、求学之路、律师生涯、白宫岁月、不幸遇刺等，谱写了林肯成就非凡而又悲苦的一生。

《林肯传》也有儿童版，作者萧枫。该版本选材严谨，取舍得当，对学生有很高的实用价值，对教师教学有很好的参考价值，非常适合广大青少年阅读收藏。

【阅读交流】

书中哪些细节让你感觉到了林肯的勇于竞争、积极进取？

★ 开心自测

我能积极竞取

放松心情，来玩一个游戏吧！
1. 这是一个趣味性测试，结果仅供参考；
2. 为了更准确地了解自己的情况，你不用思考太多，每项内容凭直觉真实作答即可。

1. 如果问你为什么而学习，你能迅速、清晰地回答出来。（ ）

A. 总是这样　B. 我要想想　C. 我说不出来

2. 如果做一件事没有取得自己想要的成绩时，你会很难过。（ ）

A. 总是这样　B. 不一定　C. 完全不会

3. 每学期你都会给自己找一个竞争对手，努力超越他/她。（ ）

A. 总是这样　B. 不一定　C. 完全不会

4. 最近一年来，你有时会感到迷茫。（ ）

A. 总是这样　B. 不一定　C. 完全不会

5. 早上醒来，你都能很愉快地开始新的一天。（ ）

A. 总是这样　B. 不一定　C. 完全不会

6. 你了解自己有着某一个坏习惯，并且在用实际行动改正它。（ ）

A. 总是这样　B. 不一定　C. 完全不会

7. 为了你的某个学科能够取得进步，你愿意每天提早十分钟起床，认真晨读。（ ）

A. 总是这样　B. 不一定　C. 完全不会

8. 你代表班级参加学校的跑步比赛，即使被别人超过了，你也觉得无所谓。（   ）

A. 总是这样   B. 不一定   C. 完全不会

9. 做你最喜欢的事情时，你会要求自己做到最好。（   ）

A. 总是这样   B. 不一定   C. 完全不会

10. 如果能让你在和蔼的辅导师和严格的辅导师之间选择，你更希望有一位严格的辅导师。（   ）

A. 总是这样   B. 不一定   C. 完全不会

题号		1	2	3	4	5	6	7	8	9	10
分值	A	3	3	3	1	3	3	3	1	3	3
	B	2	2	2	2	2	2	2	2	2	2
	C	1	1	1	3	1	1	1	3	1	1

对照上表，看看你的得分：

25～30分：你有着很强的目标感和竞争意识，前进的动力满满！

18～24分：你具备了一定的目标感和竞争意识，但还需要进一步落实到行动上，并且坚持不懈。

10～17分：人生需要目标导航，成功需要积极进取，加油哟！

第十六周　积极进阶

周目标：看到成长，自我鼓励

★情景演绎

揽镜自照

【活动准备】

1. 一面大镜子。

2. 学生成长中的照片和视频集。

3. 学生自带小镜子。

【演绎过程】

1. 播放视频，引导学生回顾过去的自己。

2. 邀请一名学生上台，站到镜子前。你看到镜子里的孩子了吗？他/她叫什么名字，长什么样子？（他/她叫××……引导学生用第三人称来描述）

3. 你再仔细看看：现在的他，和刚进入开心班的他，有没有不一样的地方？有哪些不一样？（辅导师根据学生的回答板书关键词，以启发其他同学。比如：行为有序、习惯变好、眼神坚定、能言善辩……）

4. 你能对镜子里的××同学说一句话吗？（××同学，我希望你……引导学生用第二人称来描述）

5. 同学们，他刚才说的是不是真实的？是不是公正的？让我们为他，也为镜子里的××同学鼓掌。

6. 请同学们拿出自己的镜子。面对镜子，你是否也看到了一个孩子，他是不是也跟开学时有很多不一样了？请为他写一段颁奖词。

【体验者说】

这样的活动真有趣。我感觉我在面对另一个自己，我可以跟她像朋友一样对话，我可以对她说出鼓励的话和评判的话。在我这样说的同时，我自己也受到了鼓励。我非常喜欢这个活动。

我决定了，每天早晨起床做的第一件事，就是对镜子里的他说：嗨，加油！你是最棒的！祝你开心！

★团体辅导实操

成长分享会

【活动目的】

1. 盘点学期收获，强化积极的自我认知；

2. 鼓励学生进一步开放自我，展示才艺，大胆分享；

3. 通过学期回顾及颁奖典礼，强化团队感和归属感。

【活动准备】

1. 学生准备才艺节目，自带一支笔；

2. 辅导师准备一面镜子、分享纸、奖状、奖品和课件。

【活动过程】

1. 这是我们这学期的最后一次课了。趁这个机会，咱们来一场才艺欢乐秀，彻底嗨起来吧！

（1）辅导师代表表演。

（2）学生自主节目表演。

（3）再次集体朗诵《风一样的少年》。

2. 播放照片（包括刚才的才艺秀），盘点那些值得回忆的成长历程。

播放时随时暂停，可以问学生：

你还记得这是什么场景吗？那时候你的心情怎样？

3. 这一学期就要结束了，我们每一个人都有着成长的收获。接下来我们有个颁奖活动，但我希望，这个奖不是辅导师颁给你的，而是你自己颁给自己的。你需要为自己写一段颁奖词，才能领到属于你的奖状。

（1）邀请一名学生上台。镜子里的是谁？他叫什么名字？（他叫××）

（2）你能对镜子里的××同学说一句话吗？你认为现在的他，和刚进入开心班的他，有没有不一样的地方？哪些不一样？（辅导师根据学生的回答板书关键词）

（3）你能把刚才的话连起来说一说吗？（提示学生可以根据板书的关键词来说。辅导师根据学生的话，现场整理成课件里的颁奖词）

（4）同学们，他刚才说的，是不是真实的？是不是公正的？让我们为他，也为镜子里的××同学鼓掌。待会儿我们就要把"××小超人"的奖状颁发给他。

（5）同学们，面对镜子，你是否也看到了一位同学，他是不是也跟开学时有很多不一样了？请你也为他写一段颁奖词。

在动笔之前，可以先看看这些孩子的颁奖词，相互启发（如果需要的话）。

例：

"人最大的敌人就是自己。战胜自己比战胜他人更值得赞誉。"这一学期，你在开心班战胜了自己的胆小和懦弱，敢于当着全班同学发言了，敢于站上全校的舞台表演了。你是令人敬佩的"勇敢之星"！

在一次次的奋进中突破自我，用汗水与辛劳浇灌出胜利的花朵。当你站上领奖台的那一刻，我忍不住要为你的勇气喝彩。张××，你的身体里还隐藏着无限的能量，放飞它吧，螺髻山的小雏鹰，请继续努力，越飞越高！

×××，祝贺你找到了一个温暖的家——开心班。在这里，你可以信任每个人，辅导师和同学都是你的好伙伴。你也可以做最真实的自己，沉默和开心同样被允许。你在这里度过了一个幸福的学期。因此，请领走你的"幸福之星"奖状，并将幸福永远保持下去。

阳光之所以带给人温暖，是因为播撒无私的爱；天使的存在，是在证明爱飞翔的痕迹。你甘于奉献，主动打扫卫生，为班级"共同的约定"献计献策。你像天使一样，把爱心带给身边的人。你，就是润心屋里的"开心小天使"。

你多才多艺，反应敏捷，口才出众，表演大方，在开心班的许多活动里都展示了精彩的自己。我想把"优秀之星"的奖状颁发给你，希望你继续努力，争取成长为更加出色的自己。

你每一次课都能按时到班，从不迟到早退。参加活动也能认真遵守班级约定，展现了高度的自律精神。你是当之无愧的"自律之星"。

4. 也许你的成长跟他们一样，又或许不一样，都没关系。请提起笔，写下你真实的成长吧。分发"成长证书"，学生为自己写颁奖词。

成 长 证 书

_____同学：

你在我校开心班_____年____期的成长历程中，表现优异，荣获_____称号，特此鼓励。

普格县附城小学校

年　　月　　日

5. 写完后，让每一个学生都有机会站在圆圈里，大声念出颁奖词。其他同学在他念完后，要双臂搭在他的肩上，大声说："加油！加油！加油！"传递力量感。（如果学生人数较多，可以分小组进行）

6. 由辅导教师（或邀请学校领导）为每一个学生颁发"成长证书"。通过隆重的仪式使学生更加自信，对成长的记忆更加深刻。

★心理拓展

种子的力

【润心驿站】

我与世界；概率计算；资源争取；理想信念。

【活动目的】

感知不同的奋斗结果会获得不同的资源配置，明白为达未来理想，须从今日努力。

【活动准备】

1. 一块长方形泡沫纸，两种色系，划分为三个区域；

2. 安全磁性飞镖若干；

3. 各学科的习题任务单，难度和数量控制在小队合作 5 分钟能完成的范围内；

4. 电子屏动画设计六棵种子，会随着分值的增加发芽、长叶，直到枝繁叶茂，开花结果。

【活动时长】

40 分钟。

【适合人数】

全体人员。

【活动过程】

一、游戏规则

1. 辅导师讲解游戏规则：

（1）以小队为单位进行比赛，每位队员可以掷两把飞标。

（2）绿色区域代表绿洲，黄色区域代表沙漠。掷中绿色区域，计 3 分；掷中黄色区域，计 1 分。分数会折算成生命值，用于滋养自己小队的种子（电子屏动画设计）。

（3）每个小队有自己的计分区，掷在这个区域以外不能计分。比如一小队的计分区是 B 区，如果掷到其他区域，则不能得分。

（4）如何划分计分区呢？不靠运气，靠实力。每个小队需在规定的时间内完成50道口算题、5道语文选择题、一幅简笔画、20个下蹲，然后按照完成任务的质量，得分由高到低排名。以6个小队为例，第1名的队分到A区，后3名的队分到C区，中间两队分到B区。

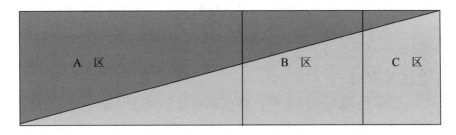

2. 对于以上规则，你有什么想法？让队员们畅所欲言。

例如：

（1）A区又宽又大，绿洲面积也多，为什么只分配一个组去啊？

（2）分到C区的人太不划算了，绿洲那么少，能扔中的可能性太小了。

（3）感觉很不公平。

3. 辅导师对学生的疑问均表示认可，但不必回应和解释。

你们能提出这些疑问，说明你们善于思考，勇于表达，这很好。但我不会向大家解释为什么，只有一句话：这就是规则，请大家遵守。对于规则本身，大家是否都已明确知道应该如何做？

二、资源争夺

1. 在全体人员均表示明白规则之后，辅导师开始为各小队分发学科任务单。任务单上要明确如何计分，例如：口算题目每正确10题计1分……

2. 各小队完成学科任务挑战。计时5分钟。

3. 分数统计：客观题学生交换批阅计分，主观题辅导师给分。按照分数排名，获得相应区域资源。

三、镖土争霸

1. 各队依次排队扔飞镖。辅导师计分。

2. 按得分折算成生命值。最大生命值不超过电脑动画的最后一个步骤。比如，电脑动画一共五步，场上最高得分是 100 分，则可以每 20 分匹配一个生命值。

四、种子的力

各小队派代表依次上台，按照自己小组所得的生命值操作动画，给种子"注入生命值"。全体队员看着自己小队的种子慢慢成长。

五、感受追问

从今天的活动中，你有什么感受或思考？

【注意事项】

1. 各学科的习题任务单，难度和数量控制在小队合作 5 分钟能完成的范围内；

2. 按得分折算成生命值时，最大生命值不超过电脑动画的最后一个步骤。

3. 在"感受追问"环节，根据队员不同的年龄和阅历，每次活动的思考都可能不同，辅导师均应予以肯定。也可以根据情况适度点拨，比如启迪其思考社会规则、高考规则、资源竞争与本次游戏的相似之处，为了将来能够更具竞争优势，我们现在应该如何做等。

【体验者说】

公平只是相对的，你只有拼搏出实力，才能获得更多的优质资源，生命之树也才能生长得更加茂盛、充满生机。

★ 身临其境

森林运动会

【活动准备】

角色头套：乌龟、小兔、啄木鸟、金鱼、山羊老师。

【活动过程】

1. 播放开场音乐，创设故事情境：

森林学校一年一度的运动会开始了。一大早，运动员乌龟、小兔、啄木鸟、金鱼都已经准备好。（音乐停）可是，运动会要怎么举行才能公平呢？山羊老师很犯愁，请同学们帮着出主意。

2. 学生分组讨论，制定出方案后在全班交流。辅导师或学生代表进行板书记录。

3. 全班推选出"最公平"的方案，由几个同学扮演运动员角色，现场比一比。

4. 如果比赛结果只有个别动物获奖，辅导师需要引导学生观察：这样的比赛真的公平吗？到底怎样才能做到"真公平"？

5. 带领学生从"不与别人比优势，只跟自己比进步"这个方向来修正方案，再次比赛。

6. 辅导师扮演山羊老师为全体获奖运动员颁奖。例如：

乌龟——坚持奖、小兔——速度奖、啄木鸟——贡献奖、金鱼——环保奖……

5. 启发总结：人人都能获得成功的秘诀是什么？

【体验者说】

我发现"人人都能获得成功"的秘诀就是：根据自己的长处，发掘独一无二的优点，不断地超越自己。

我明白了不应该拿自己的短处去跟别人的长处比，不然的话，越比越没有信心。

我妈妈总是跟我说"你看人家谁谁谁怎么怎么好"，这让我感觉自己很糟糕。通过这个活动，我发现我有很多优点，而且这学期我真的已经很尽力，很多方面都有了进步。我真想对妈妈说：您的儿子也没那么糟，而且，我明天会比今天做得更好！

★主题故事

我将前途无量

哈佛大学泰勒·本·沙哈尔教授是个很有趣的人。一天，学生们问他："请问在教授心里，您自己是个什么样的人呢？"

这个问题把沙哈尔问倒了。他回到家，拿来一面镜子，仔细观察。

第二天，他这样告诉学生："我集古今国内外的名人、伟人、聪明人的特点于一身，我是一个不同于一般的人，我将前途无量。"

学生们面露怀疑。

沙哈尔指指自己闪亮的秃顶，说："莎士比亚就有个闪亮的秃顶。"

指着自己的鹰钩鼻，说："大侦探福尔摩斯就有一个漂亮的鹰钩鼻。"

又指指自己的大长脸，说："伟大的美国总统林肯就有一张大长脸。"

然后他站到学生们中间，让学生们注意他的身高："拿破仑个子矮小，我也是。"

他又故意踏了踏脚："卓别林就有我这样的一双八字脚！"

最后他回到讲台上，面对全体学生，说："现在，你们相信我将前途无量了吧？"

学生们都被教授的幽默和自信引出会心之笑。

在这种积极的心理暗示下，沙哈尔一贯保持着乐观、幽默的授课风格以及主动、向上的人生态度，获得了所有学生的喜爱，成为一名成功的教授。

【心灵火花】

欣赏他人是一种美德，欣赏自己是一种智慧。相信"天生我材必有用"，认同自己，欣赏自己，活出自己的价值，这才是人生的魅力所在！

★课外链接

图书《站着上北大》

/推荐语/

　　小人物也可以有大梦想。《站着上北大》的作者甘相伟，曾被评为"中国教育 2011 年度十大影响人物"。他有一个不幸的童年，五岁失去父亲，母亲差点精神崩溃。高考失利，为了离北大更近一些，他到北京大学当保安，一边工作，一边学习。从北大保安到北大中文系，甘相伟用自己华丽的人生转变告诉你：相信自己，坚持努力，梦就能飞。

【阅读交流】

　　甘相伟坚持梦想的事迹是否感动了你？你愿意做一个坚持梦想的人吗？

★开心自测

我的"系统"升级

放松心情，来玩一个游戏吧！
1. 这是一个趣味性测试，结果仅供参考；
2. 为了更准确地了解自己的情况，你不用思考太多，每项内容凭直觉真实作答即可。

1. 爸爸妈妈或老师、同学曾对我说，最近我在某方面有进步了。（   ）

　　A. 是的，好多次都这样　　B. 偶尔有一两次　　C. 从来没有

2. 我这一年不仅长高了，还看了很多书，增长了许多知识。（   ）

　　A. 是的　　B. 我不确定　　C. 不是这样

3. 我知道我的某一个缺点正慢慢向好的方向转变。（   ）

　　A. 是的　　B. 不确定　　C. 不可能

4. 我曾经遇到过困难却没有放弃，在解决困难的过程中我学到了方法，获得了启示。（   ）

　　A. 是的，好多次都这样　　B. 偶尔有一两次　　C. 从来没有

5. 每一次的错题我都认真订正和整理，从中吸取了经验。（   ）

　　A. 是的，总是这样　　B. 偶尔有一两次　　C. 从来没有

6. 我在积极参加某次活动中变得大方了。（   ）

　　A. 是的，好多次都这样　　B. 偶尔有一两次　　C. 从来没有

7. 我认为今天的我比去年的我更优秀了。（   ）

　　A. 是的，我确信　　B. 可能吧　　C. 从来没有

8. 老师要求我们为自己写成长颁奖词，我很发愁，觉得没内容

可写。（　　）

A. 是的，总是这样　B. 想一想还是能写出一两点　C. 不可能，我能写出很多

9. 我没有力量改掉自己的缺点，虽然经常自责，却没办法。（　　）

A. 是的，总是这样　B. 偶尔有一两次　C. 从来没有

10. 按照我自己的计划，我相信明年的自己，一定比今年的自己更好。（　　）

A. 是的，总是这样　B. 也许会吧　C. 不可能的

题号		1	2	3	4	5	6	7	8	9	10
分值	A	3	3	3	3	3	3	3	1	1	3
	B	2	2	2	2	2	2	2	2	2	2
	C	1	1	1	1	1	1	1	3	3	1

对照上表，看看你的得分：

25～30分：你善于发现自己的成长变化，每天都充满积极向上的正能量。

18～24分：你能积极去发现自己的成长和进步，很不错。如果行动上再持之以恒，向着阳光的一面努力，就一定会有更多收获。

10～17分：你的成长还等着你去发现，你需要看到一个更好的自己，要拥有足够的信心。

培育积极自我

儿童心理团体辅导实践

朱守群　付　玲◎著

顾问：方德贵　徐春美　郑丽萍　陈　亮　吉尔日考

四川大学出版社
SICHUAN UNIVERSITY PRESS

第二辑　心理情景剧本

　　心理情景剧是一种以团体形式处理心理问题的方法，通常是让来访者把自己的焦虑或者困惑用情景剧的方式表现出来，心理咨询师在一旁进行点评，并借此对来访者的心理问题进行指导。但在学校心理健康教育工作中，我们对其进行了适应性变革，使之更适合小学生心理辅导需求。

风一样的少年

【润心点石】

辅导师的爱是智慧之爱，要善于唤醒并激发每一个孩子的天赋。要相信每一个孩子的心灵，都生长着向善的本能。

【故事梗概】

这是一个一群处于自我边缘化的普格少年在爱的鼓励下重拾信心、积极向上的故事。

1. 开心班排练节目现场乱七八糟。有人说我们就是最糟糕的一群，有必要这么费劲排练吗？班长也失去了信心。

2. 在辅导师爱的鼓励下，同学们发现了彼此的优点与天赋，决心做小太阳，温暖自己，照亮别人。

3. 开心班在艺术节上演出，同学们激动地欢歌，故事在高潮中结束。

【人物角色】

班长、张三、李四、王五、陈六、江七、章八等，辅导师辛鹏

第一幕

开心班节目排练现场。同学们东倒西歪。班长正在点名。

班长：李四，王五，陈六，张三。张三，张三，哎，张三来了没有？

张三（软绵绵的声音）：早来了，你瞎啊没看到。

同学们一阵哄笑。

班长摸摸鼻子，一脸忍耐的表情。接着点名。

班长：江七呢？刚刚好像还看到她哒！难道我看花了眼？唉，站第一排正中间都不准时！

李四：班长，江七说她肚子疼，去拉屎了！

王五：哎呀李四，老师教育我们要五讲四美文明友爱，这大庭广

众的你说什么拉屎嘛，要说——拉粑粑！

同学们又是一阵哄笑。

班长以手扶额。

陈六：班长，我渴了先去喝口水哈！

李四：班长，我也肚子疼，我也要拉粑粑！

王五：班长——

班长：不许请假了！懒牛懒马屎尿多！从现在起，不许喝水，不许拉屎，不许——统统不许！

王五：班长——

班长：都说了不许！

王五：班长你看——

大家都顺着看过去。只见章八把凉鞋趿成拖鞋，手里拿着作业本，歪着头站着，轻轻打起了鼾。

王五示意大家不要说话。他走过去，凑到章八耳边，大声吼了句"放学啦！"

章八瞬间醒来：我的饭盒呢？

王五：先擦擦口水，再去打饭。

章八：哦，好，谢谢啊。

同学们笑得前俯后仰。

班长：你们，你们——唉，这还排练啥啊。大家想怎么着就怎么着，我也不想管了！

王五：哎，班长，这就对了。谁不知道我们都是各个班级里挑出来接受"再教育"的。什么人才接受"再教育"？做错事的人。李四，你经常欺负同学。

李四抬着下巴哼了一声：那是他们也欺负我！

王五：张三，你上课总不听讲，长期不完成作业。

张三：老子爱听不听。怎么，我妈都不管我，你管我？

王五：陈六，你卫生习惯太差，一个月不洗澡不换衣服，臭脚大王的名声咱们整个年级都传遍了。

陈六：呵，你脚香，砍去煲蹄花汤呗，看有没有人出钱买。

　　王五：呵呵哒，脚香不香的我不确定，但我说的话——那是真香。这每天一上课啊，我就忍不住想说话，天南海北，古今中外，三教九流，神仙妖怪，只要跟课堂学习没关系的，我都想说，都能说，可以侃上三天三夜不歇气儿的！哈哈，老师们都受不了了，这不，我就跟大家一起来这儿了！

　　同学们：哦——那班长呢？

　　班长：我太爱画画了，遇到不喜欢的课，就在书上随便画，各种画，结果……就……

　　王五：所以说嘛，既然我们大家都是被淘汰出局的，你这么较真干吗呀？节目排不排的不重要，大家玩得开心才重要嘛！要不我给大家讲个经典笑话怎么样？

　　大家：好！

　　李四：我给大家来一段武松打虎！

　　大家：好！

　　张三：老子爱清静，想找个人下棋，有人没？

　　陈六：我来！杀你个八百回合不重样的！

　　张三：给老子滚一边的，脚不臭了再来找我。

　　大家：哈哈哈！

　　章八：我还是再睡一会儿吧，吃饭了叫我。

　　大家：切！

　　江七（刚回来一会儿）：我给大家唱首歌吧。

　　大家静听。歌词如下：

　　我是世上最糟糕的作品，

　　任由自卑蚀空了内心。

　　人类外衣徒有虚名，

　　堕落乃是灵魂本能。

　　王五：江七，你为什么到这里来的啊？

　　江七：我成绩差，老考

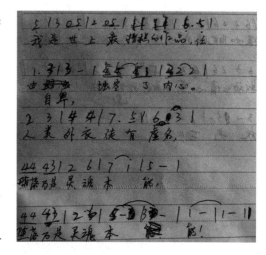

第一名——倒数第一。

全体同学静默，表情很丧，内心痛苦又无奈。

第二幕

辅导师辛鹂出场。

班长：辛老师，您，我们……

辛鹂表情严肃、沉痛。

班长（痛下决心地）：老师，是我没组织好，您要怪就怪我吧。

王五：老师，您还是惩罚我吧。班长本来是要同学们认真排练的，是我，我话多，聊着聊着就歪楼了……您怎么罚我都行，跑圈、罚小抄、面壁、告家长——哦，我家长都在广东打工，您要是想请家长的话，他们可能得等到年底才能回来见您一面了。不过，也可以视频嘛，要不怎么说现代科技就是好呢——

班长：王五！

王五噤声。

辛鹂：你们做得很好，同学们也都很棒。

同学们面面相觑。

辛鹂：你们知道我为什么难过吗？不是因为你们各种玩耍、不认真排练，而是因为你们对自己的彻底否定。在我的眼里，你们都是很好很好的孩子。比如你李四，别人都以为你喜欢欺负同学，但我知道，你其实有那么一点"锄强扶弱"的侠义精神，只是用错了方法。

陈六：我还知道李四平时一有机会，就经常帮着班里搬花盆、端饭盆、提水桶。

辛鹂：比如你，班长，你在书页下画的画，翻动起来就成了动画，我偷偷给你拍来放到了视频网站上，一天就有超一万人点赞，我还没来得及告诉你。

众：太棒了！

王五：江七，你成绩虽然不是很好，但你的歌唱得那么好听，我们都打心眼儿里羡慕得要命！你看我这破嗓子，一唱歌，吓跑一大群！

班长：王五你也不差啊！你口才那么好，我们经常都被你逗得哈哈大笑！要是你不要在课堂上影响大家就更好了！

张三：是啊，你就在课堂外练，到舞台上说，话多能有什么问题？咱祖国的相声文化就等着你发扬光大了！

大家：对！

被点到的同学眼睛都放出了光彩。

章八、陈六依然垂着头。

辛鹏：章八为什么老爱打瞌睡，陈六为什么一个月不洗澡不换衣服？同学们，你们了解过原因吗？

王五：他们习惯差呗！

众：对，习惯差呗！

班长扯了扯王五的袖子。

辛鹏：是啊，可习惯为什么差呢？他们家大人全都外出打工了，他们不但要当好学生，更要当好兄长。如果你放学后要去地里种蔬菜、找食喂猪，回到家还要做家务、给妹妹辅导功课，很晚了才能开始做自己的作业，那你也许比章八更能打瞌睡。如果让你每天要照顾五个弟弟妹妹，其中一个才两岁，有水要让他们先洗头、洗澡，有衣服要让他们先换先穿，还要摘菜、做饭、洗碗——那你也许比陈六还……章八和陈六，都是非常善于照顾家人的好哥哥。

王五：章八、陈六，对不起。

章八、陈六眼睛里泛起泪花。

辛鹏：每一个人都有自己的天赋，心里都向往着阳光的明亮。如果说成长的天空里有阴云，那是因为你们没有足够努力去靠近太阳。张三！

张三：到！

辛鹏：老师这两天感冒，嗓子有点哑，你嗓门亮，帮老师传话！

张三：是！

以下的话辛鹏说一节，张三大声重复一节。

辛鹏：李四！你力气大，负责把凳子按合唱队形里阶梯摆放，章八协助！

李四、陈六、章八：好！

张三代辛老师传话：王五！你口才好，负责节目里话最多的角色！陈六，你普通话不错，负责朗诵排练，务必练到字正腔圆、抑扬顿挫、感情饱满！江七，你歌声动听，就由你来领唱歌曲！班长，你责任感强，依然负责统筹组织，记住，要懂得用人之长、鼓舞士气，众人齐心，其利断金！

被点到的人都响亮回答"好""收到""明白"。班长组织大家分头排练。

舞台中央，江七领唱，歌声起。歌词如下：

（江七领唱）爱如阳光，暖我心房，

寒冷冬霜融春光。

激动心情，如燕飞翔，

我能成为小太阳。

（众人齐和）爱如清泉，疗我心伤，

寒冬冰霜融春光。

幸福展望，如风翱翔，

我要成为小太阳，

放光芒！

第三幕

艺术节舞台。

班长：三——二——一！

众人迅速按演出队形站好。

话外音：附城小学校一年一度的艺术节开始了。咱们成长关爱中心开心班的全体同学即将为我们献上他们的班级舞台首秀——《风一样的少年》。大家掌声有请！

陈六领诵【宽广、厚重、自由地】

青山莽莽，

黑水沧沧，

彝汉儿郎，

脊梁铿锵。

众人齐诵【幸福、喜悦地】

清泉浸润，

云海宽广，

风一样自由的/凉山少年/在成长。

江七领唱【自由、憧憬地】

风一样的少年！

向往走出大山！

站在螺髻之巅，

蓝天触手可探！

第一小组合唱【活力、奔放地】

风一样的少年！

追逐整个世界！

未来看似遥远，

阔步奔跑向前！

第二小组合唱【热烈、坚定地】

风一样的少年！

点燃梦想之焰！

擎出铿锵誓言，

星火必将燎原——

陈六领，众人齐诵【铿锵有力地】

（陈）中国，（众）我少年之中国！

（陈）世界，（众）我巍峨之世界！

（陈）奋斗，（众）我全力之奋斗！

（陈）明天，（众）我成就之明天！

江七领唱【轻快激越地】

群山激昂，飞瀑流觞，

凉山少年誓言铿锵。

清泉涤荡，云海飞扬，

风一样少年纵——声——唱——

众人齐唱【轻快喜悦地，末句反复至气势恢宏】

少年强，则凉山强！

少年强，则祖国强！

少年强，则民族强！

少年强，则世界强！

节目完。

打开爱的视听

【润心点石】

留守儿童缺少父母的陪伴，内心是孤独的。辅导师和同学们的关注、关心与关爱，让留守儿童感受到温暖，健康快乐成长。

【故事梗概】

阿依的爸爸妈妈外出打工，留下三个孩子，让阿妈一个人照看。三个孩子无人看管，小阿依不想上学。班主任辅导师带着班上的同学关心她后，她终于快乐地走进了校园。在辅导师的关心和同学的陪伴中，阿依变得快乐了。

第一幕　告别

地点：阿依的家里。

人物：阿依，阿依的爸爸、妈妈、哥哥、姐姐

阿依正开心地与哥哥姐姐玩跳绳、拍巴掌游戏。

话外音：每年彝族年过后，回家过年的彝族老乡们就会离开家乡到城市打工。这不，阿依的爸爸妈妈今天就要离开家乡普格，到新疆打工去了。

阿依：马兰花，马兰花，风吹雨打都不怕，勤劳的人们在说话，请你马上就开花！

姐姐：小皮球，香蕉梨，马兰花开二十一；二五六，二五七，二八二九三十一；三五六，三五七……

爸爸（神情凝重）：孩子他妈，快一点收拾东西，班车马上要来了。

妈妈：小声点，别让孩子们听见了。尤其是阿依，你那天还答应说要送她去上学呢。

爸爸：我那不是哄孩子开心一下吗？

妈妈：孩子聪明着呢，能随便哄的？

爸爸：那你要我怎么办？本来也是想送她的，可，工厂那边催得紧，说要是再不回去，名额就被别人给顶替了。真要没了工作，我们吃什么？孩子们吃什么？还有她阿妈的病……

妈妈：是啊。好在现在国家政策好，孩子们上学不用交学费，不然……

阿依跑过来，看着地上的行李：爸爸，你们这是？

爸爸（不知所措地）：阿依。

妈妈（为难地，小声哄）：阿依，我和爸爸出去买点东西就回来。

阿依：妈妈，我不信！你们走了就不回来了！

爸爸：这傻孩子，说什么呢，我们年底还会回来过年的。

阿依：我就知道，你们又要扔下我！妈妈，你说了，等我上小学了，你要留下来陪我的！

哥哥姐姐也过来了。

妈妈（蹲下身子搂着阿依）：阿依，别哭了。等你上二年级了，妈妈就留下来陪你好不好？

阿依：我不信！

妈妈：看，妈妈给你们买了糖，我和爸爸走了，哥哥姐姐会天天给你糖吃的。

阿依（使劲摇头，紧紧地搂住妈妈的脖子，呜咽）：你们一走，哥哥就只知道看电视，姐姐要一直做家务，没人陪我玩……我不要糖，我要爸爸妈妈！我不要当没爸没妈的孩子……

哥哥（不好意思）：阿依，我哪有一直看电视……

姐姐（使劲抹眼泪）：阿依，别哭了。

姐姐（狠狠心把阿依从妈妈身上抱开）：妈，你们快点走了，车子快来了。

爸爸妈妈提着行李走出家门。

阿依（从姐姐身上挣脱，跑上前去，一把抱住妈妈的腿，号啕大哭）：妈妈不走！妈妈不走！

妈妈停下脚步，热泪盈眶，蹲下身子一把抱住阿依。

阿依立刻依偎在妈妈身上，紧紧地搂着妈妈。

妈妈拉开阿依的手，坚定地站起来，拔腿就走。

阿依（拽着爸爸的衣角，哭）："不要走！不要走！"

爸爸头也不回地走了。

班车喇叭声响起。

阿依的爸爸妈妈走出舞台。

阿依和哥哥姐姐（追赶班车，大声哭泣喊叫）：阿达，阿姆！

阿依：不要走！不要走！

班车徐徐开走，呼喊声渐弱。

阿依：你们说话不算话！我不要上学，我再也不去上学了！

第二幕　生日

地点：教室门口和教室里

人物：阿依、李辅导师、几个学生

李辅导师站在教室门口，微笑着迎接孩子们的到来。

几个学生陆续走进教室，师生互相问好。

小阿依躲在姐姐的身后。

姐姐：阿依，快进去！你看李辅导师在等你。

一边说一边把阿依拉出来。

阿依一脸害怕，连连躲闪，拉着姐姐往后退。

李辅导师：阿依，你来了，辅导师好想你哦！

李辅导师牵起了阿依黑乎乎的小手。姐姐挣脱阿依的手离开。几个学生也过来牵她的手，围着小阿依。李辅导师离开。

学生甲：阿依，我给你带来了小发卡。

学生乙：走，我们一起跳橡皮筋。

阿依推开她们。

学生丙：阿依，这是我妈妈烤的饼，我特地给你带来的。

阿依接过饼子，使劲扔掉：滚开，讨厌！谁也不要理我！

同学们：阿依，你！

李辅导师提着一个蛋糕来了。

学生甲：今天有同学过生日啊？

学生乙：肯定是辅导师的生日。

同学丙：不对，不对，是……

阿依抬起头，满脸愤恨，复又低下头，一句话也没有说。

李辅导师（示意让孩子们坐好）：今天是我们开学的第一天，也是阿依的生日，辅导师买了一个蛋糕，我们一起给阿依过生日。

阿依惊喜地抬起头，但眼里的光一闪而过，又黯然低下头。

李辅导师：来，阿依，这是辅导师特地给你买的小蛋糕哟。

同学们簇拥着阿依，祝福阿依生日快乐。

李辅导师给阿依戴上了小皇冠。

同学们围着阿依拍手，齐唱生日快乐歌。

阿依（哭）：我不要吃蛋糕。我想爸爸和妈妈，我要他们回来！

李辅导师：原来，我们的小阿依想爸爸妈妈了，真是个温暖的有孝心的好孩子呀！辅导师也经常会想爸爸妈妈呢！

阿依抬起头，惊疑地看着李辅导师。

李辅导师：不过呀，辅导师想爸爸妈妈的时候，可不会把自己哭得像一头小猪。

同学们善意地笑。

李辅导师：你知道我会怎么做吗？来，你捧着蛋糕，我就告诉你。

阿依捧过蛋糕。

李辅导师：我呀，想爸爸妈妈的时候，就会更加认真地工作，因为我不想让他们担心我。而且，我要用最好的工作成绩，让爸爸妈妈感到骄傲。

小阿依眼睛亮了。

李辅导师：小阿依也会成为爸爸妈妈的骄傲的，我们都相信。（对同学们）大家说是不是呀？

同学们：是！我们都是爸爸妈妈的骄傲！

同学乙：对的，我们才不会让爸爸妈妈一边工作，一边还要为我担心呢！

同学丙：等爸妈回来的时候，我要把我获得的奖状给他们看！

同学甲：我要把我最好的成绩给他们看！

众：阿依，你呢？

阿依：我，我也会的。

众：太好了！那，我们来切蛋糕、吹蜡烛吧？

李辅导师：我帮阿依拍照，发给爸爸妈妈看。

阿依露出了笑脸，幸福地吹了蜡烛。

同学和李辅导师：生日快乐！

李辅导师：阿依，来，切蛋糕。

小阿依切好蛋糕，把蛋糕分给同学们。

同学们都祝福阿依生日快乐。

阿依吃着甜甜的蛋糕，幸福地笑着。

李辅导师：小阿依的爸爸妈妈都在外面打工，以后她每年过生日的时候我们都一起陪她过，好吗？

同学们：好！好！……

阿依幸福地扑进了李辅导师的怀里。

第三幕 电话

地点：润心屋（留守儿童活动中心）

人物：阿依、李辅导师、张辅导师、王辅导师、五六个孩子

画外音：留守孩子没有了爸爸妈妈的陪伴，但他们有我们这些妈妈们。

辅导师一：我会用爱我孩子的心对待他们。

辅导师二：我会陪伴他们的童年，看着他们长大。

辅导师们齐声：我们都是他们的妈妈。

李辅导师：今天是阿依的生日，还要拜托你们润心屋的两位知心姐姐多多关心她哟。

辅导师张、王：没问题，咱们润心屋的宗旨，就是要给需要特殊

关爱的孩子更贴心的爱。你就放心吧。

李辅导师：好啊，阿依生日关爱的接力棒就交给你们啦！

李辅导师退场。

孩子们跑进了润心屋，小阿依跑在第一位。

阿依：张老师好，王老师好！

张辅导师：阿依，生日快乐哟！

王辅导师：哟，我们的小寿星来了？来，跟老师抱一个！

阿依与王辅导师、张辅导师拥抱。

阿依：你们怎么知道今天是我的生日？

张、王辅导师：我们是神仙，会掐指一算哟！

阿依、同学们：呀，我们润心屋的知心姐姐变成知心神仙啦！

张辅导师：给，阿依。

阿依：手机？

张辅导师：是的，给爸爸妈妈打个视频电话吧。

王辅导师：今天是你的生日，你一定有开心的事想跟爸爸妈妈分享吧？还犹豫什么呀小阿依？

同学们：快打，快打！

阿依在泪花中拨打视频电话。

爸爸妈妈出现在视频里。

阿依：喂，妈妈，爸爸，我很想你们。

爸爸妈妈：我们也想你呀，阿依。

阿依：你们身体好吗？工作得好不好？那边能不能吃到咱们凉山的荞麦粑？天气热不热？妈妈的感冒好了没有？……

爸爸：这孩子，问这么多问题，我们先回答哪一个呀？

妈妈：我们都很好，阿依。你呢？你在学校生活得快乐吗？

阿依：我可快乐了！老师说，你们不在，我就是她的小宝贝，我可以把她当作妈妈哟。今天，李妈妈和同学们一起给我过生日了，我吃了生日蛋糕。

同学众：叔叔阿姨请放心，阿依在这里挺好的！

同学甲：这里的儿童成长关爱中心，我们每周都会来一次。这里有知心王姐姐和张姐姐，她们可温柔了！

同学乙：我们可以在这儿玩游戏，我学会了剪纸。（拿出剪好的作品）

同学丙：我们可以在这儿学弹琴。（琴声响起）

同学甲：我们的心事可以告诉老师，老师像妈妈一样陪伴着我们。

阿依：我们在这儿很快乐，爸爸妈妈放心吧！

爸爸妈妈：孩子们真可爱！谢谢老师和同学们陪阿依过生日。阿依，爸爸妈妈也很想你。等过年的时候，我们就回来了，会给大家带礼物的。

阿依：好，等那时候，我也有礼物要送给爸爸妈妈呢！

同学甲：什么礼物？

阿依（笑）：不告诉你！

同学乙：我知道，肯定是奖状吧！

阿依：嘘——我要给爸爸妈妈惊喜！

爸爸妈妈：阿依，我们要工作了，你也快去上课吧。过年再见，爸爸妈妈等着你给我们的惊喜！

阿依：过年再见！

阿依和同学们收队齐诵：
父母打工离开家，
曾经我们好害怕。
孤独寂寞想妈妈，
不想上学想回家。

辅导师们齐诵（温柔关切地）：
孤独寂寞别害怕，
学校就是你的家。
三免一补营养餐，
同学一起笑哈哈，

还有我们当妈妈。

师生齐诵（开心幸福地）：
同在一片蓝天下，
党的政策闪光华。
祖国未来朵朵花，
我们一个不落下，
我们一个不——落——下！

魔　镜

【润心点石】

在规则内的自由才是真正的自由，有适度压力的生活才是最好的生活。

【故事梗概】

一凡不想做作业，偷看故事书，没想到被书里的魔镜吸到了故事里。在故事里，她遇到了好几个不想学习、向往自由的同学。获得自由之后，他们却后悔万分，因为完全没有约束的自由是互相打扰的，反而没有了自由。丝毫没有学习压力的生活是看不到希望的，因为凭他们空洞的大脑，他们完全无法建立一个有秩序的幸福环境。正在他们绝望的时候，魔镜被打碎了，他们重新回到了现实世界，懂得了珍惜现有的生活。

1. 一凡磨磨蹭蹭回到家，对先做作业还是先玩游戏拿不定主意。有选择困难症的他决定两样都放弃，随手拿了本书打发时间。书里突然闪出一道光，原来是插图中的魔镜向他发出邀请。

2. 一凡穿进了魔镜，看到了好些熟悉的同学，他们都是不想学习、向往自由的。他们在这个绝对自由的理想国里，享受着梦寐已久的极乐生活。

3. 但绝对自由的生活并不像他们想象的那么美好。无数的混乱使他们后悔万分，因为完全没有约束的自由是互相打扰的，反而没有了自由。丝毫没有学习压力的生活是看不到希望的，他们完全无法建立一个有秩序的幸福环境。

4. 魔镜被打碎了，他们重新回到了现实世界，得到了成长。

第一幕　选择困难症

一凡家里。

一凡：左手是作业，右手是玩耍；作业是必须要做的，玩耍也是必须要做的；作业可以让老师和妈妈高兴，玩耍可以让我自己高兴——哎呀，到底是先做什么呢？作为一个选择困难症患者，我真是太难了！算了，想得太多就不自由了，我还是想干什么就干什么吧。

一凡（随手抽出一本书翻看，小声读出来）：魔镜魔镜请你告诉我，谁是世界上最美丽的人？魔镜回答说，森林里的白雪公主比你美上一千倍、一万倍。皇后嫉妒得狂叫，可恶的白雪公主！你还没死?!这次我一定要你在这个世界消失！——唉，为什么我不能在这个世界消失呢？到一个完全没有作业、没有考试压力，也没有老师和爸妈管束的地方去，生活该多美好呀！

魔镜（画外音）：哈哈哈，这个愿望太简单了，我可以帮助你哟！

一凡：谁在说话？你是谁？

魔镜出场。

魔镜：我就是魔镜呀！

一凡：你是魔镜？那我问你——谁是世界上最悲惨的人？

魔镜：非洲那些缺吃少穿的儿童是世界上最悲惨的人。

一凡：错！我才是世界上最悲惨的人！每天六点起床，七点上学，八点早读，九点听课，十点做题，十一点考试，十二点吃饭——呃，这个勉强不算——下午要锻炼，放学写日记，睡前背单词——总之，从早晨睁开眼睛起就不得自由，每时每刻面对压力，你知道我有多惨吗？

魔镜：呃，好像是比较惨……

一凡：是吧？所以啦，你连这个都不知道，算什么魔镜啊？肯定是个冒牌货！

魔镜（委屈地哭）：我不是冒牌货，我不是山寨品，人家是真的魔镜！是真的魔镜呀！你不可以误会人家的！不可以的不可以的！

一凡：（面对观众）天哪，魔镜这么萌的，还会撒娇哭泣？哈哈，爱了爱了！（面对魔镜）好吧，要我相信你可以，你怎么证明自己有魔力呢?

魔镜：我会说话呀，你见过生活中有镜子会说话吗？

一凡：见过啊，现代科技可以做到的。这个不算。

魔镜：那我可以帮你穿越到另一个没有约束、没有压力、完全自由的理想国，你该信了吧？

一凡：真的？

魔镜：比珍珠还真。

一凡：得嘞！那您倒是行动啊！

魔镜：能行动的只能是你自己。（诱导的声音）来，向我走来，穿过我的身体。对，不要怕碰到鼻子，向前，向前，再向前……

一道亮光闪过，一凡穿到了镜子的另一边。第一幕结束。

第二幕　理想国

背景转换到森林里，这里有轻快的鸟鸣，溪水涧涧，一派自由祥和。屏幕上出现地名：理相国。

一凡：啊，我真的穿过来了！理、想、国——嗯，一听这名字就不错。我的理想之国嘛，就是没有约束、没有作业和考试，完全自由、想干什么就可以干什么的地方。啊，空气真新鲜哪！风景真美丽呀！生活真美好啊！

同学甲（女）、乙、丙（胖）、丁走来：一凡？

一凡：甲，乙，丙，丁？你们怎么在这儿？

甲：我是被一面镜子邀请来的！

乙：我也是！我正看《白雪公主》的动画片呢，气愤到把恶毒的王后当沙包打，谁知道一阵光闪过，我就来这儿啦！

丙、丁：我们俩是一起来的。

一凡：都是魔镜？

丙、丁：是啊，我们不想听妈妈的话去写作业、看书，就跑到卫生间假装洗手磨蹭，那镜子突然就开口了，说它是魔镜，还说它能帮助我们获得无限自由。

一凡（面对甲）：那你是——

甲：我明天不想穿校服，想穿我自己的连衣裙。我还想画口红，肯定能像个明星一样漂亮。正准备试呢，镜子就把我请过来了。

一凡：那你们来了多久了？

甲乙丙丁：我（们）刚到一会儿。

一凡：这儿真有魔镜说的绝对自由？

乙：大概，也许，可能吧？

魔镜（画外音，诱惑地）：哈哈哈，欢迎你们来到理想国！不用怀疑了，在这里，你们完全可以想干什么就干什么！尽情地享受你喜欢的自由生活吧！

一凡：我喜欢的自由生活，就是什么都不干，躺着睡大觉！

甲：我喜欢的自由生活，就是想穿什么穿什么，想唱就唱，想跳就跳！

乙：我喜欢的自由生活，就是自由地奔跑，疯狂地打闹！

丙：我喜欢的自由生活，就是想吃就吃，不用担心长胖，不用听妈妈唠叨！

丁：我喜欢的自由生活，就是一天二十四小时看电视、玩手机、打游戏，不用睡觉！

齐：对！没有约束、没有作业、没有考试，想干什么就干什么，这样的生活超级妙！

魔镜（画外音，蛊惑地）：呵呵，那还等什么呢？

甲：我先来，我先来！下面请欣赏由我为大家表演的节目——歌舞的狂欢！啦啦啦啦啦——（脱开校服外套，露出里面的吊带舞裙，边跳边唱退场）

乙：辽阔的草原，神奇的骏马，风一样自由，这是我的家。（一边唱一边在场中自由乱窜退场）

丙（狂吃）：我吃，我吃，我吃吃吃——

（快板或说唱表演）

开个 cake 蛋糕房，

讲究卫生屋亮堂。

hamburger（汉堡）是金黄，

French fries（薯条）细又长。

hot dog（热狗）口味香，

chicken（鸡肉）桌上放。

bread（面包）请君尝。

一凡、丁齐：这么多，你吃得完吗？

丙：你管我呢！我最讨厌我妈管我了，这不能吃，那不能吃，生活不要太无聊！滚，一边去！

继续说唱：

water 水，别浪费，

牛奶 milk 真美味。

果汁 juice 流口水，

coke 可乐不会醉。

茶是 tea，解疲惫，

cofe 咖啡来一杯。

rice 米饭 soup 粥，

fish 最爱鲜鱼肉。

noodles（面条）尝一尝，

vegetables（蔬菜）来帮忙。

丙：哎呀，吃撑了，一边躺躺再吃！（退场）

丁：切，这真是吃多了撑的。我要看电视、玩手机、打游戏去啰！没人催睡觉，可以玩通宵，这样的生活不要太美好！（退场）

一凡：终于可以睡一觉了。

第三幕　混乱

大树下，一凡正躺着睡觉。周围是开阔的草地，远处是淙淙的溪流。小鸟在林间欢歌。

甲、乙、丙、丁依次出场。

甲：还是这儿风景好，我要在这里唱又跳！

乙：还是这儿风景好，我要在这里尽情跑！

丙：还是这儿风景好，我要在这里摆烧烤！

丁：还是这儿风景好，我要在这里组队闹！

场上唱跳、疯跑、烧烤、游戏机的声音混杂在一起。

一凡：喂，你们这是干什么?! 还让不让人睡觉了？

甲：这是我的自由，你管得着吗？

乙：对，我妈都不管我了，你管？

丙：你是太平洋警察啊，管得宽？

丁：别忘了这里是最最自由的理想国！我想干吗就干吗，想在哪儿干就在哪儿干，想什么时候干就什么时候干，哼！

一凡：可是，可是——

四人齐：可是什么？

一凡：可是你们的自由妨碍了我睡觉的自由啊！

四人齐：那是你的事，我也管不着。

一凡：你们！

四人齐：怎么着吧你？

一凡：我让你烧烤！（做出推的动作）

丙：哎呀，我的烧烤架！

一凡：我让你组队闹！（做出摔东西的动作）

丁：喂，我的游戏机！你赔，你赔，你必须赔！

一凡：我让你唱又跳！（使劲扔东西）

甲：我的 MP3 就这么给我扔到水里了？你知道里面有多少曲子吗？你赔得起吗你？

一凡：我让你随便跑！

乙：推我？你敢推我？老虎不发威，你当我是病猫！

几个人扭打在一起。

丙：不要打了，不要打了！（因为身体吃得太胖，笨拙无力不敢劝架，站在一边着急得不行，突然晕过去了）

魔镜（画外音，嘲笑地）：哈哈哈哈，哈哈哈哈！

众人齐住手，看向声音传来的方向。

魔镜（画外音）：这就是你们想要的绝对自由，向往的美好生活？哈哈哈哈，哈哈哈哈！

众人怔住：是啊，这就是我们想要的绝对自由，向往的美好生活？

甲：我想要的自由不是这样的。

乙：我想要的自由也不是这样的。

丁：我眼睛好花，什么都看不清！

丙：我，我，我这是怎么了？

众人齐：你吃得太胖，身体受不了，晕过去了！

一凡：我们，都错了？

齐（困惑地）：那，什么才是对的呢？（把目光投向画外音的方向）

魔镜：我这里没有答案，答案需要你们自己找。

甲：我不知道。

乙：我也不知道。

丙：要是我能多学习、多看书就好了，也许就能解决这个问题了。

甲：是啊，老师说过，学习使人增长智慧，就像食物可以使人长高。

丙：求求你不要再说食物了！

丁：游戏不能帮助我增加知识、增长智慧。我的时间都被它浪费了，现在连视力都……

一凡（顿悟）：所以，我知道了！

齐：好好读书，认真学习，有一天一定能明白什么是真正的自由！

魔镜（画外音，欣慰地）：哈哈哈哈，哈哈哈哈！

谢幕

歌曲《歌声与微笑》响起，全体演员（含魔镜）拍手唱歌，见面问候。

一凡（画外音）：我们回到现实世界已经一年了。这一年来，我努力学习，认真观察与思考，还请教了老师，终于明白了，真正的自由，是规则内的自由。美好的生活，是需要适度压力与约束的，那样才能使人健康成长。谢谢你，魔镜！

魔镜（画外音）：哈哈哈哈，哈哈哈哈！

全体演员列队谢幕。

有一种爱叫作放手

【润心点石】

青春期建立良好亲子关系的关键在于尊重和放手。

【故事梗概】

离异单亲妈妈独自带着儿子生活。为了使自己有安全感，她用爱控制孩子：切断其与父亲的亲情联系，用学习填满儿子的所有时间，将其限制在自己的控制之下，不准其自由行动，干涉他交友。儿子在妈妈的控制下产生了心理疾病，差点人格分裂。妈妈梦见了十年后儿子的发展困境，醒来之后意识到自己的错误，于是开始学着放手，亲子关系得到缓和。

【人物角色】

妈妈、儿子（幼年和成年）、天使、恶魔

第一幕 控制

家里。

幼年的儿子在网上和爸爸下棋。

儿子：将！

爸爸（画外音）：啊，这步我不小心下错了，我得重新下。

儿子：爸爸不可以耍赖！

爸爸：这不叫耍赖，这次是真的下错了，悔一次，最后一次，好不好？

儿子：不行，每次都说最后一次，我再也不相信你了！

爸爸：好吧好吧，我认输，认输还不行吗？

儿子：太好了，我赢了！我赢过爸爸啦！

妈妈端着水果出场。

妈妈：又在下棋？我让你下！我让你下！（把平板电脑夺过来，打了儿子几下，哭）你那个爸爸，从小就没管过你学习，现在都离婚

213

了，还要伙着你玩！我说过不准你再见他！你听不到吗？听不懂吗？再玩，再玩我就把平板给你砸了！

儿子：我不玩了。

妈妈：还见他不？

儿子：不见了。

妈妈（气消了些）：作业做完了？

儿子：做完了。

妈妈：作文也写完了？

儿子：写完了。

妈妈：老师要求看的课外书都看完了？

儿子：没有。

妈妈：那还愣着干吗？（儿子垂头丧气地起身，到一边去抽出一本书来看。）

妈妈（偷偷走到儿子身后，大怒，抽出书）：《射雕英雄传》？老师布置的不是《海底两万里》吗？你为什么不看那本书？我跟你说过多少次了，六年级了，马上要升中学，你必须好好把握这个机会，努力让自己有一个比较高的新起点。以后这些闲书统统都要锁起来，考上大学再看！听到没有？

儿子：嗯。

妈妈：球也不要踢了，琴也不要练了，对，还有游泳卡，统统收起来，平板只能在老师要求交作业时才使用。

儿子低头不吭声。

妈妈：还有，上次跟你聊天那女孩子，头发扎两个羊角辫，还染了色，一看就不是什么上进的学生，以后不许跟她联系了！

儿子：她爸爸妈妈都是艺术家！

妈妈：还敢顶嘴了？艺术家，以为整点大家不懂的就是艺术了？哼！

儿子重新低下头。

妈妈：对了，还得再报两个辅导班，一个英语培优，一个数学辅差。就放在周六和周日下午吧。

儿子（抬起头来）：我哪还有时间？

妈妈：怎么没有时间？你那个什么编程，学来有什么用？高考又不能加分，还一周两次课。减掉它，换成英语和数学就行了。

儿子：妈！（晕倒在母亲怀里）

妈妈：——儿子，儿子你怎么了？

母亲背对观众抱着儿子，姿势不变。儿子从母亲怀里站起来，走向观众，开始了内心独白。恶魔和天使出场。

孩子：我的心中，有个恶魔，他挑唆我——

恶魔：拿起绳子，捆绑住她的双手。对，就是这个女人！她生下你，就以为可以成为你生命的主宰，以爱的无形之绳，绑住你的手，捆住你的脚，已经十多年！十多年！你的翅膀已停止发育，你再也飞不高，飞不快，飞不了……都是因为她！拿起绳子，捆住她！就像她用爱的绳子捆住你一样！

孩子接过绳子，前进两步，却又犹豫。

孩子：但也有一个天使，他告诉我——

天使：不，不可以这么做！她生下你，哺育你，消磨了青春，堆叠起皱纹，将纤纤玉手磨砺成铮铮骨节，只是为了给你最多的保护、最好的爱！虽然，这种爱，让你难过，让你痛苦，让你窒息，它不是你要的，你想要拒绝——那么，选择正确的拒绝方式吧，面对这样一个用全身心来爱你的人！

孩子：正确的拒绝方式？有吗？

恶魔：没有，没有的，你根本拒绝不了！不要相信他！

天使：相信我，一定有的。你只要用心，去尝试，去努力。去吧，我的好孩子。

孩子（喃喃自语）：是吗？我真的可以，可以选择？不，我不知道怎么选择！

儿子回到母亲怀里，再次晕倒。

母子挣扎着起来，拉开一定的距离。母亲站立，儿子委顿在地，两人各自进行内心对白。

妈妈：我想抱紧你。

孩子：我想挣脱你。

妈妈：我怀念，曾经的你在我怀中，小小一团，温暖而柔软，填满了我的心田。

孩子：我向往，你的怀抱之外，广阔的蓝天，愉悦而放松，呼吸里全是自由和浪漫。

妈妈：我想倾尽我所能，化为一柄巨大的伞，帮你挡住风雨。

孩子：可是伞外那些被挡住的，还有花香、鸟鸣、阳光与虹霓。

妈妈：我希望你留下，在我的手臂护翼之内，这让我感到安心。

孩子：我请求您放手，在您的手臂护翼之外，我才能真正长成。

妈妈（悲伤地）：儿子啊！

孩子（祈求地）：妈妈呀！

妈妈不舍地放手，儿子站起来转身要离去。妈妈拉回儿子。儿子又放手，又拉回，抱紧。

妈妈：不，我舍不得，我放不下，我担心，我焦虑，我无法忍受失去你的恐惧！我要抓紧你，永不分离！

歌声起（节选自阿木的《有一种爱叫做放手》）：

如果两个人的天堂

像是温馨的墙

囚禁你的梦想

幸福是否像是一扇铁窗

候鸟失去了南方

···········

歌声中，妈妈手把手拉着儿子完成一系列动作：吃饭，洗脸，翻书，写作业，考试。妈妈给儿子盖被子，哄儿子睡觉。妈妈也累得趴下了。

灯光灭。

第二幕　噩梦

灯光起。

字幕：十年后。

出现白发的妈妈和长高长大的儿子。

妈妈：辞掉这个工作吧，我叫你小姨给你托了关系，你专心考公务员，国家饭吃着才安心。

儿子：好。

妈妈：你上次带回来那个女孩，太瘦了，一看就是没福分的，还不好生养，分手吧。

儿子：好。

妈妈：明天去市里看看你小姨，顺便逛一下商场，帮我买一条好一点的丝巾回来。我想送给我一闺蜜。

儿子：好。

妈妈：她家有个女儿在国外留学，最近正好回国办事，我帮你们约一下，见个面吃吃饭。要是你们能交往，以后你们可以双双留在国外，不要回这小地方了。

儿子：好。

妈妈：还好你什么都肯听我的，你看，现在多好，名牌大学毕业，在哪儿都受人尊重。妈妈也跟着你沾光，走到哪儿都被人羡慕。

儿子：是。

妈妈：唉，儿子越大跟妈妈越不贴心。除了说"好""是"，你不能说点别的吗？你看人家阿强，回到家跟妈妈总有说不完的话。什么时候交了女朋友，女朋友给他做了道什么菜，他又给女朋友买了个什么生日礼物，工作上有什么不顺心了，都要跟妈妈说。

儿子：嗯。

妈妈：唉，你就是个闷嘴葫芦。也不知道怎么养成这个性子的，我和你爸都很能说的啊。算了算了，坐飞机回来你也累了，先休息吧。

儿子：好。妈妈也去休息。

妈妈起身离开。

儿子开始内心独白。恶魔和天使再次出现。

恶魔：又是十年的禁锢，又是十年的摧残。你还打算忍耐多久？

天使：又是十年的关爱，又是十年的照顾，妈妈的爱深似海。

恶魔：什么深似海？什么才是爱？控制吗？哈哈，别天真了，别犹豫了！你的人生是你的，不是她的！她凭什么控制你，要求你按照她的意愿来活一生？

天使：你的人生是你的，所以，你需要用正确的努力方式，去达成你想要的人生。跟妈妈好好沟通吧，说出你的难受、你的痛苦，她会理解的。

恶魔：不可能！这么多年来，你说过多少次，她听了吗？她能听懂吗？听不懂的！她只知道她认为的好，却从不理睬你想要的好！你的女朋友，你那么爱她，她那么爱你，可是妈妈一句"分手吧"，你就真的要与她分开吗？

天使：好好沟通吧。

恶魔：放屁！没有沟通！不可能有沟通！来，这里有一把刀，拿着它，去妈妈的房间，她睡着了，你只需要把这把刀插在她的心口，这二十多年的痛苦就结束了！以后，将是你自由的人生！

天使：好好沟通，千万不要做傻事！

恶魔：去吧，孩子，我可怜的孩子！

天使：不要！

恶魔：还不快去？！

儿子接过刀，艰难地走向妈妈的房间。半途之中，他却将刀插向自己的胸口，倒下了。

灯光灭。

第三幕 惊醒

灯光起。回到第一幕的场景。

年轻的妈妈从梦中惊醒，跑到儿子的房间。

妈妈：儿子，你怎么了？你不要吓妈妈！

儿子（梦中醒来）：妈妈？

妈妈：儿子，刀呢，给妈妈！快给妈妈！

儿子：什么刀？

妈妈：没有刀，没有刀！这只是一个梦！太好了，这只是一个梦！

妈妈喜极而泣。

妈妈：儿子，你没事，太好了。

儿子：妈妈，我没事。

妈妈：儿子，在妈妈心里，什么都比不上你的平安和健康。

儿子：真的吗，妈妈？如果我学习不好，您还爱我吗？

妈妈：爱的，妈妈爱你。

儿子：如果我没有考上名牌大学，您还会爱我吗？

妈妈：爱的，儿子，妈妈希望你考上好的大学，也是因为爱，因为我希望你将来能对生活有更多的选择。

儿子：我明白了，妈妈，我会努力的。但是，如果我努力了，还是没有考上，您还是会爱我的，是吧？

妈妈：是的，我的儿子。

儿子：妈妈，我也爱您。

妈妈：嗯，儿子，你有什么话，都可以跟妈妈说。

儿子（胆怯中含着希冀）：妈妈，我真的什么都可以说吗？

妈妈：可以，当然可以。

儿子：妈妈，您会听吗？

妈妈：这一次，妈妈一定认真听。

儿子（略带欣喜）：妈妈，那个女生画的画非常好，我的电脑技术很棒，我们说好了要合作一部动画片。妈妈，我们可以吗？

妈妈：可以的儿子。

儿子：我很喜欢编程，我想继续学，妈妈可以吗？

妈妈：可以的儿子。

儿子：我还很喜欢足球，喜欢游泳，因为可以跟我的朋友们在一起。可以吗，妈妈？

妈妈：如果你能协调好时间的话，可以的儿子。

儿子：我会协调好时间的！我会把作业时间缩短，上课更专心地听讲，保证不会把学习落下的！

妈妈：我知道，我的儿子有能力处理好很多事！

儿子（小心翼翼又急切地）：那，妈妈，我也可以在有时间的时候继续拉琴吗？我喜欢小提琴，琴声让我放松，让我觉得生活非常美好。

妈妈：去吧，去做你喜欢做的事，跟健康阳光的小伙伴们交朋友。

儿子：真的吗，妈妈？我真的可以照自己的想法生活吗？

妈妈：是的，儿子！只要是健康的，能让你快乐的，你都可以按照你的想法去生活。但是，如果有不健康的、不安全的，妈妈还是会约束你，你能认同吗？

儿子：当然，妈妈！我如果遇到困难，也会请教妈妈。妈妈，不管我将来在哪里，我永远都是您的儿子！最爱您的儿子！

妈妈：我的儿子！

歌声起（节选自阿木《有一种爱叫做放手》）：

如果你对天空向往

渴望一双翅膀

放手让你飞翔

你的羽翼不该伴随玫瑰

听从凋谢的时光

…………

有一种爱叫做放手

为爱放弃开长地久

一个都不能少①

【润心点石】

控辍保学，关爱儿童，凝聚各方力量，我们在路上。

【诗歌背景】

这是一个一些孩子心向打工路、险些辍学，后来经过各方力量的共同努力，孩子们得以重新回到求学之路的故事。

学生甲：

外面的世界似乎很精彩，

看，打工回来的阿哥顶着新潮的发型，

打工归来的阿姐穿着时尚的衣裙。

看着他们光鲜亮丽的样子，

我多想到外面去看看。

阿达，我的个头已有您那么高，

阿姆，我的力气不比您小。

让我出去闯一闯。

我不读书啦！

学生乙：

背着背篼路过学校的操场，

琅琅书声令我向往，

欢声笑语在我耳畔回荡。

我知道，

辅导师和同学们都盼着我回学堂，

可一想到卧病在床的阿姆，

---

① 本案例由陈静提供。

一想到日夜奔忙的阿达，
一想到那几个年少的弟妹，
我只得辍学回家。
唉……我不能读书了……

学生丙：
ABCD 念出了"鸟语"的味道，
简单的数学越学越绕，
古诗文背得我晕头转向。
与其在学校混日子，
还不如回家看电视，玩手机，
还可以进网吧和游戏厅。
再看看没读过书的爸爸妈妈，
生活也还过得去。
我不想读书啦！

司法工作人员：
外面的世界很精彩，
外面的世界也很无奈。
从村庄的宁静到都市的喧哗，
光鲜亮丽的背后，
有多少挣扎与无奈。
清澈的眼眸，
会在无知的迷茫中瞬间消殒。
孩子，
你孱弱的肩膀担不起生活的重任，
你稚嫩的翅膀飞不到梦想的远方！
孩子，
你是你爸妈的孩子，
更是祖国的未来。

《未成年人保护法》《义务教育法》，
保障了你读书的权利，
不履行义务，
就是触犯国家的法律！
孩子啊　控辍保学的路上，
你　不能少！

扶贫干部：
不落下一村一户一人，
是党的扶贫总要求。
一个都不能少，
完成九年义务教育，
是脱贫攻坚里"两不愁三保障"的硬指标！
群众的困难我们都看在眼里：
妈妈的治疗费，
有国家为她报销；
弟妹送到村幼儿园，
有人管，更有人教；
住房政策，产业扶贫，开通水电网，
爸爸的负担会减轻不少！
学校里有三免一补，教育救助，营养午餐，
还有关心你的辅导师和同学。
你就放心地回学校！
孩子　控辍保学路上，
你　不能少！

老师：
孩子，回来吧！回到学校！
别羡慕打工的阿哥阿姐，
时髦的服装和发型掩饰不了

他们打工的艰辛，
没有知识就像折断了翅膀的鸟儿，
飞不远也飞不高，
家庭的困难有党和政府解决，
在全面建成小康社会的今天，
怎能落下你家一户，
在控辍保学的路上，
怎能少了你一个，你一个，还有他一个，
你们　一个也不能少。

司法工作人员：我愿为孩子们读书保驾护航！
扶贫干部：我愿为孩子们学习提供保障！
辅导师：我愿为孩子们的梦想插上翅膀！
大人合：让孩子们重返课堂，
让流泪的眼睛变得坚强，
在一次又一次残缺破碎的梦里，
无数人默默坚守那一份责任与向往。

学生甲：我感受到爱的阳光。
学生乙：我在春风中茁壮成长。
学生丙：我要追逐我的梦想。
甲、乙、丙合：我，我，我，我们都要重返课堂！

齐：
让我们牵手在爱的天空下，
让渴望的目光　充满希望！
让人间的爱，
点亮星光般璀璨晶莹的梦想！

消极情绪≠坏情绪

【润心点石】

消极情绪不等于坏情绪，在某些情况下，它们甚至可以保护生命。

【故事梗概】

王子有两个随身侍卫，一个叫"开心"，一个叫"恐惧"。洪水、毒蛇、冰雹（或者其他代表危险的角色）来了，"开心"说太好了，王子快去征服他们，证明你的勇敢；"恐惧"却发出预警，王子不受控制地立刻躲开。王子很生气，觉得"恐惧"让他变成了个胆小鬼，便赶走了"恐惧"，只留下"开心"。刀子、火焰、狼来了，王子在"开心"的鼓励下迎上去战斗，却伤痕累累，差点成了狼的腹中餐。终于，他明白了，生活中当然需要开心乐观，但也需要恐惧悲观。

【人物角色】

王子，开心（侍卫 1），恐惧（侍卫 2），洪水等。

【场景布置】

森林

第一幕

歌声起（选自哈里·斯泰尔斯的 *What Makes You Beautiful*）：

You're insecure（你感到不安）

Don't know what for（不知道要做什么）

You're turning heads when you walk through the do-o-or（当你走过门口的时候你华丽地转身）

Don't need makeup（不需要化妆）

To cover up（来掩饰你自己）

Being the way that you are is en-o-ough（做你自己才是最美的）

Everyone else in the room can see it（每个人都可以看到你的美

丽）

Everyone else but you（只有你自己看不到）

Baby you light up my world like nobody else（宝贝没有人能像你那样把我的世界点亮）

The way that you flip your hair gets me overwhelmed（你轻拂头发的样子令我着迷疯狂）

But when you smile at the ground it ain't hard to tell（但是当你微笑的时候不难看出）

You don't know oh oh（你不知道）

You don't know you're beautiful（你不知道你如此的美丽）

王子伴着音乐，疯狂唱跳出场。

音乐渐弱，渐隐。

王子：What makes you beautiful? Because you don't know you're beautiful！oh oh！没错，我就是王子，《小美人鱼》里那个集智慧、英俊、勇敢于一身的亚力克王子！侍卫！

开心：到！

王子：嗯，小恐恐今天来得比较快，表扬。

开心：报告王子，我是开心！

王子：哦，你是开心，难怪我那么开心。那小恐恐呢？

恐惧：王子，恐惧在这里！

王子：小恐恐反应还是这么慢，再这样就让你下岗了哈。唉，算了算了，不跟你计较了。今天好不容易遇到个踏青节，父王才同意我到森林里来溜达溜达，这样宝贵的放风机会，怎么可以浪费呢！LET US GO！

侍卫齐：YES PRINCE！保护王子，人人有责，耶！

侍卫保护着王子退场。

第二幕

寒风呼啸。

洪水（真莽夫）、冰雹（假文人）、毒蛇（美女蛇）出场。

洪水：天地玄黄，宇宙洪荒。我是洪水，裹挟着天地初开时毁天灭地的力量，来了！

冰雹：青出于蓝而胜于蓝，冰成于水而寒于水。洪水老弟，你觉得，我冰雹应该怎么形容呢？哎你别光顾着咆哮，我在跟你聊天呢！

毒蛇：冰雹兄，我送你一句吧——雹结于冰而强于冰。怎么样？

冰雹：哈哈哈哈，不愧是最毒七步蛇，赶得上曹小儿的七步诗了！妙哉，妙哉！

洪水：雹兄和蛇妹，你们来这儿干什么？

冰雹：看到洪水老弟想要吞没森林，我来给你助助威。

毒蛇：我还饿着肚子呢，想出来找点吃的。冰雹兄，洪水兄，可否容小妹先果一果腹，再——

洪水、冰雹：啊哈哈哈，给你一刻钟！

王子和侍卫出场。

王子：森林里，风光好，花儿香，鸟儿叫，还有果子甜又甜，吃在嘴里，简直香得不得了。

恐惧：王子，不太押韵。

开心：唉，要那么押韵干什么？王子开心就好啦。

王子：那是的嘛。诗，讲究的就是自由、开心啦。

侍卫齐：王子是世界上最智慧、最英明、最勇敢、最强大的王子！

开心：王子，看，那是什么？

恐惧：毒蛇！

开心：太好了，王子，证明你勇敢的机会来了！快去抓住它！你比李时珍还高明！

恐惧：啊，那边还藏着洪水！

开心：太好了，王子，证明你勇敢的机会来了！快去制服它！你比大禹还厉害！

恐惧：天哪，旁边还有冰雹！

开心：太好了，王子，证明你勇敢的机会来了！快去制服它！你比玉皇大帝还权威！

王子正要向前。

恐惧：王子快跑！（拉着王子就跑。）

洪水、冰雹和毒蛇遗憾退出。

王子：你真讨厌！让我成了胆小鬼！

恐惧：对不起，我错了！

开心：真讨厌，不许跟着我们了。王子，把他禁足！

王子：罚你一个月不准出皇宫，只能在家躺平，混吃混喝！

恐惧：是，王子！

恐惧退场。

王子：这下子安逸了，自由了，没人拖我们后腿了。走，我们继续逛！

王子哼着《小红帽》继续逛，开心紧随其后。

第三幕

大刀、火焰、狼出场。

大刀（唱）：大刀向鬼子们的头上砍去！

火焰（唱）：我是冬天里的一把火，熊熊火焰温暖了我。

狼（唱）：我是一匹来自北方的狼——

大刀：我要征服山野部落！

火焰：我要征服整个森林！

狼：我要征服人类物种！

大刀：来吧，躺到我的刀下来！我让你立刻只剩下灵魂！

火焰：来吧，走进我的烈焰中来！我让你立刻变成灰烬！

狼：来吧，到我的肚子里来，我要连同你的身体和灵魂一起吞掉！阿呜——

王子：我好像听到什么在叫。

开心：我也听到了。是小孩哭？

王子：不对，是狼在叫。

开心：是狼在叫。让我看看——狼的身后，还跟着大刀和火焰！

王子：啊，大刀和火焰！

开心：是啊，王子，您的机会又来了！

王子：我的机会，又来啦！

开心：去吧，去证明您的勇敢、无敌，把他们统统变成荣誉墙上的饰品！

王子（冲向火焰、大刀、狼）：我是世界上最英俊、最智慧、最勇敢、最强大的亚力克王子！你们统统臣服吧！

火焰烧掉了王子的帽子，大刀砍伤了王子的腿，狼咬住了王子的胳膊。

开心：王子，您怎么了？

王子（开心地笑着，却奄奄一息地）：快——救——我——

开心：您的开心侍卫来救您了！

开心笑着跑上去救王子，但没有武器，也被狼咬住了。

恐惧出场，拿起水枪，消灭了火焰；举起枪，击毙了狼；拿出绳子，绑住了大刀。

王子由开心地笑变成了恐惧地哭。

王子：幸好你来了，不然我今天就完蛋了！小恐恐，你真是我的救命恩人啊！

开心：你怎么还随身带了这些东西？

恐惧：因为恐惧，我就想做好万全的准备，以应对可能发生的危险呀！

王子：小恐恐，过去是我错怪了你，以后，你可再也不要离开我的身边了！

恐惧：那我私自出宫的事——

王子：不行，本王子赏罚分明，私自出宫，再禁足一个月！

开心、恐惧：啊？

王子：不过，本王子陪你。这危险的森林，我再也不来了！

开心、恐惧：哦！

你是我的好朋友①

【润心点石】

恐惧可以使人在面对危险时变得谨慎，它也是对人类有益的情绪，我们可以适当地和恐惧交朋友。

【故事梗概】

男生子轨和邻居日嘿想下河游泳，后被妹妹阿花借助恐惧的力量劝住。

第一幕

子轨家中。

阿花在书桌旁做作业。子轨坐在凳子上，无聊地拿本书使劲扇。邻居日嘿走进来。

日嘿：这鬼天气，简直就不是人过的！抓条鱼在手心里，不到半秒钟就煎熟了！

子轨（翻了个白眼）：你牛，手板心里还能煎鱼吃。

日嘿：嘿嘿，我就是打个比方嘛。你不热？

子轨：咋个可能不热？你看我这衣服都打湿了，电也没有，风扇也不能吹，电视也不能看。真是太无聊了，哎！

日嘿：无聊就找点有聊的呗！

阿花：日嘿哥，你作业做完了？

日嘿：作业有啥子做头哦，不如好好耍哈。

子轨：你又有啥子烂点子？

日嘿：（唱）小河弯弯，向南流，流到香江，去看一看——怎么样，去不？

阿花：日嘿哥，你忘了吗？老师每天都在三令五申：（模仿老师

---

① 本案例由朱守群、谢娟提供。

的语气）不能到河里去游泳，那样很危险！你想想，要是你们出点什么事，你爸妈怎么办？不伤心吗？

日嘿：装得倒挺像——但是哪个跟你说我们要去游泳哦？我和你哥只是去搞哈水，凉快凉快！是不是，子轨？（向子轨挤眉弄眼示意）

子轨：就是，就是，搞哈水就回来，不下河的。

日嘿（背向阿花，对观众）：哼，我和子轨打小就在那河里玩呢，这不好好的吗，哪有什么危险？就小姑娘家家的，胆子比芝麻粒还小！

子轨（对观众）：是啊，小时候都没事，现在我都快一米六了，那水最深还没到我肩膀，怕什么？

日嘿（对子轨）：怕什么？走！——不过，不能让阿花晓得，不然的话，她明天会去告诉老师，我们的耳朵就要起茧了！

子轨：阿花，我们走了，就在河边转转，不下河的！

日嘿：阿花，走了！做完作业就给哥做好晚饭，一会儿我们回来吃！

阿花：哥！日嘿哥！你们——

日嘿、子轨退场。

阿花（对观众叹气）：我才不相信他们只是去河边转转呢！你们信吗？

（观众：不信！）

阿花：可是，我又劝不住他们——唉，要是他们知道害怕就好了！

恐惧出场。

恐惧：我叫恐惧。谁在呼唤我？

阿花：你叫恐惧？你能让人感到害怕吗？

恐惧：这正是鄙人的强项。

阿花：那太好了！我哥和日嘿哥要去河里游泳，你能让他们变得害怕下河吗？

恐惧：这有何难！看我的！

恐惧一伸手。一道蓝光闪过，第一幕结束。

阿花、恐惧退场。

第二幕

河边。

场景布置：蓝色的长布做前景抖动，模拟河水，人物在"河"中游泳、挣扎。

画外音：子轨和日嘿刚走到河边，突然，一道蓝光从天而降，像是未来科技的荧屏，开始播放电影故事。故事里的主人公就是他们俩。

日嘿：来呀，子轨，水太凉快了，跳进来就不热了！

子轨：来咯！哇，真的好舒服！

日嘿：糟糕，什么缠住了我的脚？为什么一直把我往下拉？

子轨：是不是水草？

日嘿：不知道！快来拉我一下！

子轨：来，手给我！

日嘿：啊，不行，挣不掉！

子轨：怎么办？我也拉不动你。啊，日嘿，你别这样抱紧我，你抱紧我我就没办法游了！

日嘿：不要放开我，我怕！

子轨：我不会放开你的，但是你得放开我，不然我会沉下去的！

日嘿还是紧紧抱着子轨。

日嘿、子轨：啊！（在河水中挣扎后，沉没。）

画外音：蓝光荧屏消失了，只有河水在前面闪着平静的波光。两个孩子呆呆地看着河水，仍然沉浸在刚才的剧情里，无法自拔。

子轨：日嘿，你刚才看见了吗？

日嘿点头。

子轨：那我们还要下河吗？

日嘿摇头。

子轨：太可怕了。

日嘿点头。

子轨：我们回去吧。

日嘿摇头，又拼命点头。

画外音：可怜的日嘿，已经吓得一个字都说不出来了。在子轨的帮助下，他好不容易回到了家。从那以后，两个孩子再也不敢下河洗澡了。

乐声起。所有演员出场，齐唱《学生游泳安全歌》：

盛夏热，莫贪玩，私自下水酿灾难；

山塘内，海河滩，溺水身亡心胆寒；

放学后，早回家，远离险境避灾难；

节假日，多注意，不给亲人添负担。

欢乐校园，同唱一生平安！

阿花：恐惧，谢谢你！在面对危险时，你真是我们人类的好朋友！

恐惧：不客气！有你们，我们才能存在于这个世界，我们也要谢谢你们！

阿花：那请你永远和我们人类做朋友吧！

恐惧：好的，对于危险事物的恐惧，是保护自己的本能反应，对人类的生存是有益的。但过分的恐惧也会影响人的正常生活，所以，你们也不要交太多的恐惧朋友哟！

其余众：我们明白了，要和恐惧适度交朋友。

《找朋友》歌声起：

找啊找啊找朋友，

找到一个好朋友，

敬个礼握握手，

你是我的好朋友。

全体演员边唱边跳，在歌声中谢幕。

蜘蛛的纺织店

【润心点石】

1. 照顾好自己，才能持续帮助别人。
2. 全民抗疫，积极助人；捍卫健康，人人有责。

【故事梗概】

蜘蛛为了支持抗疫，开了一家纺织店，连续几天熬夜为小动物们织口罩、围巾、袜子，结果把自己累倒了，住进了医院。

1. 全民抗疫：疫情来了，为支持抗疫，蜘蛛开了家纺织店，售卖自己动手制作（DIY）的口罩，只收取成本费。

2. 蜘蛛开店：河马来预订口罩，蜘蛛织了两天两夜。长颈鹿去北方需要围巾，蜈蚣运输需要小鞋子，蜘蛛织了五天五夜。蜘蛛晕倒了。

3. 蜜蜂输液：蜜蜂护士给蜘蛛输花蜜，指导小狗去狮子那里领取肉骨头，为山羊去山坡那边吃青草指路。蜘蛛想：原来我们不需要什么都会做，而应该量力而行，专注做好一件事。照顾好自己，才能持续帮助别人。

【人物角色】

蜘蛛、小百灵、河马、小兔子、长颈鹿、蜈蚣、蜜蜂、小狗、山羊。

第一幕　全民抗疫

场景：蜘蛛家。纺织机、蛛网。在《纺织姑娘》的歌声中，蜘蛛正忙着织网。

歌词（选自俄罗斯民歌《纺织姑娘》）：

在那矮小的屋里，

灯火在闪着光。

年轻的纺织姑娘坐在窗口旁，

年轻的纺织姑娘坐在窗口旁。

她年轻又美丽，

褐眼睛亮闪闪，

金黄色的辫子垂在肩上，

金黄色的辫子垂在肩上。

歌声渐隐。

小百灵：小蛛蛛！小蛛蛛！

蜘蛛不理睬。

小百灵：小蛛蛛！怎么不理人呀？

蜘蛛：都说了不要叫我小蛛蛛，听起来像是小猪猪，人家才不要那么肥肥的呢！

小百灵：好啦，我们家小蛛蛛又苗条又美貌，可以了吧？小蛛蛛，我今天来是有公事的！

蜘蛛：什么公事呀？又是哪家的小狗生了几只狗仔、母鸡下了几只蛋吧？呵呵，我正忙着织网，你要是没事，可以坐在那里喝茶哦，我早上才采的露珠，新鲜着呢。

小百灵：哎呀，真是公事，国家大事！

蜂蛛：哦？

小百灵：我们百灵广播站领到一个任务，今天之内要通知全森林的小伙伴们，高度戒备，全体佩戴好口罩！

蜘蛛：为什么？

小百灵：看来你天天待在家里织网，都给织傻啦！疫情来了，你知道吗？我们森林里的居民都已经参加了抗疫战斗，就你——哎，你都快成为我们森林社区的落后分子啦！

蜘蛛：真有这么严重？

小百灵：可不是吗！钟爷爷都已经赶到了武汉，全民抗疫战已全面打响！这不，我正利用我的广播特长，飞遍全社区通知大家呢！我说小蛛蛛，你总得为抗疫做点什么吧？

蜘蛛：那，我能做什么呢？我只会织网啊！——要不这样吧，你把我织的网全部拿去捐给国家，把那些可恶的新冠病毒统统逮捕关押！

小百灵：你就吹吧，就你这网，能逮捕新冠病毒？

蜘蛛：那我就帮不上忙了……

小百灵：小蛛蛛，我给你出个主意，你把织网改成织口罩，只收成本价，就算是支持国家抗疫了，你觉得怎么样？

蜘蛛：可我不会织口罩呀！

小百灵：谁是天生就会织的吗？如果有，那一定是你啦！你是天生的纺织家哟！不是"你不会织口罩"，而是"你现在暂时还不会织口罩"。明白了吗？

蜘蛛：我明白了。那我试试？

小百灵：这就对了！加油，小蛛蛛，我看好你哟！

小百灵飞走了。

歌声响起（选自俄罗斯民歌《纺织姑娘》）：

她那伶俐的头脑思量得多深远，

你在幻想什么美丽的姑娘，

你在幻想什么美丽的姑娘？

蜘蛛边织边答唱（接着歌曲的旋律，更改歌词）：

我只想要织出，

织出美丽的口罩，

为祖国的抗疫，贡献力量，

为祖国的抗疫，贡献力量。

第二幕　蜘蛛开店

场景：蜘蛛的店。店名招牌，各款口罩。广告牌上写着：蜘蛛新店，专售口罩，全民抗疫，只收成本。

小百灵飞来了。

小百灵：小蛛蛛，店真的开起来了？我就知道你行的！

蜘蛛：嗯，谢谢你鼓励我！送你一只口罩吧！

小百灵：太谢谢啦！这样一来，我飞遍森林做宣传，就再也不用担心飞沫传染了！

蜘蛛：有需要欢迎再来呀！

小百灵飞走了。

小兔子跑来了。

小兔子：（读招牌）蜘蛛新店，专售口罩，全民抗疫，只收成本。嗯，不错不错，手工DIY，原材料环保，老牌纺织店信得过，价格还这么便宜，我要买十打。（对观众）我家粑粑和麻麻一定会夸我很会为家里省钱的哟！

蜘蛛：对不起小兔兔，这是紧俏物品，要给有需要的人留着，不能卖十打给你。你们家有五位成员，就先买五只回家，好吗？

小兔子：嗯，你说得有道理。那我先买五只吧。谢谢蜘蛛姐姐！

蜘蛛：不用谢！有需要再来呀！

小兔子退场。

河马跺着重重的步伐走过来。

河马：蜘蛛小姐！我也很想去抗疫一线，你看我，身体强壮，力大无比，肯定能帮上许多忙。但是前线却说没有我能戴的口罩，所以不同意我去。我……

蜘蛛：你是想要有一个能戴的口罩吗？

河马：我知道这有点为难……

蜘蛛：你想去前线抗疫，这是多么好的想法呀！口罩的事情交给我了，过两天你来取吧！

河马：真的可以吗？你看我的嘴……

蜘蛛（咬咬牙）：放心吧！

河马开心地告辞，蜘蛛挂出招牌：店主繁忙，口罩自取。

歌声再次响起。歌声中，蜘蛛正忙着织网。

歌词（选自俄罗斯民歌《纺织姑娘》）：

在那矮小的屋里，

灯火在闪着光。

年轻的纺织姑娘坐在窗口旁，

年轻的纺织姑娘坐在窗口旁。

她年轻又美丽，

褐眼睛闪闪亮，

金黄色的辫子垂在肩上，

金黄色的辫子垂在肩上。

歌声渐隐。

画外音：两天后。

河马：蜘蛛小姐，口罩太适合我了！你真是心灵手巧，还善良大方。我大河马决定：从今天起，你就是我的女神了！

蜘蛛（有气无力地）：你满意就好，我织了两个，你可以洗了消毒后，换着戴。对不起我要睡觉了，来不起了……

画外音：蜘蛛为了给河马织口罩，连续两天两夜没合眼。

画外音中，河马悄悄地把小毛毯给睡着了的蜘蛛盖上后离开。

长颈鹿出场。

长颈鹿：蜘蛛妹妹！蜘蛛妹妹！

蜈蚣：蜘蛛店长！蜘蛛店长！

蜘蛛：谁呀，刚睡着就吵吵吵！

长颈鹿：我碰到河马大哥，他说你这里可以定做口罩！

蜘蛛：你要的话，墙上应该有适合你的呢，看到那八个字了吗？你念念？还有你，蜈蚣，你那么小的嘴，就不用戴口罩了吧？我送你几根丝线就可以了哟。

长颈鹿：（念招牌上的字）店主繁忙，口罩自取。我看到了的！但是，我是想拜托你，那个……

蜈蚣：我也想拜托你，这个……

蜘蛛：不好说就别说。再见，拜拜，午安啊。

长颈鹿：别啊，蜘蛛妹妹！是这样的，这不是咱们首都那边也发现境外传入的疫情了吗，需要人手支援，可是北方那么冷，咱南方的去肯定会不适应。衣服都好买，但我这脖子，要是没有合适的围巾，担心会感冒啊！

蜈蚣：我没办法去前线做太多的事，但我可以在后方搬运物资呀。只是，我担心来来回回跑太多，没有鞋子的话，脚磨破了，不但做不了事，还会拖累大家，所以……

蜘蛛：好！五天后你们来拿围巾和小鞋子吧！

长颈鹿：我就知道蜘蛛妹妹最心疼小伙伴们了！谢谢了蛛妹！

蜈蚣：可，我的脚有十五对呢，真的没关系吗？

蜘蛛：那你到底要还是不要啊？

蜈蚣：要的，要的！谢谢蜘蛛店长！

长颈鹿、蜈蚣退场。

歌声再次响起。歌声中，蜘蛛正忙着织网。

歌词（选自俄罗斯民歌《纺织姑娘》）：

在那矮小的屋里，

灯火在闪着光。

年轻的纺织姑娘坐在窗口旁，

年轻的纺织姑娘坐在窗口旁。

她年轻又美丽，

褐眼睛亮闪闪，

金黄色的辫子垂在肩上，

金黄色的辫子垂在肩上。

歌声渐隐。

画外音：五天后。

长颈鹿：（感动得哭）有生以来，我第一次戴上了这么漂亮又合适的围巾！蜘蛛妹妹，我真想抱抱你！

蜈蚣：这些小鞋子不但合脚，韧性也特别好，还很耐磨。蜘蛛店长真是人美心善、心灵手巧，以后我要经常来你的店里。

蜘蛛：满意就好，祝你们一路平安呀！再见，不送，午安！

蜘蛛打了个大大的哈欠，趴下了。

画外音：蜘蛛又是五天五夜没合眼。她一觉睡过去，连小百灵来叫她她都没能醒过来。

画外音中，长颈鹿轻轻给蜘蛛盖上小毛毯后与蜈蚣一起离开。

第三幕　蜜蜂输液

场景：医院。戴着护士帽的蜜蜂，点滴瓶。

蜘蛛：蜜蜂护士？这里是医院吗？我怎么了？

蜜蜂：小百灵说叫不醒你，就把你送这儿来了。

蜘蛛：我生病了吗？

蜜蜂：你晕过去了。还好，只是缺觉，又太饿了，但要是再这样继续昏迷不醒，不吃不喝，估计过两天，你的眼睛就再也睁不开了，就看不到这个美丽的世界了。（恰好响起一声咕噜声。）

蜘蛛：呵呵不好意思，我好像是有好几天没吃东西了……织啊织，一直忙，就给忘了……

蜜蜂：哼，要不是看在你是为了支持抗疫的分上，我真想狠狠地蛰你一针。我们做医生护士的，最讨厌这种不会照顾自己身体的人了！你知道我们医生护士有多忙吗？

小狗：护士姐姐，医生说我身体太弱，让我补充营养。麻烦你也给我输一瓶这样的液体吧！

蜜蜂：这是给蜘蛛等昆虫准备的花蜜，不适合你。请去九号台，那里可以领取到肉骨头。

小狗：汪汪，谢谢姐姐！

山羊：咩咩，小护士，麻烦你给我输营养液，我因为运送物资累到休克，赶紧输液好尽快返回岗位。呃，这每瓶也太少了，估计我用的话得好几十瓶才够——要是液体紧缺的话，我还是算了，再坚持一下吧。

蜜蜂：山羊先生辛苦了！但是这个液体是为昆虫们准备的，您要补充营养的话，请去五号园，那里有许多新鲜的青草，相信您会更喜欢呢！

山羊：青草果然更符合我的需要。谢谢，那我就去五号园了，再见。

蜜蜂：蜘蛛啊蜘蛛，看到了吧？现在咱们医院每个人都要当几个人来用，医疗资源也是非常珍贵。咱们每个动物都应该照顾好自己，不给医院添乱，这也是一种积极抗疫的表现。

蜘蛛：好的蜜蜂护士，我明白了。而且，我看到你对小狗和山羊的指导，还给了我很好的启发。

蜜蜂：是吗？愿闻其详。（一边忙碌着，一边听蜘蛛说话。）

蜘蛛：我知道了凡事要量力而行，不要一味逞强。有些事情可以有分工，做好自己擅长的、力所能及的事就好了，就好像你只管为昆虫输液，其他的动物，可以去别的能满足他们需要的地方。

蜜蜂：你说得对。帮助他人的同时照顾好自己的健康，才能持续为别人提供帮助。

蜘蛛：没有照顾好自己，还会给他人添麻烦，拖累别人。

蜜蜂、蜘蛛：全民抗疫，量力助人；捍卫健康，人人有责！

歌声起（选自俄罗斯民歌《纺织姑娘》）。

歌词：

她那伶俐的头脑思量得多深远，

你在幻想什么美丽的姑娘，

你在幻想什么美丽的姑娘？

蜘蛛、蜜蜂边唱边做出纺织的动作（继续歌曲的旋律，更改歌词）：

我只想要织出，

织出美丽的口罩，

为祖国的抗疫，贡献力量，

为大家的健康，保驾护航。

歌声中，全体演员出场谢幕，齐唱：

为祖国的抗疫，贡献力量，

为大家的健康，保驾护航。

大山里的小马驹①

【润心点石】

风雨之后见彩虹。人生犹如木诺的成长，需要在逆境中奋起，像大山一样屹立。

【故事概要】

比尔爸爸喜爱的马驹难产死亡，幼驹无法存活被遗弃，比尔救活了幼驹，为它取名木诺（黑马之意）。比尔不顾家人反对，自己照顾柔弱的幼驹，陪伴幼驹成长，后来在一年一度的彝族国际火把节赛马比赛中夺冠。因为在照顾马驹的过程中养成了坚韧的性格，比尔不仅学习没有受影响，反而名列前茅，最终走出大山……

第一幕　捡回

人物：比尔，爸爸，比沙（堂兄），沙乙（大伯）

地点：比尔家

爸爸（急促，脸上挂着无法抑制的悲伤）：比尔，快9点了，再不起床10点上课就迟到了，明年你就小学毕业，还不知道多用点功。

沙乙：比尔还在赖床啊，你哥哥都去上学了，这学期你的成绩再不提高，老师又要家访了。

爸爸：谁说不是呢。大哥，你看这个马都过了一晚上了，幼崽还没生下来，可能凶多吉少。

比尔（揉揉眼睛）：爸，我的小马驹怎么样了，你昨晚不是说一会儿就会生出来吗？

爸爸（再次催促）：快洗漱，锅里有热好的荞麦粑，边走边吃吧，你要迟到了。

---

① 本案例由黄琳提供。黄琳，原普格县附城小学校心理辅导师，现为仁寿县特殊教育学校教师。

比尔（不舍地看着母马）：爸，我想看着小马驹出生，我都盼了很久了。

爸爸（心情沉重的）：阿乙（沙乙），你看幼崽是生出来了，但母马已死亡。（看着接近咽气的幼崽，爸爸忍不住流下悲痛的泪水）

沙乙（口无遮拦地）：哎，比尔刚出生，他妈妈就过世了，现在家里还有这么多牛羊、马匹，你一个人也照顾不过来，这母马死就死了吧，没什么可难过的。

爸爸依然很难过。

沙乙：好了，你看这天气越来越冷，幼崽是活不了的，再说这么些年难产的马极为罕见，这是不好的征兆，你要是不忍心，我就去给你把幼崽扔到山谷（话音刚落，就抱着刚出生的小马驹往山谷走去）。

爸爸（表情凝重）：比尔等待小马驹出生有段时间了，现在出了这样的状况，可怎么给他讲好呢？

这一切都被躲在院子围墙后面的比尔看在眼里。比尔在大伯走后，也来到山谷里。

比尔（急切地）：小马驹，你在哪里？（声音回荡在空旷的山谷里）

比尔（找到小马驹，喜极而泣）：小马驹，你真可怜，和我一样一出生就失去妈妈，现在还被遗弃，我是来送送你的，天气太冷，请盖上我的外套。

比尔把自己破旧的小外套盖在幼驹干瘪的肚皮上，晶莹剔透的泪珠掉在小马驹的额头上，正当比尔要离开的时候，比尔发现小马驹的肚子在动。

比尔（狂喜）：顽强的小马驹，你竟然还活着！我要为你取个名字，以后你就叫木诺，也就是黑马。希望你长大后能够像黑马一样，驰骋疆场。

第二幕 救治

人物：比尔、沙乙（大伯）、爸爸
地点：比尔家院子

爸爸：比尔，快点出门，你还在马厩里做什么？昨天儿童节，你堂哥得了三好学生奖状，你大伯喊我们去家里吃饭给你堂哥庆祝。

比尔：你先去先吃，我还不饿，我再陪小马驹一会。

爸爸（走进马厩，诧异的目光）：你自己都还那么小需要人照顾，你怎么能养活它呀？

比尔（噘着嘴）：爸爸，它有名字了，叫木诺。

爸爸：你这孩子也不听大人话，你大伯都说这幼崽不吉利，你还要执意养着。

沙乙（惊讶，训斥的口吻）：比尔，你应该学学你哥哥比沙，学习成绩好，昨天还得了三好学生，你倒好，不用心学习，还悄悄把这不吉利的幼崽带回家。

比尔（目光坚定地看着木诺）：它叫木诺，我要把它养大。

爸爸（恳求的目光面向沙乙）：沙乙，算了，既然比尔能把木诺活着带回来，也是一种缘分，就让木诺在家待着吧。

比尔（焦急）：爸爸，木诺好像生病了，躺在马厩里一动不动的，你帮我看看吧。

爸爸（冷静）：那就随它去吧，不用太在意，一切都是命中注定的。

沙乙：比尔，想要照顾一匹没有母亲的小马驹健康长大，没有那么容易的。生病了，就不管它了，要是病死了，就扔了吧。

比尔（难过、生气却坚定）：好吧，那我自己想办法照顾。

比尔来到马厩，细心地照顾木诺，给它盖上外套防风，拿着小勺子给木诺一勺一勺地喂水，喂药。

画外音：比尔坚持每天细心照顾木诺。过了几天，木诺终于能够站起来了。为了使它更强壮，比尔开始训练木诺，一晃就是两年。木诺长大了，比尔骑着它奔跑。

爸爸（对着正准备在跑道训练马驹的比尔）：比尔，你看你每一天花那么多时间训练木诺，下个月就要小学毕业了，得抓紧复习。

比尔：驾、驾、驾！木诺快，再快一点，就要到终点啦！（比尔突然从马背上摔了下来），哎哟……

爸爸（焦急而生气）：我明天要把这畜生拿去市场卖了，你看看你摔成什么样子？

沙乙：你这孩子，真是不听老人言吃亏在眼前，现在知道疼了吧。

比尔：爸爸、大伯，你们不要难过，我不痛，休息几天就好了，你们不要责怪木诺。

沙乙：这孩子倔得，真像你。

爸爸：唉。

第三幕 夺冠

人物：比尔，爸爸，沙乙（大伯），比沙（堂兄），裁判

地点：火把广场

比尔和爸爸正在整理马鞍。

解说员（画外音）：风和日丽，先祖们保佑了我们一年的收成。在这一年一度的火把节里，让我们再次祈祷，请先祖保佑来年风调雨顺，平平安安。接下来是赛马活动，请选手们尽快抽签，准备就位。

爸爸（语重心长地交代着）：比尔，比赛固然重要，但要谨记重在参与，不能贪慕虚荣，急功近利，这样只会适得其反，只要努力就问心无愧。

裁判：2组选手就位。3组选手就位。

比尔：哥，加油！

比沙：你也加油！

赛马音乐响起。比尔、比沙骑马驰骋。

爸爸（压抑不住激动的心情大喊）：比尔，比沙，好样的！

解说员（画外音）：经过几轮角逐，现在是决赛的赛场，第二圈跑完了，快看，比沙已经领先了，比尔紧追其后，好势头啊！

沙乙（激动）：是啊，希望两兄弟能保持节奏，稳住。第三圈了，比尔追上去了，比沙的马好像乏力了，排在第四。

解说员（画外音）：这真是激烈的比赛，排名情况随时都在变化，最后一圈，3号已经领先很多，夺冠毫无疑问，2号比沙正从第四拼

力追赶。

解说员（画外音）：决赛完成，现在揭晓名次，冠军 3 号马，选手名字比尔；亚军 5 号马，选手名字沙且，季军 2 号马，选手名字比沙。

爸爸（热泪盈眶）：成功了，成功了！

第四幕　大学

人物：爸爸，比尔，马老师（比尔班主任），邻居

地点：比尔家

画外音：高考结束了。爸爸正在地里挖土豆。

邻居（喝了一口水）：比尔爸爸，今年的土豆可真好，每一窝土豆都又大又多，往年可不像这样。

爸爸（叉腰直起身）：是啊，你看你家的土豆也是大，今年算是丰收了。

邻居：你家比尔真是懂事的孩子，你看每天都跟着你一起帮忙做农活，不像我家那个，自从高考完就不见踪影，说是考前太压抑，要和同学放松放松。

爸爸：现在高考确实压力很大，孩子们放松一下也好，我也跟比尔说让他和同学去玩，他就是哪儿都不去。

邻居：真是好孩子，知道体谅爸爸的辛苦；听我家孩子说高中的三年，辅导师和同学们都非常喜欢比尔，他一直都是班里的学习委员。这次考试成绩也还没出来，也不知道孩子们都考得怎么样，真是着急！

爸爸：是啊，大家都在焦急地等成绩，不过只要全力以赴了，即使没考好也没什么可遗憾的。

比尔（激动）：马老师，这么热的天，您怎么来了？

爸爸（放下锄头）：马老师，快来躲下阴凉，喝口水。

马老师（满脸喜悦）：比尔爸爸，我来是有重要的好消息带给你们的，比尔被××大学录取了，学校提前收到信息，通知书后面会寄到家里，因为家里没有电话，我就来把好消息告诉你们。恭喜啊，比

尔是我们学校第一个被××大学录取的孩子，真是学校的光荣，你对孩子的教育开花结果了。

爸爸（热泪盈眶）：马老师……我该怎么感谢你，感谢学校……

邻居：是该流泪了。记得上一次看你流眼泪，还是四年前比尔赛马夺冠。

马老师：比尔爸爸，你不用感谢我，比尔这孩子的情况我很了解，从小失去妈妈，山谷救木诺，不顾家里反对守护木诺成长，最终带木诺夺冠。正因为有这样的执着和对命运的不低头精神，才成就了他的今天。

爸爸：可读大学需要好多钱，你看我们家这样——

马老师：比尔爸爸，孩子大学的费用你大可不必担心，我会如实整理材料给学校和民政局，发起贫困学生救济通道，国家会帮助比尔顺利读完大学。

爸爸（颤抖着全是泥土的手，握住马老师的手）：马老师，大恩不言谢，比尔能遇见你这样的好老师，就是再生父母。

马老师（微笑）：比尔爸爸言重了，这是我们应该做的。

爸爸和老师握手告别。

马老师（画外音）：比尔，你要谨记，你即将走出这座大山，但要成为一名对国家有用的人还需要走好今后每一步路，脚踏实地，戒骄戒躁。

比尔（画外音）：比尔铭记老师的教诲。

屏幕呈现远处的山顶，白云随着微风飘荡，透过云层，天空辽阔，预示着比尔未来的精彩人生。

一键升级

【润心点石】

三人行，必有我师。一个越来越优秀的人，一定是懂得欣赏、善于学习的人。

【故事梗概】

贝小虫的生日，小姨布德芬送了世界上第一只儿童款吸星（试验款）给小虫作为生日礼物，贝小虫从此开始了一段奇妙的"吸星"故事之旅。

1. 贝小虫的生日，小姨布德芬送了儿童款吸星给小虫作为生日礼物。

2. 小虫戴上吸星，开启一键升级功能，却发现身边的人都有很多缺点，并不值得她欣赏，因此她一次都没使用过吸星。

3. 在小姨的建议下，小虫打开了自动升级功能。短短一周的时间，她就变成了一个非常全面、优秀、几乎无所不能的人。小虫以为这全是吸星的功劳，谁知后来才听小姨说，因为儿童款吸星的制作过程中出现了 bug，它只能使用 5 次，5 次之后就自动失效了。"可是，每一次它都会自动把对方的优点吸收过来给我呀!"小虫感到不可思议。小姨说，那是因为你已经成了你自己的"吸星"，早就不需要它了。

【人物角色】

贝小虫，布德芬（小姨）、米小亚（班长）、明小超（篮球健将）、牛冲天（数学天才）

第一幕　特别的礼物

贝小虫家。

电话铃声响，贝小虫接电话。

爸爸（话外音）：乖小虫，吃过蛋糕了吗?

贝小虫：没吃。

爸爸：那吃晚饭了吗？

贝小虫：没吃。

爸爸：哎哟，那可不行，我们家小虫正在长个子呢，不可以不吃饭哟。冰箱里有你妈妈包好的饺子，还有汤圆，你自己煮来吃，完了吹蜡烛、切蛋糕，自拍照片，爸妈回来欣赏。

贝小虫：知道了。

爸爸：每年这时候，爸爸都没办法陪你，你妈妈她——又总是要替那些家在外地的同事值班……等我们回到家，你都睡着了……好在我女儿够独立。不说了，爸爸要出发去慰问军属了，明年见！

贝小虫：——明年见。

电话挂断。

贝小虫：我的生日在大年三十——

大年三十这一天，爸爸总是忙翻天，

妈妈医院要值班，想要见面登天难。

往年还有小姨陪，今年小姨搞科研，

争分夺秒做实验，不能回家过大年。

生日、大年一人过，孤孤单单真可怜。

啊，我身边的人，

怎么都这么讨厌，讨厌，讨厌！（生气地扔掉手里的布娃娃）

门铃声响起。

贝小虫：谁啊？

布德芬（画外音）：我啊。

贝小虫贴近门看猫眼。

贝小虫：小姨，真的是你！你不是说今年不能回来吗？

布德芬：哟，看你这傲娇的小眼神，怎么，不欢迎呀？

贝小虫：哼，爱回不回吧。

布德芬：行了我的小虫子，就知道你爸妈都忙，怕你孤单，小姨特地赶回来陪你的。看看小姨给你带了什么生日礼物？

贝小虫（看着手上的盒子）：又是整蛊毛毛虫？会说话的鬼脸面

具？要不就是——男神追踪器，可以随时搜索我的男神日程？（尖叫）啊——小姨，你真是太伟大了！

布德芬：你想什么呢，小脑袋成天的。就那个姓肖的男星，长得还行吧，但是我跟你说，你小姨才真正要成为科研界的明星了呢！

贝小虫：哦？那这又是你研究的什么新鲜玩意儿？

布德芬：打开看看呗。

贝小虫：我对你那些整蛊玩具没兴趣。都多大的人了还成天玩这个，难怪外婆担心你嫁不出去。

布德芬：呵，你爱看不看吧。为了抢在你生日之前把这个礼物做好，我已经三天三夜没合眼，一天一夜没吃饭了……啊，饿死了，去看看冰箱里有什么。

贝小虫（看小姨离开，转了转眼珠）：三天三夜没合眼，一天一夜没吃饭，什么东西这么牛？让爱美的小姨连皮肤和身材都不要了？那我还是看看吧。

贝小虫打开盒子。

贝小虫：一个电话手表，呵，还以为是什么好东西。（拿出说明书，念）说明书：神奇吸星……通过指纹认主，一旦输入指纹，终身不可更改，忠诚度百分之百……超强魔力，能够把别人的优点全都吸过来为己所用，就像金庸小说里的"吸星大法"……包你一个月内超越身边99.99%的人！（惊讶得蹦起来）天呀，那我不就可以超越我们班的牛冲天、米小亚，成为超级学霸了！

布德芬出场。

贝小虫：是真的吗，小姨！

布德芬：不是蒸的，是煮的，饺子我热好放餐桌了。你妈妈也真够爱你的，这么忙还把饺子给你做好放冰箱里。

贝小虫：呵，她爱我？我今天就十二岁了，她一次生日都没陪我过过！她只爱她的病人、她的同事。

布德芬：不要这么说你妈妈，她的同事都是外地人，要回去过年，所以每年她都体贴地值守大年夜的班，但这不代表她不爱你呀。你想吃蒸饺，下次让你妈有时间的时候重新包。

贝小虫：小姨，你知道我说的不是饺子，是这个，手表！

布德芬：呵呵，怎么样，喜欢吗？

贝小虫：这些功能都是真的？

布德芬：真，比蒸饺还真。

贝小虫：小姨亲手制作的？

布德芬：绝对DIY，全球独此一块，别无分店。这可是我研究生毕业论文的实践成果。来，我们把指纹输进去。叮！好了，现在它是你的专属手表了！

贝小虫：那这个怎么使用呢？

布德芬：你按这个红色按键，启动自动升级功能，它会自动帮你吸收别人的优点，不需要经过你允许。你要是想有自主权，也可以按绿色按键启动一键升级程序，当你看着对方的眼睛，说一声"我欣赏你"，就能把对方的优点扫描进你的脑子了。

贝小虫（拿手表对着布德芬，按绿色按键）：小姨，我欣赏你。

布德芬：哦，忘了告诉你了，这款手表是实验款，功能不完善，只能对年龄相仿的人起作用。所以你对着我是没有用的。

贝小虫：那我开学了一定要找小伙伴试验一下！

布德芬：好呀。我吃完饺子就要去补觉了，你不用我陪你吃蛋糕、吹蜡烛吗？

贝小虫：当然要！走，我们去餐厅吹蜡烛、吃饺子去！

生日快乐歌响起。

第二幕　神奇的吸星

教室里。

贝小虫看着手腕上的吸星。

贝小虫：还是先开启绿键吧，由自己控制的感觉更安全。

贝小虫按亮绿色按键。画外音：报告小主人，吸星的一键升级功能开启。从现在开始，只要你看着对方的眼睛说"我欣赏你"，我就可以帮助小主人把对方的优点吸收过来。

班长米小亚走过来。

米小亚：小虫，干吗呢？

贝小虫：没干吗，发呆呢。

米小亚：作业交了吗？

贝小虫：这就交。

贝小虫慢吞吞地拿作业本。贝小虫的画外音独白：我应该对她说"我欣赏你"吗？可是，米班长除了学习成绩好点、责任感强点以外，平时老是仗着自己是班长就管七管八，还爱去老师那儿打小报告。同学们都讨厌她，我才不想对她说"我欣赏你"呢。

米小亚拿着作业本离开。

明小超运着球跑过来。

明小超：贝小虫，打球去！（说完原地拍球、运球，姿势漂亮）

贝小虫的画外音独白：我应该对他说"我欣赏你"吗？可是，明小超除了球打得好，学习成绩一塌糊涂，还不讲卫生，运动服经常都是脏脏的，浑身散发着汗味儿，我才不会欣赏他呢！

明小超：贝小虫，去吗？

贝小虫：你去吧，我不想去。

明小超：好吧，那我自己去玩了。（拍着球离开）

牛冲天抱着书从旁边路过。

贝小虫：牛冲天！

牛冲天：贝小虫啊，什么事？快说，我还要赶着刷题呢。

贝小虫：我……欣赏……

牛冲天：好好好，我知道了，你欣赏我。可那又怎么样呢？贝小虫，你没有读过成语吗？"临渊羡鱼，不如退而结网。"与其向我表白，不如多多努力呀！我要专心刷题冲关了，有问题去问辅导师，别来打扰我哦。拜拜。

贝小虫翻白眼，画外音独白：理科学霸都这么情商超低、自以为是的吗？哼，幸好我没把刚才的话说完，收回，收回！要我欣赏你，学你那个了不起的样子吗？还不如要我死了算了。

电话手表响起。

布德芬的画外音：怎么样小虫？手表是不是很神奇呀？

贝小虫：我，我还没有使用过……

布德芬：怎么了，是"吸星"出问题了吗？

贝小虫：我开启了绿键，可是，我发现身边的人没有一个是我想对他说欣赏的……

布德芬：也就是说，他们都没有值得你欣赏的优点吗？

贝小虫：优点么，有是有，但是缺点更多啊！我真的不喜欢他们！

布德芬：——那，要不你打开红键试试？

贝小虫：自动升级功能啊？可那些都是我不喜欢的人呢！

布德芬：不喜欢的方面，你可以忽略掉啊！"吸星"只要帮你把别人的优点吸过来就好，并不会把缺点也一并吸收哟。

贝小虫：那好吧，我换成红键试试看。

贝小虫按亮红键。

画外音：报告小主人，吸星的自动升级功能开启。从现在开始，只要有优秀的人从你身边经过，我就可以帮助小主人把对方的优点吸收过来。

米小亚走过来。

米小亚：贝小虫，作业本给你补交了，记得今天要写日记哦，不然明天我要告诉辅导师！

贝小虫：放心吧，我会记住的。

画面暂停。

画外音：报告小主人，米小亚最擅长学习英语，在她脑海里有成套的单词记忆和英语阅读方法，我已通过瞬时扫描将它们复制到你的脑海里，请注意查收。

画面解除暂停。米小亚离开。

贝小虫捂了捂脑袋，眼神将信将疑。

明小超经过贝小虫身边：走，又去打球啰！

画面暂停。

画外音：报告小主人，明小超拥有超强的运动协调能力，尤其是篮球技能超棒，还有 N 种球赛布局，我已通过瞬时扫描将它们复制到你的脑海里，请注意查收。

画面解除暂停。明小超离开。

贝小虫睁大了眼睛：投篮技巧……球赛配合战术99条……哇，好像真的很有用呢！

牛冲天拿着水杯，嘴里念念有词：地面气温18摄氏度，每升高1千米，气温下降1摄氏度……那么，气温 T 与高度 H 之间的函数关系式就应该为……

经过贝小虫身边时，画面暂停。

画外音：报告小主人，牛冲天拥有超强的数学天赋，最重要的是他有很好的学习方法，已提前自学了初二的知识。我已通过瞬时扫描将它们复制到你的脑海里，请注意查收。

画面解除暂停。牛冲天离开。贝小虫捂着脑袋，头疼痛的样子。

画外音：报告小主人，为避免大脑一次性受到的冲击太大，我被限制每个月只能使用三次。

贝小虫：嗯，还有限制吗？

画外音：报告小主人，为减少别人听到的风险，以后我在工作时将不再进行语音播报，由小主人自行感知。

贝小虫：知道了。脑袋像要爆炸似的，我要趴一会儿。

第三幕 真正的成长

家里。

贝小虫：小姨，看看我带回来了什么？

布德芬：英语大赛金奖、最佳投篮手、奥林匹克数学金牌、巴金文学一等奖、学校十佳好少年、市优秀少先队员……这么多满分试卷！哈哈，贝小虫，这下你爸妈该惊讶了！

贝小虫：何止他们惊讶，我都不敢相信我能这么牛！你不知道，同学、老师看我的眼神，简直了！那个牛冲天，是吧，一直就嘲笑我数学差，这个金牌简直闪瞎了他的眼！还有米班长，居然怀疑我英语月考作弊，为了证明自己，我又单独重考了一次，还是满分。啊，小姨，你给我的生日礼物实在太强大了，我好爱好爱你哟！

布德芬：呃，我这次暑假回来，正要告诉你一个消息。

贝小虫：是有了完美版吸星了吗？小姨你快给我！要是我能把各个年龄段的人的优点全都吸收过来，那我很快就能成为世界上最最厉害的人物了！比爱因斯坦还牛！

布德芬：你想先听好消息还是坏消息？

贝小虫：当然是先听——好消息了。小姨快说！

布德芬：好消息嘛，就是吸星确实做得更完善了。

贝小虫：太棒了小姨！

布德芬：但是坏消息嘛——国家禁止制造或生产吸星，因为复制别人头脑会造成人的成长上的极大不公平，也会使青少年养成懒惰、不思进取的恶习。不然的话，克隆和记忆移植技术早就在世界上流行了。

贝小虫：啊？所以呢？

布德芬：所以，你的吸星真的就成为世界上唯一的孤品了！来，让我帮你检查一下吸星，看看有没有内存垃圾需要处理。

贝小虫把吸星递给小姨。

布德芬：小虫，你的吸星怎么……你有没有感觉到异样？

贝小虫：异样？你是说吸星出问题了吗？没有啊？我身边人的优点都能被正常地吸收过来。比如就期末这个月（掰着手指头数），我吸收了小作家陈艺的作文方法、活雷锋刘盼盼的热心助人、中队长肖琳琅的组织管理能力……所以我才能取得这么多的优秀证书呀。

布德芬：可是，我刚刚登录后台时看到故障提示，因为程序出现bug，吸星在使用五次后就已当机了……也就是说，你以为是吸星在帮你吸收优点，其实，是你自己在主动吸收别人的优点！

贝小虫：啊？

布德芬：小虫子，你已经不需要吸星了！你就是自己的吸星！

贝小虫、布德芬：我（你）就是自己的吸星！（放下那些证书）这才是今天听到的——最好消息！

布德芬：三人行，必有我师。

贝小虫：想要自己越来越优秀，就必须要做懂得欣赏、善于学习的人。

　　布德芬：希望我们每一个人，都能——

　　贝小虫：成为自己的吸星，拥有人生成长路上的"吸星大法"。

一分的秘密①

【润心点石】

言而有信，努力者，事竟成。

【故事梗概】

一个山区儿童，因为考试落榜而恳请王老师答应"借"给他一分。后来，在王老师不断的鼓励下，他努力学习，最终走出大山，成为村里的第一个大学生、一家知名企业的董事长。

【人物角色】

罗志（小萝卜头），王老师，同学ABC，公司秘书

第一幕　借分

场景：王老师办公室。同学ABC正围着王老师的办公桌翻看试卷。

A：（得意地）：呀！同学们，快来看啊，这59分的卷子是哪个的啊？

B：哟呵，这不是全班倒数第一的吗？唉，这是……小萝卜头的卷子！

众人（争先恐后地）：拿给我看，拿给我看！就看看嘛！

C（质疑）：唉？话可不能这么说，B，你不是也抄了答案，递了纸条才考及格的吗？

众人：呀，小萝卜头来啦！

罗志上场。

A（上下打量）：嘿，小萝卜头，你挺有能耐的啊，考这么低的分数，还有脸来？

---

① 本案例由沈詠诰提供。沈詠诰，原普格县附城小学校学生，现就读于西昌俊波外国语学校。

B：就是就是！瞧你这披头散发的样子，几天不见就成叫花子了？

罗志（忍气吞声）：不许你这样说我……

A（得意）：我就说！咋？你还有意见？大伙儿说，他是不是全班倒数第一？

众人：倒数第一，倒数第一！……

王老师上场，众人退，罗志留下。

王老师（坐在椅子上）：怎么办？全班就你不及格，这样的成绩，王老师也替你担忧啊。

罗志（紧张）：王老师……那个，我……

王老师：嗯，你怎么样？没关系，有话就说。

罗志（支支吾吾）：王老师……您能不能，借……借……

王老师（关心地）：怎么了，是家里出什么事，需要借钱吗？

罗志（连连摆手，涨红了脸）：不是借钱，是借分！

王老师（疑惑）：为什么？借分？怎么借？

罗志（抽噎）：王老师，您就借我1分，就1分……不然……妈妈会用鞭子抽我的！我怕！我怕！

王老师（皱眉转微笑）：借1分，这倒是可以，但是，我只放"高利贷"哦！

罗志（吃惊地）：王老师，什么叫"高利贷"？

王老师（笑着说）：意思就是，我借出1分，但要收回10分。你如果要借，下次考试，你需要还10分给王老师。你能做到吗？

罗志（激动点头）：嗯！我能！王老师，我下次保证能还您10分的！请您相信我！

罗志退场。王老师思索一下后，拨打电话。

王老师：您好，您是罗志妈妈吗？有件事想跟您报喜，您的儿子罗志这次终于考上了及格分，这对他来说进步很大！请您今天晚上一定在见到他的第一面时就好好表扬他，并给他一个拥抱。嗯，对，妈妈的拥抱是给孩子最暖心的礼物。好的，先这样，您忙，再见。

电话挂断，第一幕结束。

第二幕 还分

场景：教室里。王老师正在给同学们发试卷。

王老师：同学们，你们知道这次期末考试数学唯一一个得了100分的是谁吗？

众：谁啊？是不是上次考了第一的铁柱子？不，应该是龙狗子！不对不对，是建国吧！到底是谁呀？

王老师：你们有没有想到过是一个——默默无闻的同学？

A（着急地）：默默无闻？王老师，是不是——小萝卜头！

王老师：不错！正是他，大家鼓掌！

众人鼓掌。

C（疑惑地）：不对啊王老师，我也曾经考过满分，凭啥您只夸奖他，而不夸奖我啊？

王老师：是啊！为什么只夸奖他？

众：为什么啊？

王老师：知道为什么每次放学的时候教室都那么干净吗？知道为什么罗志同学经常会迟到吗？

众：不知道……

王老师：罗志同学每天放学后总会留下来打扫教室卫生，每天晚上锄完草后还要抓紧时间做功课……同学们，虽然罗志平时的成绩不那么尽如人意，但我们至少看到他在努力。罗志，来，领取你的试卷吧。

罗志：王老师，我的100分……是真的吗？

王老师：你有偷看、抄袭、传小纸条吗？

罗志（气愤地）：怎么会！绝对没有！

王老师：所以，当然是——真的啊！（递卷子给罗志）不过，扣掉你"欠"我那10分"高利贷"，就只剩下90分了。这样一来，你就不再是满分第一名了。你后悔向王老师借那1分了吗？

罗志（笑）：王老师，我不后悔！我能从59分考到90分，我就能再从90分考到100分！我能得一次第一名，就能得很多次第一名！

王老师（摸摸罗志的头）：有志气！

罗志：王老师，您知道吗，上次您借分给我后，妈妈听说我终于考及格了，特地拥抱了我！我第一次见她那么开心！那也是我长大后她第一次抱我！她还告诉我说，她一直都相信我能做得很好！从那以后，我觉得每天学到多晚都不困！

王老师（鼓励地看了罗志一眼，对同学们说）：那，让我们掌声恭喜罗志同学，恭喜他终于找到了那个有勇气的自信的自己！

全班同学热烈鼓掌。

罗志：谢谢王老师！谢谢同学们！我一定会继续努力的！

王老师（语重心长地）：同学们，记住，只有相信自己能行，踏实、坚定地前进的人，才有资格欣赏到星空的璀璨。

同学们（小声重复）：只有相信自己能行，踏实、坚定地前进的人，才有资格欣赏到星空的璀璨。

罗志：我——能行！

众：我们——能行！

第三幕　重逢

场景：公司会议室。成年后的罗志正在与公司职员开会。

旁白：20年后，当初大山里的少年罗志已成为繁华都市中的一名成功的企业家。

罗志：这次整改会议暂时开到这里，散会！

秘书：罗董，外面有一位老太太，想要见您。

罗志：她有说自己是谁吗？

秘书：她没有说，只说自己是××小学的退休老师，旅游路过这里，来看看您。

罗志：××小学？那是我的母校呀。小康，快，去把那位老师请进来。

白发苍苍的王老师出场。

王老师：呀，这孩子又长高不少啦！

罗志：王老师？！

王老师：哎！小萝卜头！

罗志：十多年前，您从来不叫我的小名。今天才听到您叫我一声"小萝卜头"，感觉好亲切！

王老师：那时候，你不够自信，我担心叫你的小名会让你更自卑；可今天，你已经成了公司的董事长，我再也用不着担心叫小名会伤害到你啦！来，小萝卜头，让老师好好看看你！嗯，这气质，这气场，就应该是我的弟子！

罗志：那是当然，我永远是王老师的学生！

王老师：小萝卜头！

罗志：哎！——王老师！

王老师：小萝卜头！

罗志：王老师！

秘书（惊讶）：王老师？——罗董，这位就是您口中常说的那位借您"高利贷"的王老师？

王老师：哎哟，20年了，还念着当初的"高利贷"呢？

罗志：可不得念着吗？幸亏我当时及时还了。要是没还，今天该变成好几个亿了吧？

王老师：就是十几个亿，以罗董今天的身价，也还得起！哈哈！

罗志：说真的，王老师，我是真的感激您。除了借我的那1分，我还听说，就连妈妈对我态度的转变，也是您经常打电话跟她交流的结果。在那之前，我次次考完试都被妈妈打、被同学看不起，我都相信自己糟糕透了！如果没有您的鼓励，我迟早会放弃自己，又怎能有今天？

王老师：小萝卜头，你是老师的骄傲！

罗志：老师，谢谢您！

《每当我走过老师窗前》歌声起，演员谢幕。

旁白：从借的1个1分，到考了无数个100分。小萝卜头牢牢记住王老师的教诲，不断努力，成了村里第一个从985大学毕业的优秀人才，成功创办企业，并担任董事长。在无数少年成长的路上，总有一些辛勤的引路人，用自己的智慧，将迷途的羔羊引向璀璨的光明。

孔　雀①

【润心点石】

卑微乞求换不来爱。你若盛开，蝴蝶自来。

【故事梗概】

五年级女生曲木此轨与朋友闹矛盾，无法与自己和平相处，盛怒中撕毁故事书唤醒了神奇的孔雀，向它购买友谊，结果却遭受嘲笑。最终她明白了，友谊不是靠交换就能得到的，而是靠过人的魅力、共同的兴趣、无私的付出。

1. 曲木此轨与好朋友闹矛盾了。四个自己的分身分别走上来，想邀请她画画、挑战难题、为教室打扫卫生、看书，都被她拒绝了。盛怒之下，她撕毁了分身 4 递过来的故事书，这本书正好是朋友送的。

2. 一只孔雀出现在此轨面前，说自己是故事书里的神奇孔雀，只要此轨愿意把拥有的东西拿出来交换，就能得到真正的友谊。此轨将四个自己交给了孔雀，但并没有换来友谊，却换来了孔雀的嘲笑："你什么都没有，谁还愿意与你交朋友？"

3. 同学们帮助此轨赶走了孔雀，四个分身都回到了此轨身边。每个分身都为她吸引了新的朋友。

【人物角色】

五年级女生曲木此轨，此轨的分身 1、分身 2、分身 3、分身 4，孔雀，同学小兰、队长、小梅、大林等若干。

【场地环境】

润心屋里的冷静角

---

① 本案例由朱守群、陈静提供。

第一幕

润心屋，背景墙上贴着"冷静角"三个字，挂着情绪选择轮：看书、画画、打球、跑步、听音乐、拳击等。舞台一侧放着软沙发和茶几。

曲木此轨：我讨厌你！我恨你！说什么好朋友，我没做作业这种小事也要去告诉老师！叛徒！我再也不会跟你交朋友了！永远不会理你了！（趴在茶几上哭）

分身1（与曲木此轨梳着相同的发型，戴着面具，身上贴着"爱画画的曲木此轨"）：此轨，你最爱画画了，那我们去画画吧！画着画着，你就会忘记刚才的烦恼了！

曲木此轨：走开！我不想画！

分身1退下。

分身2（与曲木此轨梳着相同的发型，戴着面具，身上贴着"敢于挑战的曲木此轨"）：此轨，你的数学那么好，来，我们去挑战一下昨天老师布置的难题吧！做着题你就会忘记刚才的烦恼了！

曲木此轨：讨厌！别来烦我！

分身2退下。

分身3（与曲木此轨梳着相同的发型，戴着面具，身上贴着"乐于助人的曲木此轨"）：此轨，教室里又有人乱扔垃圾，你快去劝劝他们，并且把垃圾清扫干净吧！做做公益，你就会忘记刚才的烦恼了！

曲木此轨：烦死了，谁要去管别人的事！

分身3退下。

分身4（与曲木此轨梳着相同的发型，戴着面具，身上贴着"热爱阅读的曲木此轨"）：此轨，上次那本故事书你还没有看完，后来的故事更精彩，你快来看完它吧。看着看着，你就会忘记刚才的烦恼了！

曲木此轨：你们还有完没完?! 统统给我滚开！不走是吧？不走是吧？再不走我撕了你！（撕毁道具书籍并扔向场外）

分身 4 黯然退下。

第二幕

一只孔雀从书籍掉出的方向骄傲出场。

曲木此轨：你是？

孔雀：我是你撕毁的故事书里那只神奇孔雀呀。

曲木此轨：神奇孔雀？故事里有吗？

孔雀：当然有，就在后面的故事里呢，大约——（转过头轻蔑地说）你还没看到？

曲木此轨（讪讪地）：那——就当有吧。你有多神奇？到这儿来做什么？

孔雀：瞧瞧——（孔雀伸出手做出孔雀头的形状，轻点三下，刚才那本被此轨扔出去的书竟然嗖的一声飞回到茶几上）

曲木此轨（此轨吃惊地看着孔雀，颤抖着手伸向那本书，惊愕地）：这本书不是被我撕了扔出去了吗？你……你……（吓得跌坐在沙发上）

孔雀（得意地）：所以说，我是神奇孔雀呀！

曲木此轨（从惊恐变为好奇）：你还有什么神奇之处？

孔雀：我还能——（伸出一只手，缓缓握紧）让人顺从我的心意，听从我的命令。

曲木此轨（从好奇变为感兴趣，往前凑了上去）：那我能不能借用一下你的神奇力量？

孔雀（狡黠地）：你想用我的神奇力量做什么？

曲木此轨：我最好的朋友××竟然因为作业的小事向老师告状，老师狠狠地批评了我，这算什么朋友！离开了她，我还能交到更多的朋友，我一定要证明给她看！

孔雀：哦，我明白了，你需要的是——友情。

曲木此轨（使劲点头）：对对对，我要一大堆朋友，气死她！

孔雀：这对我来说，就是小菜一碟。

曲木此轨：亲爱的孔雀，那你能不能帮帮我？

孔雀：我为什么要帮你，我和你无亲无故，而且你刚刚才把这本描写我的书撕坏了。

曲木此轨：对不起，对不起！不知者不罪，求你帮帮我吧！

孔雀（故作沉吟）：也不是不可以，不过，我从不做亏本的买卖，我把我的神奇力量传递给你，帮助你获得朋友，那你用什么东西来换取我的力量？

曲木此轨：我……我没有钱……

孔雀（伸出手指摇了摇）：哈哈，钱财对我来说，是庸俗又低级的东西。我是说，你身上有没有什么特长、优点、可贵的品质？

曲木此轨（低头，喃喃自语）：特长、优点、可贵的品质？（抬头，高兴地）有啊！我从小学画画，大家都夸我画画画得好。（身上贴着"爱画画的曲木此轨"从舞台一角上场，骄傲地站在此轨身边）

孔雀（打量"爱画画的曲木此轨"，"爱画画的曲木此轨"畏惧地缩在此轨身后）：这个特长不错，但是还不够，你还有别的东西吗？

曲木此轨：我数学成绩好，越是难题我越想挑战。（"敢于挑战的曲木此轨"从另一角上场，骄傲地站在此轨身边）

孔雀（打量"敢于挑战的曲木此轨"，"敢于挑战的曲木此轨"也缩在了此轨身后）：嗯，我喜欢这个品质，但还不够。

曲木此轨（看着自己的两个分身，左思右想）：大家都夸我乐于助人，这个品质行不行？（"乐于助人的曲木此轨"从另一角上场，骄傲地站在此轨身边）

孔雀（打量"乐于助人的曲木此轨"，"乐于助人的曲木此轨"也缩在了此轨身后）：不错，这个品质难能可贵，不过还是不够，你还有什么拿得出手的东西吗？

曲木此轨（左思右想，喃喃自语）：我还有什么拿得出手的东西呢？喔，对了！我很喜欢读书，天文、地理、历史、小说，我是班上的小书虫，我的脑子里装着各种阅读学到的知识！同学们有什么疑问都喜欢问我。（"热爱阅读的曲木此轨"上场，也骄傲地站在曲木此轨身旁）

孔雀（围着五个曲木此轨上下打量，转了一圈）：不错不错，没想到你还是个宝藏女孩——我同意与你交换，用你的这四个品质交换我的神奇力量，怎么样？

曲木此轨（犹豫不决，不舍地看着自己的四个分身，然后一跺脚）：成交！

（四个分身拉着曲木此轨哀求。）

"爱画画的曲木此轨"：你怎么舍得拿我去交换，我可是你从小的梦想呀！

"热爱阅读的曲木此轨"：知识就是力量，我能使你强大！

"敢于挑战的曲木此轨"：挑战不是冒险，更不是愚蠢！

"乐于助人的曲木此轨"：离开我们，你会变得自私、懦弱、无聊、空洞，收起你危险的想法吧！

孔雀：看来你下不了决心啊？

曲木此轨（狠心地一甩手）：你们几个不要再啰唆了，我决心已定，你们跟他走吧！

（孔雀狡黠地笑，伸出手在四个分身眼前一抓，四个分身立即如傀儡般面无表情，乖乖地跟在孔雀身后。孔雀伸出大拇指，在此轨眉心一按，出现了一个孔雀的印记）

此时，窗外晃过一个身影。

孔雀：交易成功，你现在已经拥有了友情，尽情去享受吧！有什么事情，只需用手指按住额头上的这个印记，我就会出现。不过你要注意，一旦这个印记消失，神奇的魔力就会消失，切记切记！

孔雀一转身，（带着四个分身）消失不见了。

曲木此轨目送孔雀离开，眼露迷惘（已经失去了优点的曲木此轨的状态）。她甩了甩头。

曲木此轨：我怎么了？为什么会觉得心里空落落的？

第三幕

此轨走进教室，同学们正在三五个地聊天。

小兰走上前，正想对此轨说话，此轨眼睛一瞪，头一扬，走到了自己的座位上。

此轨刚坐下，旁边的一个同学就凑了过来。

队长：此轨，你刚才去哪儿了？我们篮球队还差人，我正式邀请你加入！

曲木此轨（受宠若惊地）：你不是嫌弃我技术太差，我申请了几次你都拒绝了吗？

队长：哪里的话？你只是技术不够成熟罢了，下来我陪你多练习就可以了。今天下午放学后，我在球场等你！

曲木此轨（难以置信，半晌才回过神来）：太好了，不见不散。

小梅（走过来，递给此轨一本书）：喏，这是你心心念念向我借了好几次的《哈利·波特》，借给你看吧！

曲木此轨（睁大眼睛）：真的吗？太感谢了！

小梅：那还有假，你慢慢看吧，我已经看过两遍了。

大林（身材高大，气势汹汹地走过来，其他同学看见都赶紧避让，他抢过一个同学的面包，头也不回地吃起来，那个同学敢怒不敢言。他走到此轨身边，看见他手里的《哈利·波特》停了下来）：咦，《哈利·波特》？谁的？你的吗？

曲木此轨（身子往后缩，护住手里的书）：这……这是小梅借给我的。

大林（脸色由严肃变为温和）：此轨，你看完了可以借给我看看吗？

曲木此轨：那得问问小梅。

大林（转头向小梅，大声问）：此轨看完就借给我看，听见了吗？
小梅畏缩地点点头。

大林（转向此轨，友善地）：看见了吧，她同意了，你看完了一定记得给我哦！

周围的同学都惊异地看着大林。

陆陆续续，周围的同学都此轨长、此轨短地来和她交流。只有小兰坐在自己的座位上，不时地看向他们，每当这时，此轨总会得意地瞟向小兰。

曲木此轨（全场不动，此轨一人从座位上站起来，面向观众独白）：哈哈哈，看来孔雀赋予我的神奇魔力实现了，看不起我的队长竟然邀请我加入篮球队，视我为竞争对手的小梅竟然借给我《哈利·波特》，在班上作威作福的大林竟然这么温柔地对我说话，所有的同学都向我示好，都要和我交朋友，这种感觉实在是太棒了。（慢慢地走向小兰，在她身边说）小兰，你看见了吗？没有你我反而得到了更多的朋友，他们对我那么好，让我感受到了友情，我再也不需要你了！

第四幕

课堂上，数学老师正在讲题，此轨面露难色，不停地挠头。老师提出一个问题，请小梅回答，小梅没有回答对，懊恼地坐下。

老师（环视一圈）：还有同学愿意来试一试这道题吗？此轨，你今天怎么一次都没有举手，请你来回答这个问题。

曲木此轨（缓缓站起来，摸着后脑勺）：老师，这道题我不会。

老师：不会没关系，我把这道题留作课后作业，大家可以一起讨论交流，互相学习。好的，下课，同学们休息。（老师离开教室）

（小梅拿着数学题，走到此轨的座位上，准备和她一起讨论。）

小梅：此轨，我们一起来分析一下这道题吧，两个人的智慧一定能找出解答的方法。

曲木此轨：呵，我为什么要帮你？帮你超过我吗？

小梅（明显一愣）：你怎么了？你不是从来都热心助人的吗？

曲木此轨（也是一愣）：是啊……（讪笑）但是，这题我是真不懂……

小梅（明白了什么似的一笑）：好吧，我去找小兰（拿着作业找小兰去了）。

队长（手里拿着一张画纸走到此轨身边）：此轨，这是我们组的手抄报，我想在这儿画一座天安门，可怎么也画不好，我知道你画画技术了得，能不能在这里帮我画上天安门呀？

曲木此轨：没看我这正忙着吗？没工夫理你。

队长：你吃了火药吗？你可是有求必应的雷锋呀！今天是怎么

了？算我求求你了，帮我画一画吧！

曲木此轨（又是一愣）：是啊……好吧好吧，拿过来，还不是小菜一碟。（拿起笔，开始画，却左擦擦，右擦擦）

队长：此轨，你行不行呀，怎么画得比我还难看？还是你根本就不想帮我画呀？

曲木此轨（双手抱头，难过地）：队长，我也不知道自己怎么了，就是画不好。

队长：哎呀，算了算了，不帮我算了，我去找小兰帮我画。（抢过画纸，找小兰去了）

大林（快步走过来，手里拿着语文作业）：此轨此轨，这道文学常识可把我难住了，你给我讲一讲呗！

曲木此轨（本不想理大林，可一看他的大块头）："唐宋八大家"指的是谁？被称为"人民的艺术家"的是谁？嗯——嗯——是哪些人呢，我怎么想不起来了？

大林：不会吧，你可别说你不知道，这些题以前都考过，你可是都会做的。只怪我自己平时学习不认真，你快告诉我吧！

曲木此轨：可我真的想不起来了，不是我不告诉你。（双手抱头，难过地哭起来）我这是怎么了，我这是怎么了？

大林：唉，你可别哭，不然老师以为我又欺负你了。我不问你了还不行吗？我找小梅去。（赶紧离开，去找小梅）

（小兰、小梅、队长、大林聚在一起窃窃私语。）

小兰：你们怎么都不找此轨玩了，干吗来找我呀？

小梅：我找她研究数学题，她说她不会，也不想研究。

队长：我找此轨帮我画天安门，她根本不想帮我，画得比我还丑。

大林：哼，看我去收拾她！

小兰：不，事情可能没那么简单……（与四个小伙伴耳语）

大林（大惊失色）：出卖自己的灵魂？

小梅：怎么可能?!

（四个小伙伴大惊失色。）

小兰：哎呀，我也就那么一猜。——可如果真有这样的事呢？

大林：哼，看我不把那个害此轨的家伙打跑！

小梅：此轨可是我最好的朋友呀，我们一定要帮帮她。

第五幕

润心屋

（此轨独自来到润心屋，坐在沙发上，她用拇指按住自己的眉心，润心屋的门开了，孔雀走了进来）

曲木此轨：（冲上去用双手摇着孔雀肩膀）你的什么神奇力量，半天时间都不到就消失了？

孔雀：我的神奇力量不可能消失，除非你把眉间的印记擦除，不然我和你之间的交易就会一直有效。

曲木此轨：可是你看看，现在谁都不理我了，我一个朋友也没有了，不是你的魔法问题是什么？

孔雀：也许是你交换的条件还不够，所以魔法的效力比较弱。

曲木此轨：那我还可以拿我的优点和你交换，让魔法更持久，更有效。我实在是太享受大家都把我当朋友的感觉了，简直是众星拱月一般。

孔雀：哦，是吗？那你现在还有什么优点或是优秀品质与我交换？现在的你什么都没有，懦弱、自私、一无是处，还敢和我谈条件，做梦去吧！（孔雀甩开此轨的手，此轨猛地摔在地上，孔雀趾高气扬地看着她）

孔雀：你知道我是怎么变强大的吗，那就是在别人脆弱、难过、茫然的时候，给他一点好处或甜头，然后让他用自己身上优秀的品质和我交换，慢慢地，我身上汇集了无数人的无数优点，正是这些他们认为不值得一提或不看重的闪光点汇聚在我的身上，让我拥有了神奇的魔力。

曲木此轨：你，你真可恶！会画画的我呢？爱挑战的我呢？乐于助人的我呢，爱看书的我呢？那些都是我的一部分呀，失去了它们，我就不再是我了！你把它们还给我！

孔雀：那是不可能的，拥有它们，我才会有神奇的力量。

（突然，门开了，小兰、小梅、队长、大林冲了进来，他们四个紧紧地抓住孔雀。）

大林：我们在门外都听清楚了，此轨，不要害怕，我们会帮助你的！

孔雀：就凭你们几个小孩，也想抓住我，太可笑了。

（正说着，孔雀身上闪过一束光，此轨的四个分身从孔雀身后出现，她们奔到此轨身边。）

四个分身：此轨，我们不会离开你！

（此轨顿时有了力量，从地上爬起来，她伸出拇指使劲擦拭印记，眉间的印记消失了。）

孔雀（发出痛苦的声音，想要挣脱）：啊！从来没有人解除我和他之间的交易！要是有人想要单方面解除约定，我就毁了！不，不可以！

（此时，孔雀身上不断闪光，一个个戴着面具、贴着标签的人从他身后出现：勇敢的小明、热情的小红、细心的小月、勤劳的小天、孝顺的小高……孔雀越来越虚弱，越来越矮小，最后蜷缩在地上不动了。）

此轨渐渐回过头，走到伙伴们身边，和他们紧紧拥抱在一起。

曲木此轨：谢谢你们！我亲爱的朋友！

小兰：此轨，我……

曲木此轨：小兰，是我不对，我向你道歉，你才是真心为我好的朋友。还有小梅、大林、队长，在我犯错时提醒我，在我困难时帮助我，是友情赋予了我战胜邪魔的力量。谢谢你们。

五个小伙伴紧紧地拥抱在一起。

欢乐彝族年

【润心点石】

家长的陪伴可以使孩子的精神世界更加圆满。

【故事梗概】

每年彝族年，在外打工的父母都会回到家乡与家人团聚。子且的父母已经三年没有回家过年了，今年又打电话来说不回家过彝族年，子且每天都在校园门口人来人往的家长中寻找父母的身影，总是找不到，很难过。正当他越来越失望的时候，有一天突然在人群中看见了父母，一家人得以团聚，过了一个欢乐祥和的彝族年。

【人物角色】

子且、子且爸爸妈妈、付老师、日曲、此轨、此歪和他们的家长。

注：阿达是彝语的爸爸，阿姆是彝语的妈妈，阿妈是彝语的奶奶。

第一幕　失望

场景：学校门口，拥挤的人群等着接放学的孩子。

付老师独白：彝族年快到了，在外打工的父母纷纷回到家乡。这不，今天来接孩子的家长特别多。但是我们班的子且每一年都是那么孤单。今年我能为孩子做点什么呢？

日曲（一脸欢快地跑过来）：付老师，付老师，我阿达阿姆今天下午回来了！

此轨（飞奔过来，一脸兴奋）：我阿达阿姆也今天回来，他们坐飞机回来的。

此歪（连忙凑过来）：我爸爸妈妈也今天回来，说是给我买了新衣服。

子且（一个人坐在座位上，手里拿着一张全家福，自言自语）：

人家的阿达阿姆都回来了，我的阿达阿姆在哪里呀？唉！他们什么时候才回来看我呀？

日曲：阿达阿姆，你们回来了。（日曲扑到阿姆的怀里，阿姆抚摸着日曲的头，一家人相拥在一起）

此轨（阿达大声呼喊着此轨的名字，挥动着手）：此轨，此轨，我们在这儿呢！

此轨（兴奋地呼喊）：阿达，阿达！（跑向父母）

此歪的阿姆（阿达阿姆拿出新衣服，正在给此歪比画着试穿）：此歪，你长高了，变漂亮了。（此歪开心地转了一圈）

三个家庭同时在舞台上欢聚。

子且（耷拉着脑袋走出校门，不时地四处张望，希望看见自己的阿达阿姆的身影，自言自语）：人家的父母年年回家，我的阿达阿姆不要我了吗？

付老师（提着包走出校门追上）：子且，子且，你在找什么？

子且：我……我……在找阿达阿姆。

付老师（开心地）：你阿达阿姆要回来过彝族年了，今天回来吗？太好了！

子且（难过地低下头，满含泪水）：每年在人来人往的人群中，我都没有找到我的阿达阿姆。他们不要我了。（说完扑进老师怀里哭了起来）

付老师拍着子且的肩，缓缓离场。

付老师（拿出手机拨号码）：喂，是子且的妈妈吗？我是子且的老师。你们今年过年回来吗？哦！子且最近表现很好，学习成绩也进步了，他很想你们，如果你们今年能回来就好了。

第二幕　惊喜

场景：教室

日曲（跑进教室，大声说）：大家快过米吃糖。（从书包里拿出一袋糖）

此轨（从书包里拿出遥控飞机，在教室里玩起来，一群孩子围过

来好奇地议论着。此轨得意地说）：这是我阿达阿姆送我的新年礼物。（孩子们一片欢呼）

此歪（穿着新裙子一脸炫耀）：我阿达阿姆给我们几姊妹都买了新衣服。你们看，我的新裙子好不好看？

子且（一个人默默地坐在座位上，对着那张全家福说）：阿达阿姆，你们什么时候回来呀？我想你们了！

阿达（急切地）：子且，子且！

阿姆（高兴地）：子且，子且！

子且（愣愣地站在原地）：是阿达阿姆！我不是做梦吧？（两眼放光，快速冲出座位，扑向阿达阿姆。大声喊）阿达，阿姆……

阿达（拉着子且的手）：儿子，长高了。

阿姆（拥着儿子，抚摸着儿子的头，眼泪不停地往下落）：妈妈想你了。

子且：你们怎么回来了？

阿姆：付老师给我们打了电话，说你很想我们。我们都三年没回来了，我们也想你们了。

子且（跑到付老师身边鞠躬）：谢谢付老师。

付辅导师（抚摸着子且的头）：这下开心了吧！快回家过年了！

子且一家和付老师退场。

第三幕　欢乐彝族年

音乐：《阿里喂》响起。

场景：家里（一头宰好了的整猪放在屋子中央）。

阿达（围着猪转，眉开眼笑）：今年我们家宰的这头猪，是村子里最大的。（转过头开心地说）快来祭祀了！

阿妈、阿姆和子且迅速跑过来，围在猪身边。

阿达（端着木钵围着猪转，嘴里念叨着）：一年中这个月最好，一月中今天日子最好，一天中这个时辰最好。几天到家过年的祖灵们，你们的子孙后代孝敬你们。为了迎接你们过年，我们一年到处奔波劳累。今天请求祖灵庇护，在今后的日子里，保佑子孙后代，儿孙

满堂，五谷丰登，六畜兴旺，无灾无病，幸福安康。（彝语祈福）

　　子且、阿妈、阿姆也一起跟着阿达转起来。（两圈后停下）

　　阿达：好了，现在每人说说自己的心愿吧！

　　阿妈和阿姆（双手合十，低头作揖）：念念有词。

　　子且（双手合十，转头看看爸爸妈妈）：大声说道：希望爸爸妈妈每年都回来过年。（说完，一家人相拥）

　　达体舞的音乐响起。

　　演员全体上场，跳起欢快的达体舞。

小敏的遥控器①

【故事背景】

（旁白）22 世纪，人们的生活里充斥着高科技，一切都更加方便。但同时，人们之间的交流越来越少，大家的情绪常常失控，许多人不得不依靠情绪遥控器来控制自己的情绪。小学生被判定为"无情绪控制能力人"，学校统一发放情绪遥控器，并开设专题教学。

【故事梗概】

22 世纪的附城小学校开心第 1001 班，同学们正在参加情绪管理培训，每个人手里都拿着一个遥控器。辅导师辛鹂正在为大家讲解遥控器的操作办法，大家都学会了用遥控器来管理自己的情绪。下课时因为一点小摩擦，小敏愤怒地把自己的遥控器摔坏了，导致频率紊乱，别人做的一点小事，也会引发她遥控器上的各色按钮，从而发生情绪上的疯狂变化。在辛老师的指导下，小敏明白了控制情绪的方法，决定努力学习，扔掉情绪拐杖，收回自己的情绪主控权。

【润心点石】

管理好自己的情绪，做情绪的主人。

【场景布置】

未来风格的开心班教室。

【角色安排】

辛老师、小敏、小胖、乐乐及其他同学。

第一幕　有趣的遥控器

附城小学校开心第 1001 班教室。同学们手里都拿着一个遥控器，辛老师正在给大家讲解遥控器的使用方法。

辛老师：我们人有喜、怒、哀、乐、惊、恐、思七种情绪，大家

---

① 本案例由朱守群、贾丽萍提供。

看到遥控器上的不同颜色的按钮，绿色代表喜，红色代表怒，灰色代表哀，橙色代表乐，紫色代表惊，黑色代表恐，粉色代表思。

小胖：哈哈，真好玩！老师，我可以按了吗？

辛老师：你试试？

小胖（按了红色键的上半部分，突然从椅子上跳了起来）："老师，怎么还不下课！我想出教室玩！"

小胖赶紧放开手指。

辛老师：感觉怎么样？

小胖：我……我不是这么想的……好吧，其实是有那么一点儿……

辛老师：没错，按下按键的下半部分，会把你情绪的程度减弱至消失；按上半部分，则表示情绪的启动和程度加强。大家可以试试看。

同学们按动按钮，感受不同的情绪，教室里一时热闹极了。

小胖：呵呵呵，嘿嘿嘿，哈哈哈哈哈……哎哟，哈哈哈，辛老师，嘿嘿嘿，我，我，我停不下来啦，哈哈哈哈……

辛老师：你是不是一直按着呀？你这是乐过了头，按它的下半部分吧。

小胖（依言按键，情绪渐平静，揉肚子）：哎哟，哎哟，肚子疼！

乐乐（坐在桌前，瘪着嘴，红着眼，突然哇的一声哭起来）：我心里咋那么难过啊！我要哭，你们都别来劝我，我就是要哭！（持续的哭声）

同学甲（走到乐乐背后，拍拍他的背）：我们压根儿没想劝你，您老慢慢哭啊！

同学乙（捂着嘴）：我咋那么想笑呢！（再捂嘴）扑哧！哈哈哈哈……

小胖（走上前，帮乐乐按下了冷静键）：你们别说风凉话了，快点练习吧！

小胖看向辛老师，辛老师朝她竖起大拇指，露出了赞许的笑容。

小敏（不屑的，自言自语）：我的情绪我做主，我才不用遥控器。

小敏把遥控器往桌上一扔，遥控器掉到了地上。

遥控器（机械的画外音）：莫名遭受重击，导致频率混乱，请求紧急修复。

画外音重复，但没有人能听得见。小胖走过来，帮小敏捡起遥控器，并拼接起来。

辛老师微笑着摇摇头，走出了教室。

第二幕 疯狂的小敏

小敏趴在桌子上，上课铃响，同学们陆续走进教室。小胖犹豫着走到小敏身边，把砸坏的遥控器递给小敏。

小胖：小敏，遥控器被砸成几半了，我把它们拼凑了起来，不知道还能不能用，给你。

桌子上，小敏的遥控器绿键闪烁。画外音：喜情绪被启动。

小敏（抬起头，小声地）：谢谢你，小胖！你对我真好！

乐乐（低着头，叹气）：唉！老师让商量端午节怎么过，可我觉得这端午节没意思，我的爸爸妈妈又回不来，家里就我和奶奶，真无聊！

桌子上，小敏的遥控器灰键闪烁。画外音：哀情绪被启动。

小敏（看着乐乐，眼圈一红，一把抱住她，一边哭一边说）：乐乐，我们不过这个节。（站起来，看着同学们）你们快别再提端午节，乐乐的爸爸妈妈不回来，她得多难过啊？（呜呜呜）

同学们都呆住了，乐乐一脸尴尬。

乐乐（不好意思地）：其实也没那么难过啦！能和老师和同学们一起过也挺不错的。（眼睛看向同学们，拉着乐乐，小声地说）小敏，你快别哭了，没你想的那么严重！

小胖（不高兴地）：乐乐你干什么呀？小敏本来心情就不好，你还逗得她哭。

桌子上，小敏的遥控器红键闪烁。画外音：怒情绪被启动。

小敏（突然一拍桌子，大声地）：小胖，管得宽！我遥控器坏了你要管，我跟乐乐说句话你要管！还有你，乐乐！你说你没事在那儿发什么神经？你爸爸妈妈回不回来，与我们有什么相干？你心里难受别说出来啊，影响我心情！

乐乐（眼睛睁得大大的，惊呆了）：小敏，你……

桌子上，小敏的遥控器紫键闪烁。画外音：惊情绪被启动。

小敏（吃惊地，摇着头）：这不是我说的话，我怎么会说出这样的话啊！

乐乐委屈地趴在桌上哭了。

桌子上，小敏的遥控器灰键闪烁。画外音：哀情绪再次被启动。

小敏（哭得比乐乐还厉害，手足无措地）：天哪，我都说了什么呀！乐乐，看你哭，我心里比刀割还难受啊！

同学们惊呆了。小胖吃惊得嘴巴张得老大，样子很滑稽。

桌子上，小敏的遥控器橙键闪烁。画外音：乐情绪被启动。

小敏（眼里含泪，却捂着肚子笑了起来）：哈哈哈哈哈，你们这傻不拉叽的样子可真好玩！

面对情绪无缝切换的小敏，同学们都感到了害怕。

小胖（绷着小脸，试探着把手伸向小敏的额头，声音带着哭腔）：小敏，你怎么了？你别吓我啊！

桌子上，小敏的遥控器黑键闪烁。画外音：恐情绪被启动。

小敏（惊恐地，抱着自己的脑袋）：我怎么啦？我的情绪怎么这么奇怪？（看着桌面种种光乱闪的遥控器）肯定是你搞的鬼！

小敏拿起遥控器，扔到了教室门口。

乐乐：你们看着她，我去找辛老师。

第三幕　弃拐的秘诀

放学铃声响，辛老师捡起地上的遥控器，跟乐乐一起走进教室。

辛老师（冷静地）：同学们，小敏交给我，大家回家吧。

同学们一步三回头，跟辛老师说再见，走出教室。

辛老师坐到小敏的旁边。面对冷静的辛老师，小敏也冷静下来。

辛老师：刚才老师一直在教室外面，我都看见了。因为遥控器损坏，它接收的是别人的频率，也就是说，同学们所做的每件事、说的每句话，都会对你的情绪造成影响，所以才导致了你刚才的喜怒无常。现在，你是否有话想跟辛老师讲？

小敏：辛老师，我是一个独立自主的人，我有自己的思想和意志。我讨厌被机器控制情绪，更讨厌被别人控制情绪。

辛老师：辛老师就没有使用情绪遥控器，也很少被别人控制我的情绪，你知道为什么吗？

小敏：因为您是大人？

辛老师：不对，因为我是一个能控制好自己情绪的大人。要知道，有许多大人，都是根据别人说的话、做的事来启动自己的喜怒哀乐，就像你刚才那样。只不过，平时生活中的场景没有这么夸张，所以他们并没有意识到，自己已经愚蠢地把情绪的开关交到了别人手里。

小敏：老师，我想像您一样，把情绪的开关牢牢握在自己手里。不是靠机器，是靠我自己。

辛老师：你是小学生，心理发展还处于起步阶段，情绪控制能力正在习得中，所以科学家才研制了这款情绪遥控器，它的作用就像情绪的拐杖。刚才你说，你想要扔掉这根拐杖，是吗？

小敏：嗯！

辛老师：那你必须先学会驾驭自己的情绪。

小敏：我应该怎么做呢？

辛老师：从小处来说，不因他人的过错而生气，不因外界的评价而动摇，不因打翻的牛奶而后悔，不因一时的愤怒而冲动。从大处来说，知道自己的人生要的是什么，目标清晰，意志坚定，努力追求，能排除干扰。这样的你，就不需要依赖情绪拐杖了。而这些能力，都需要在学习和实践中获得。

小敏：好的，辛老师！我会努力学习的！

辛老师：我相信你可以做到。在此之前，还需要我帮你做什么吗？

小敏：辛老师，您能帮我把遥控器修好吗？要是继续像先前那样，把情绪的开关交到别人手里，那种感觉，实在是太疯狂、太痛苦、太愚蠢啦！

黑夜里的灯①

【润心点石】

黑暗里那束温暖明亮的光，会将你的恐惧和无助驱散，女孩加油吧，去拥抱明天，活出自己的精彩世界。

【故事梗概】

尔合的爸爸妈妈三年前因故先后去世，永远离开了五岁的她。尔合后来寄住在一个叔叔家，但家里人都嫌弃她是拖油瓶，讨厌她，只有年事已高的奶奶心疼她，却无力帮助她。她觉得周围的一切都是黑暗的、寒冷的，可是她的内心向往光明、温暖，最终她在学校里找到了所渴望的温暖和光明，是天使般善良的老师和可爱的同学们给了她温暖和爱，让她鼓足勇气向前走。

第一幕 欺凌

场景：叔叔家。

人物：尔合，婶婶，表弟子拉，表姐有作，奶奶。

下午六点了，尔合还在叔叔家门口徘徊，她在犹豫到底进还是不进。

婶婶（大嗓门，脾气特别暴躁）：臭丫头，回来那么久了，就知道躲着玩。

婶婶（大步走向躲在门后面的尔合，一把揪住她的头发，像老鹰抓小鸡一样往院子里拖，一边拖一边骂）：你个拖油瓶，吃我的住我的，还什么事儿也不做，就是找打。（顺手拿起一把扫帚就往尔合身上打过去）

尔合（头发被揪得生痛，眼泪都流出来了）：婶婶求你了，别打了，我痛。

---

① 本案例由谢娟提供。

子拉（从屋里跑出来）：妈，拉着别动，让我试试我的"弹指神功"有进步没有。（说着就用手指关节用力敲，看尔合的脑袋还没起包，又使劲敲了几下，才满意地出去玩儿了）

婶婶打累了，坐在地上休息。

有作（端来一盆菜，看了尔合一眼，把菜盆往尔合面前一推）：去洗了。（转身走了）

尔合端着菜盆去水池边小心地洗完回来，递给姐姐后，正准备去做作业。

婶婶：那五头猪还没吃饭呢，赶紧去给猪喂食，快点，不然小心我还要揍你。

尔合只好又去喂猪。

奶奶：可怜尔合快八岁了，身高还不到一米二，体重也没到 40 斤，她要做五大桶猪食才行。瘦弱的她怎么做得到呀！唉！

尔合费了九牛二虎之力，终于把猪喂好了。拖着疲惫的身体回到厨房，叔叔一家都已经吃完了，菜也被吃光了。

有作（不耐烦地）：吃完饭，把碗洗了。

尔合盛了一碗饭，泡了点汤，和着眼泪把饭吃了。

奶奶（陪着她，抚摸尔合的头）：哎，可怜的孩子呀！

尔合隐约听见客厅里婶婶的声音：要不是国家每个月给 600 块钱的补助，她长大后出嫁了可以收几十万彩礼，早就把她撵出门了。

收拾完碗筷也快要九点了，尔合走到自己阴暗的小房间里，作业也不想做了，忽然窗外几道闪电闪过，天空打了几个大雷，尔合吓得躲到床角，不一会儿，雨哗啦啦地下了起来。

尔合（无助地看着窗外哼歌）：世上只有妈妈好，没妈的孩子像根草，离开妈妈的怀抱，幸福哪里找……

第二幕　梦见妈妈回来了

场景：尔合的卧室。

人物：妈妈，尔合，奶奶。

尔合睡着了，迷迷糊糊中一个人带着笑容从门外走了进来。尔合睁眼一看是妈妈，她跑过去抱住妈妈哭喊道：妈妈，妈妈，我想你！

妈妈（含泪笑着，抱起尔合）：我的宝贝，妈妈也想你。

尔合：妈妈，你和爸爸走了以后，我一个人好孤独，好害怕，我不想在这里了，你把我带走吧！

妈妈（泪流满面）：妈妈也想你，爸爸妈妈把你带到这个世界，却没能陪你长大，是妈妈的错。

尔合：妈妈，我在这个世界没人疼，没人爱，没人喜欢我，我感受不到身边有爱，你在我身边，感觉好温暖，你带我走，好吗？

妈妈：世界很大，生活很美好。虽然有些人对你不好，但也有很多人对你好，不是吗？妈妈希望你能够坚强地活下去，让你的世界更精彩。（妈妈边说边走出房间）

尔合（大声地喊着）：妈妈，别离开我妈妈，妈妈……

尔合被奶奶从睡梦中摇醒，眼角还挂着眼泪。

奶奶（抱着尔合）：孩子，又梦见妈妈了吗？

尔合（哭着说）：阿妈，我梦见妈妈来看我了，我想她了。

奶奶：妈妈虽然离开了你，但她是爱你的，她会在另外一个世界守护着你，你要勇敢地面对生活，坚强点好吗？

尔合：嗯。（抱着奶奶睡着了）

第三幕　生日

场景：教室里。

人物：尔合，刘老师，阿花，小艺，奶奶及其他同学。

今天上课，大家都神神秘秘地议论着，不时看看尔合，尔合觉得很奇怪。下课了，同学们收拾东西，准备回家了。

刘老师（背上插着天使的翅膀）提着一个大蛋糕走了进来。

同学们：好大的蛋糕，今天是谁的生日？太幸福了！

尔合坐在角落里，看着同学们一句话也不说，她从来没过生日，好羡慕啊！

刘老师：今天是我们班一个同学的生日，大家来猜猜是谁吧！

同学们猜了好几次，也没猜到。

小艺（扮成可爱的小精灵）：是尔合的生日。

大家一惊，齐刷刷地看向平时一句话也不说的尔合。

尔合的脸唰地红了，她自己都不知道什么时候过生日，今年几岁了。

阿花（打扮成圣诞老人）：今天是尔合的生日，我们祝尔合生日快乐吧！

刘老师走过去，牵着尔合的手，来到蛋糕前。

小艺（走过来）：尔合，这是我送给你的发卡，漂亮吗？生日快乐！

阿花：送你一双圣诞老人的袜子，希望你的愿望能实现！

同学们纷纷送上真诚的祝福，尔合流出了激动的眼泪。

刘老师：尔合，来许个愿吧，祝你生日快乐！

小艺和阿花在蛋糕上插上8根蜡烛，然后点燃。

尔合（弯腰向大家鞠躬，抬头已是泪流满面）：谢谢大家，是你们让我过了第一次生日，谢谢！

尔合闭上眼，许下平生第一个愿望，同学们唱着生日快乐歌：祝你生日快乐，祝你生日快乐，祝你生日快乐……

分完蛋糕，同学们退。

刘老师（拉过尔合抱在怀里）：尔合，生活中有许多困难，你要勇敢面对，若遇到不能解决的问题或者困难，你不会孤单，还有爱你的奶奶、同学、老师可以帮助你，明白了吗？我们永远陪你。

尔合（紧紧地抱住刘老师）：谢谢您老师，您就像我的妈妈一样带来温暖和光明，让我感到幸福。

众人出，走向观众，唱歌曲《让世界充满爱》。

刘老师：轻轻地捧起你的脸，为你把眼泪擦干；

奶奶：这颗心永远属于你，告诉我不再孤单；

小艺：深深地凝望你的眼，不需要更多的语言；

阿花：紧紧地握住你的手，这温暖并未改变；

众人：我们同欢乐，我们同忍受，我们怀着同样的期待，我们同风雨，我们同追求，我们珍存同一样的爱……

保护环境　从我做起①

【润心点石】

让"保护环境"不再是板着脸的训导，而是寓教于孩子们喜闻乐见的故事表演之中。润物细无声，恰如清泉魂。在保护环境的过程中培养孩子们的自信心和成就感。

【故事梗概】

这是一个发现四害、消灭四害的勇敢者故事。

【场景布置】

树、花、草。

四害穿不同颜色的披风。

第一幕

画外音：在一个天气晴朗的清晨……

校园里，同学们抱着书本在晨读，见面互相打个招呼："嗨!"突然，同学甲发出一声短促的惊呼："啊!"同学们都围拢过来关心地问："怎么了，怎么了?"

生甲：书上说，我国目前超过90％的地下水资源都遭到了程度不一的污染，60％左右的地下水受到了严重污染，大部分地区的地下水污染几乎没有修复的可能性。

生乙（焦急地，看左右的同学）：那怎么办啊?

生丙：我们少先队员能做些什么呢?

第二幕

画外音：正在这时候……

噪音（大声地学各种声音，如喇叭声等）上场，同学们捂住耳朵

---

① 本案例由贾丽萍提供。

跑下场。

画外音：近年来噪音的队伍日益壮大。

噪音甲（跳上前一步，操手，得意）：我是汽车的喇叭声。

噪音乙（跳上前一步，操手，得意）：我是工厂的机器声。

齐：还有人们的喧哗声。

齐（拍手，转圈）：好哇！这地球已经是我们噪音的世界。

噪音甲：哈哈！多开心！

噪音乙（声音拔高）：多开心！

齐唱：我们想唱就唱，想喊就喊，想叫就叫，多么自在。（配《想唱就唱》的音乐）

画外音：他们能伤害人的听力，影响人的神经，妨碍人的消化系统和血液循环系统的日常工作。

废渣大摇大摆上场，噪音退到旁边。

齐（对噪音）：老弟，比起我们来，你们差远了！

废渣甲（竖起大拇指朝向自己）：我占的地盘比你大。

废渣乙（左手叉腰，右手做指点江山状）：你看，大街小巷、旮旮旯旯，哪里没有我的同胞？

废渣甲：我从工厂来。

废渣乙：我从农场来。

齐：我们从人们的居住区来。

画外音：这些废渣源源不断地产生，要不了多少年，更多的土地、山川都将是废渣家族的天下。

齐：我们可以污染环境，传播疾病，释放毒气，等到我们把城市变成"废渣城"后，人们就没有安身之地了。（对着噪音得意地说）瞧！我们多厉害！

噪音（点头，竖起大拇指）：嗯！你们挺厉害！佩服、佩服！

废气上场，废渣退到一旁。

废气甲：哼！我们废气比你们更有能耐。我们升上天空，污染空气，人吸了会得呼吸道疾病、肺癌、心血管疾病等。（其他废物惊讶地说："啊！"）

废气乙：我们与天上的灰尘结合变成酸雨，落在地面后，破坏庄稼的生长，使树木死亡。经酸雨侵蚀后，连山都要崩塌。

齐：至于人嘛，哼哼（轻蔑）！那就更敌不过我们了，一旦他们饮用了这种含酸雨的水后，就会得胃癌、肠癌等疾病，严重的还会引起死亡。（表情越来越狰狞）

齐：看，我们多能耐！哼！

众害（其他废物竖起大拇指）：你们挺厉害的嘛！

废水上场，废气退到旁边。

废水甲（对着废气说）：兄弟们，你们的能耐比起我们来，那真是小巫见大巫，只要有我们废水流过的地方，鱼虾会死亡，庄稼不能长，人们不要说饮用我们，连看见我们都要怕三分。

废水乙：人饮用的水只要有我们掺杂点进去，就会得肠胃疾病、癌症等。我们甚至能够施展魔法，让好端端的人变成畸形。

齐：哈哈！哈哈！

噪音（得意忘形地）：弟兄们，走啊！

四害到处活动，于是，花草树木枯萎，小动物们都染上了疾病，垂头丧气无精打采，大地一片颓废的景象。

四害（非常得意地）：看，我们的威力可真大啊！（扬起披风大摇大摆暂时退场）

第三幕

少先队员们齐声喊（由远而近地）：共建环保模范城，共享人居好环境。

少先队队长：大家好，我们是普格县附城小学校的少先队员，也是学校里的环保小卫士，为了共建环保模范城，共享人居好环境，我们少先队员每天都在做自己力所能及的事。今天，我们准备上街开展一次环保知识宣传活动！（看到倒在地上的花草树木）咦？这是怎么回事啊？伙伴们，快来帮忙啊！（一边说一边扶起它们）

队员们：来了来了！（应声而上）

队长：哼，听说现在"四害"猖獗，一定又是它们惹的祸，（面对大伙）伙伴们，我们一定要团结起来，为消灭"四害"、保护环境出一份力！

队员们：来，大家一起行动吧！（少先队员手拿洒水壶，跳上一小段舞蹈）

第四幕

这时音乐发生变化（急切、危险），四害一拥而上，猖狂地唱着："我们是四害，我们是四害！"

少先队员一：看！四害来了！

队长（挺身而上）：别怕！让我们一起来保护大家！

所有队员拿出事先放在地上的绳索，齐心协力把四害团团围住，四害大呼饶命。

队长：我们不会饶了你们，我们会改造你们！

一声惊雷，四害倒地。

音乐响起（《我是环保小卫士》），所有四害起立，扔掉披风，和少先队员一起来一段舞蹈。

舞蹈毕，副队长：同学们，朋友们，只要我们崇尚科学，加强环保知识的宣传和学习，噪音、废气、废水、废渣就会无立足之地，我们普格就会越来越干净，越来越美丽，让我们行动起来吧！

所有成员齐：共建环保模范城，共享人居好环境！我是环保小卫士，保护环境，从我做起！

第三辑　课程探索手稿

　　普格县附城小学校的心理健康教育以"清泉润心"为工作之始，顺应普格少年的心理特点，结合学校工作实际情况，制定"智慧三角"整体实施方案，广种浅作、圈地深耕，春华秋实、导势而为，逐渐往纵深推进。

三个步骤　三大支持　三级防御
——小学生心理健康教育"智慧三角"学校整体实施案例

一、学校简介

四川省凉山彝族自治州普格县附城小学校创办于 1934 年 3 月，有着厚重的历史积淀。新校区建于 2018 年，占地 6.15 万平方米，耗资近两亿，现有 77 个教学班，225 名教师，4900 余学生，其中少数民族学生占全校学生人数的 83.7％。教师中本科学历 116 人，专科学历 106 人，中专学历 3 人，教师学历合格率达 100％。其中正高级教师 3 人，高级教师 44 人，一级教师 92 人，省级骨干教师 5 人，州级骨干教师 14 人，国家三级心理咨询师 1 人。

学校领导班子团结务实，与时俱进，始终围绕"做有细节的教育，办有温度的学校"的办学理念、"谦谦君子，温润如玉"的育人目标，坚持实现附城小学校"一训三风"（校训：温和合度、刚毅坚卓；校风：宁静致远、尚善和美；教风：甘泉润物、温暖守候；学风：似泉之汇流、如山之揽怀），不断完善和创新学校管理机制，扎实推进师德师风建设，努力实施素质教育，促进学生的全面发展。

89 年的文化积淀，89 年的风雨洗礼，附小已成为一所载誉前行、不断创新的学校。89 年间，学校先后被评为"省文明单位""省文明校园""省卫生先进单位""省巾帼文明岗""省家长示范学校""州'二八'红旗集体""州校风示范校""县体育达标先进学校""县教师继续教育先进学校"；党支部多次被评为"县优秀党支部"，学校也多次被评为"先进集体"。

《道德经》云："道生一，一生二，二生三，三生万物。"讲究顺应天道，"万物负阴而抱阳，冲气以为和"。附城小学的学生心理健康教育以"清泉润心"为工作之始，顺应普格少年的心理特点，结合学校工作实际情况，制定了由三个推进步骤、三大支持系统、三级预辅体系组成的"智慧三角"整体实施方案。

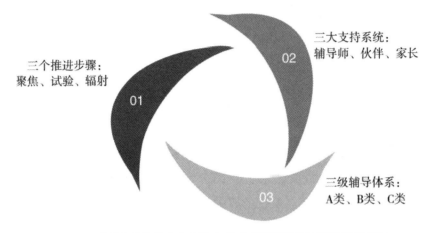

三个推进步骤：
聚焦、试验、辐射

三大支持系统：
辅导师、伙伴、家长

三级辅导体系：
A类、B类、C类

图1　附城小学校儿童心理健康教育"智慧三角"整体实施方案

二、三个推进步骤

任何工作都不是一蹴而就的。根据学校实际情况和师生心理健康教育工作的实际需求，附城小学校心理健康教育的深度实施可以分三步推进。

第三步：
辐射

第二步：
试验

第一步：
聚焦

图2　附城小学校儿童心理健康教育"三个推进步骤"

（一）第一步：聚焦"一颗种子"

将学生心理健康教育工作列为学校教育教学工作的重要内容之一，目标明确，重点突出，要求清晰。

学校高度重视学生心理健康教育工作，将之列入学校教育教学发展规划的重中之重，以呵护种子的心态呵护学生心理健康。设定目标，制定方案，细化行事历，形成整体规划，促使全校工作一盘棋，以规划统筹学校心理健康教育工作，将之从过去被动地"跟着感觉走"，提升到"有目标、有计划、有步骤、有行事历、有方案"的"五有"时代。

（二）第二步：开垦"一块试验田"

附城小学校正式成立儿童成长关爱中心（即学生心理健康辅导室），以润心屋（辅导室名称）为试验田，配备硬件，组建队伍，建立机制，设计课程，开展实践研究。

1. 硬件保障：

本着因校制宜的原则，附城小学校儿童心理健康成长中心硬件建设可以在现有资源的基础上进行拓展，由三间专用教室结合室外空间组成，分别是暖心屋（留守儿童活动中心）、爱心屋（残疾儿童活动中心）、润心屋（心理辅导中心），配置有个体辅导室、团体辅导室、情绪宣泄室、活动区、阅读区、运动区、表演区、音乐疗区、沙盘疗区，每个区域均有相应的使用制度与值守制度。

2. 队伍建设：

附城小学校的儿童心理成长关爱中心团队以分管副校长为核心，拥有中坚力量的心理辅导师团（由专职心理辅导师和骨干辅导员组成），以及足以辐射全校的心理辅导员队伍（由班主任、少先队辅导员组成）。其岗位职责见表1：

表1

岗位	职责
分管副校长	1. 设定目标，制订计划，分解行事历，协调人事，统筹资源，整体推进。 2. 培训团队，必要时亲自示范。

续表1

岗位	职责
心理辅导师	1. 出谋划策，参与计划及行事历的制订。 2. 执行任务，落实计划，主动承担，按时值班，互相补位。 3. 多种途径的自我成长。
心理辅导员	1. 筛查问题，发现异常，及时报告或推荐参加辅导。 2. 完成与岗位相关的心理健康教育活动。 3. 多种途径的自我成长。

3. 机制保障：

（1）建立学生心理健康教育网络体系。

①成立学生心理健康教育领导小组。

由校长任组长，分管副校长任副组长，校务领导班子共同组成。其职责是全面领导学生心理健康教育工作。主要分为发展性与预防性心理健康辅导、突发性心理危机干预两部分。

②成立学校儿童成长关爱中心。

儿童成长关爱中心相当于学校心理辅导室，由分管心理健康教育的副校长兼任中心主任，成员由德育处主任、心理健康教育教研组长、心理健康教育专职教师、骨干教师等组成。关爱中心主要承担预防性心理健康辅导及指导工作，同时承担相关工作的对外联动。

图3为学生心理健康教育网络体系示意图。

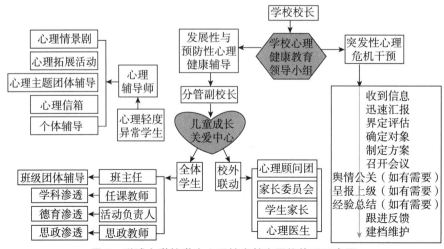

图3　附城小学校学生心理健康教育网络体系示意图

（2）建立学生心理健康教育"心理危机干预机制十二条"。

①通过各种途径获得危机人员或危机事件信息。

②迅速反馈到危机干预工作领导组。

③界定与评估危机程度。

④筛选并确定干预对象。

⑤商讨并确定解决方案（5W2H）。

⑥召开危机干预工作组会议，安排任务。

⑦实施危机干预。

⑧统一言论，对外发言（如有需要）。＊

⑨呈报上级单位（如有需要）。＊

⑩召开汇报及经验总结会（如有需要）。＊

⑪后续跟进与反馈。

⑫建档维护。

（3）建立儿童成长关爱中心学生团体辅导活动"五定"机制。

"五定"指定时间、定目标、定地点、定人员、定成效。

♥定时间：每周定期开展儿童成长关爱中心学生团体辅导活动。

♥定目标：每期开学初根据团体辅导对象的情况确定本期团体辅导总目标，在团体辅导活动行事历中将总目标分解到每周活动，再围绕目标设计活动教案。分目标可在学期进程中根据实际情况进行微调。

♥定地点：根据团体辅导活动形式的需要确定每周团体辅导活动的地点。一般来说，团体辅导、个体辅导在儿童成长关爱中心的润心屋进行；拓展活动在室内球场或室外草坪进行；心理情景剧则在中心活动区域进行。其他类型根据需要灵活安排。

♥定人员：每周执行团体辅导任务的辅导师在行事历中预先安排；辅导对象由各班主任推荐后建立特定班级，至少一学年中的人员要相对固定，确有特殊情况再个别增删。

♥定成效：为落实活动成效，每次活动必须人人参与集体备课，并在结束前形成"集体备课稿"。

（4）建立儿童成长关爱中心学生个体辅导值班制度。

儿童成长关爱中心学生的个体辅导采用固定值班与预约辅导相结合的制度。

①值班"五定"：定时、定人、定地点、定职责、定操作规范（见表2）。

表2　附城小学校儿童成长关爱中心学生个体辅导辅导师轮值表

时段	星期一	星期二	星期三	星期四	星期五	星期六	星期日
8：00—10：00							
10：00—12：00							
14：00—16：00							
16：00—18：00							
课余时段	危机事件电话值班						
值班地点/方式	儿童成长关爱中心润心屋/个体辅导					危机事件电话值班	

值班辅导职责：

a. 接受学生家长有关心理问题的电话咨询，给出合理建议；

b. 在值守时段开展个体心理辅导；

c. 课余时间、周末或节假日接受有关心理问题危机事件的电话咨询，必要时向心理健康小组报告。

②预约"三定"：班主任、学科教师、心理辅导员、家长发现学生出现心理异常后，向关爱中心的辅导师提出预约个体辅导，预约流程类似于医院的"挂号"（如图4所示）。

图4　附城小学校儿童成长关爱中心个体心理辅导预约流程

（5）建立儿童成长关爱中心教研"五定"机制。

"五定"指定时间、定主题、定地点、定人员、定成效。

♥定时间：每周开展一次关爱中心教研活动。

♥定主题：每学期开学计划就已确定好每周的教研活动主题，在实际教研的过程中，再根据需要进行微调。

♥定地点：每周教研活动根据主题的需要确定教研地点。一般来说，团体导辅、个体辅导类教研均在儿童成长关爱中心的润心屋进行；拓展活动教研在室内球场或室外足球场进行；心理情景剧试排研究则在中心活动区域进行。其他类型的教研活动则根据需要灵活安排。

♥定人员：定主持人、主讲人、参与人、会议记录人。

♥定成效：为落实教研活动的成效，每次教研必须人人参与发言，并在结束前形成"教研决议"，由会议记录人员记入会议记录，并公示、存档。

4. 课程设计：

（1）以三大理念指导课程实施。

将积极心理学、正面管教、个体心理学与教育学、儿童心理发展实际相结合，无痕融合到学校心理健康教育课程的实施中。

①可与学校心理健康教育课程深度结合的积极心理学理念（摘选）：

♥正向潜能：积极心理学倡导发挥人类正向或积极的潜能，如幸福感、自主、乐观、智慧、创造力、快乐、生命意义等。

♥积极预防：积极心理学认为，在预防工作中所取得的巨大进步来自个体内部能系统地塑造各项能力，而不是修正缺陷。预防的大部分任务是构建一门有关人类力量的科学，其使命是弄清如何在青少年身上培养出这些品质。类似于苏格拉底的名言："将田野种满庄稼，野草将无处生长；让灵魂没有纷扰，需要用美德去占据。"

♥积极治疗：在心理治疗过程中运用直觉与想象，把故事作为治疗者与患者之间的媒介，强调激发患者的主观能动性，使患者最终成为环境的积极治疗者。

②可与学校心理健康教育课程深度结合的正面管教核心理念（摘选）：

♥和善而坚定。和孩子相处的过程中，我们既要表现出自己的界限和立场，让孩子看到边界，这就是坚定；也需要和善的一面，让孩子感受到辅导师的爱，这就是和善。两者缺一不可。

♥理解孩子的四种错误行为目的。可帮助辅导师识别孩子的四种错误行为的目的，从而有针对性地寻找方法。

♥互相尊重。正面管教特别提倡尊重，不仅是尊重孩子，也是尊重自己、尊重当下情形的需要。

♥错误是学习的好机会。这一点对辅导师和学生都有启发。我们都是在错误中一步步前进的，我们都不是完美的，即便是这样，我们依然不能放弃努力，只有接纳自己，接纳此刻犯了错的自己，才能从错误中总结经验，找到解决问题的方法，得到成长。

♥让孩子对自己的事情负责。我们培养孩子，包括我们个人的成长，都离不开社会，离不开团体，离不开家庭，在这样的社会氛围下，我们需要合作，但我们应该相信孩子，相信孩子能对自己的事、身边的人和社会承担起责任。

♥让孩子参与解决问题。这也是正面管教中一个比较重要的工具和核心概念，很多正面管教工具都是在此基础上发展出来的，比如选择轮。这一理念可以使孩子在解决问题的时候有自主选择权，能独立思考，能对自己的决定负责任。

♥给予鼓励而非表扬。辅导师首先要学会区分鼓励与表扬，并以正确的方式鼓励孩子。

③可与学校心理健康教育课程深度结合的个体心理学理念（摘选）：

♥生活风格：一个人在每一行动中所表现出来的独特的并因人而异的各种动机、特性与价值的团集物。它决定一个人要学什么、怎样行动、怎样思维，有哪些经验要渗入他的人格。每个人都有他自己的生活风格，没有两个人的生活风格是一样的。生活风格是由创造性的自我发展建立起来的，形成于儿童时期的四五岁。了解生活风格能帮助辅导师更好地理解为什么心理健康教育工作必须从儿童的真实生活状态出发，了解儿童的生活环境和成长经历。

♥假想的目的论：人的行动是受他对未来的各种愿望而不是受过

去经验的激发。这些未来的愿望可能纯粹是假想的，即不可能实现的各种理想，然而这些假想的愿望却对一个人的行为有着深刻的影响。

♥追求优越：为求得自身完美所做的一种努力，并非一种要超过他人的欲望，虽然试图完全达到自己愿望的方式因人而异。

♥创造性自我：是一种个人主观体系，它使个人的种种经验变得有意义。它追求经验，甚至创造经验以帮助个人完成他独特的生活作风。创造性自我使人格有一贯性、稳定性和个性，是人类生活中活的因素。

♥自卑情结：自卑感起因于一个人感觉生活中任何方面都不完善、有缺陷。自卑感使人努力克服缺陷，于是形成补偿，从而获得发展。

♥社会兴趣：社会兴趣是人希望对社会做出贡献以便使之更加完善的一种特性。个人可借此在社会中完善单凭自己无法完善的东西，将个人私利服从于公共福利。

（2）以三大类型构建团体辅导课程。

①心理团体辅导活动。

心理团体辅导是在团体情境下进行的心理辅导形式，它能有效弥补个体辅导的不足，具有作用人数广、辅导用时短、见效速度快、成长较全面、辅导师易操作、学校易管理、师资易培训等优点。

根据心理团体辅导目标确定主题，设计心理团体辅导活动，辅导师组织学生在主题活动中了解心理健康知识，积极参与活动体验与分享，从而获得心理成长。

②心理情景剧。

心理情景剧是一种以团体形式处理心理问题的方法，通常是让来访者把自己的焦虑或困惑用情景剧的方式表现出来，心理咨询师在一旁点评，并借此对来访者的心理问题进行指导治疗。但在学校心理健康教育工作中可适当变化，以适应小学生的心理辅导需求。

♥辅导师创作心理情景剧，指导学生进行排练演出。寻找贴合本校儿童心理成长需求的切入点，将心理辅导目标融入儿童喜闻乐见的故事中，制作成儿童心理情景剧，使学生在参加演出或观看演出的过程中受到启发，获得心理成长。

♥辅导师带领学生在体验活动中进行，由学生自编、自导、自演。辅导师根据心理团体辅导目标的需要，营造心理情景氛围，唤醒学生的生活经验和心理需求，鼓励和指导学生将成长故事排练成心理情景剧并进行演绎。在参加排练、演出以及观看其他小组节目的过程中，学生互相启发，获得心理成长。

③心理拓展活动。

将拓展活动与心理团体辅导目标相结合，辅导师带领学生通过拓展活动获得团队体验、合作体验、挑战体验等，并在分享中互相启发成长。

相较于心理团体辅导课，心理拓展活动聚焦于团队合作和人际关系体验，针对相应的心理辅导目标，强调每个人的主体参与性。因其兼具游戏性、趣味性、娱乐性、运动性，不仅形式颇受学生欢迎，而且心理辅导效果非常突出。没有令人厌烦的说教，没有使人抵触的训导，一切水到渠成。

（3）以三个流程引导个体辅导操作。

①情感接纳：辅导伊始，辅导师利用 5 分钟左右的时间，通过"开心选择轮"，让被辅导者自主选择一个喜欢的小活动，从而达到放松精神、融入环境、消除陌生感的目的。

②融洽交流：根据个体辅导教案的引导，在遵循个体辅导原则和操作规范的前提下，运用心理个体辅导技术，与辅导对象进行交流，认真倾听、观察、牵引、鼓励、记录。

③总结延伸：在辅导接近尾声时，辅导师对本次辅导的情况进行总结，给被辅导者建议，并根据情况确定是否需要跟踪回访或预约下一次的辅导时间。

（4）与三大本土文化深度融合。

①特色节日：将火把节、彝族年等特色节日与心理健康教育课程相结合，在心理情景剧中体现，有益于激发少数民族学生的民族自豪感，以及在团体辅导活动中的归属感。

②特色民俗：尊重少数民族地区的风俗习惯。尤其是在心理团体

辅导、个体辅导、亲子辅导中，要尊重少数民族学生和家长的语言习惯、生活习惯、思维习惯，不否定和指责。只有在尊重的基础上才能交心谈心，取得辅导效果。

③特色文化：将彝族经典文化专著《玛牧特依》中的优秀文化内核有机融入心理健康教育工作。"玛"有"教、训、导、劝"之义，"牧"有"贤、善、正、智慧、优良、为人处世"之义，"特依"为书、经、纸、卷之义。《玛牧特依》可译为《训世经》《劝善经》《道德

♪⊓己汇回	不庇护一家，
♪⋎干回⊢	一方被掠夺；
♪王己回	不保护一穗，
♪米回	一片被割光；
半半十半汇	手指十兄弟
♪山回	一根被竹弹，
干半半半	十指都麻木；
王半十半汇	脚趾十兄弟
♪又回	一根被石碰，
出半半半。	十根都疼痛。

▲《玛牧特依》书页截图

经》《教贤经》等。《玛牧特依》共十五章，分别是自然之道、论宽容、论成长、论处世、谋长远、论学识、论团结、论霸道、论禁忌、论丑陋、论品行、论好运、论友谊、论幸福、论顺正。学校心理健康教育的许多辅导主题都可以与彝族本土文化无缝对接。

（三）第三步：辐射"三套深耕作"

将儿童成长关爱中心的实践成果向学校课程（心理健康、思政课程、体育课程等全科）、活动（德育活动、班队活动、庆典活动等）、心理辅导（个体辅导、团体辅导、亲子辅导、其他辅导等）三个版块辐射，进行深入耕耘，促进儿童心理健康发展，使学校心理健康教育工作实现"全人、全科、全面"的"三全协同效应"（如图 5 所示）。

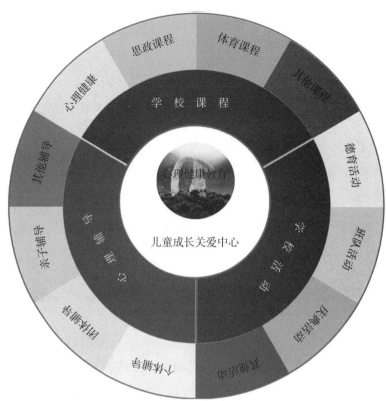

图5 附城小学校儿童心理健康教育辐射"三套深耕作"示意图

在进行"三套深耕作"的实践中，注重"三大支持系统"和"三级辅导体系"的建立与完善。

三、三大支持系统

心理学研究表明，影响人的心理发展的外在因素主要来自三个方面：家庭、学校、社会。就小学阶段而言，则主要聚焦为家庭亲子关系、班级师生关系、成长伙伴关系这三大关系。学生如果能建立好这三大关系，就能拥有三大强有力的心理成长支持系统（如图6所示）。

图6 小学生心理健康三大支持系统

（一）班级师生关系

1. 只有阳光的辅导师，才有可能培养出阳光的学生。学校应通过辅导师培训、制度设计、机制保障等多种途径，唤醒辅导师的职业幸福感，打造阳光辅导师。

2. 亲其师，才能信其道。拥有阳光心态的辅导师还需要具有较高的专业素养，才能营造和谐的师生关系，受到学生信任，对学生心理发展产生正向影响。学校应通过搭建适合辅导师成长的教研、科研、自修平台，逐渐培养出一支具有较高儿童心理健康教育实操水平的专业型心理辅导师和辅导员队伍。

（二）成长同伴关系

1. 丰富多彩的学生活动：辅导师应组织丰富多彩的学生活动，在活动中增进学生之间的感情，促进伙伴交往，在学生心中刻录下美好的校园记忆。

2. 充满智慧的班级管理：辅导师应在班级里营造团结尊重、互相帮助的班风，养成合作竞争、主动进取的学风，杜绝拉帮结派、孤立嘲笑、校园霸凌。

3. 与各种课程、活动相结合的人际交往主题辅导：启发学生善于与人交往，妥善处理伙伴关系，拥有亲密的朋友，懂得倾听和倾诉，必要时知道如何求助。

（三）家庭亲子关系

1. 成立家长学校，系统建立科学育儿课程，并予以实施。

2. 在个体辅导中导入亲子辅导，接待父母同子女（本校学生）的个体辅导预约。

四、三级辅导体系

三级辅导指对于没有明显异常心理症状的个体或群体（A 类）、有心理异常但不严重的个体或群体（B 类）、心理异常程度较深的个体（C 类）采取不同的发展性与预防性心理辅导模式，必要时实施危机干预。详见表 3。

表 3 附城小学校儿童心理健康三级辅导体系

三级辅导	辅导对象	辅导的途径或形式
一级	A 类	主题班队会、健康教育课、思政课程、德育活动、心理档案、学生成长记录手册、教研科研、校刊专栏、文化宣传栏
二级	B 类	心理团体辅导活动、心理剧演出、心理拓展活动、特殊关爱活动、毕业生涯规划等
三级	C 类	结对关爱活动、个体辅导、亲子辅导、心理信箱、心理危机应对

（一）一级辅导

全称为"小学生一级发展性与预防性心理辅导"，主要面向全体学生，以各种形式的心理健康教育课程为主要途径，与学校的常态教育教学活动相结合，达到传播心理健康知识和技能、帮助学生身心和谐发展、初步筛查心理健康问题的目的。

其主要形式可以是主题班队会、健康教育课（含心理健康教育、体育与健康）、思政课程、学校德育活动、毕业生涯规划、心理档案、学生成长记录手册、教研科研、校刊专栏、文化宣传栏等。

（二）二级辅导

全称为"小学生二级发展性与预防性心理辅导"，主要面向易感学生群体或出现轻度心理症状的学生群体，以各种形式的儿童心理团体辅导为主要途径，与学校儿童成长关爱中心工作深度结合，对特殊群体学生所出现的共性心理问题实施团体辅导，达到针对性地减少特殊群体学生出现心理危机的目的。

其主要形式可以是心理健康团体辅导活动、心理情景剧演出、心理健康拓展活动、特殊儿童关爱活动、毕业学生生涯规划等。

（三）三级辅导

全称为"小学生三级发展性与预防性心理辅导"，主要面向心理问题症状相对明显、需要及时进行心理辅导或危机干预的学生，以各种形式的心理个体辅导或亲子辅导为主要途径，与学校心理危机干预机制相结合，达到疏导心理问题、预防过激后果的目的。

其主要形式可以是结对关爱活动、个体辅导、亲子辅导、心理信箱等。

若发现心理问题已较为严重的情形，应立即向学校心理健康教育领导小组反馈，进入心理危机干预程序，必要时建议监护人及时带孩子到专业医院找专业咨询师或医师，进行相关咨询或治疗。

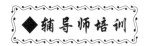

儿童成长关爱中心辅导师如何进行角色定位

【讲座对象】

学校儿童成长关爱（心理健康辅导）中心的新手辅导师。

【讲座目的】

1. 帮助新手辅导师了解学校的心理健康教育体系；

2. 能准确定位自己的角色和岗位职责。

【讲座时长】

20～30 分钟。

【讲座内容】

儿童成长关爱中心辅导师如何进行角色定位？既然是定位，先要有地图，才能进行搜索。让我们首先展开地图——学校的健康教育网络体系图（图 1）。

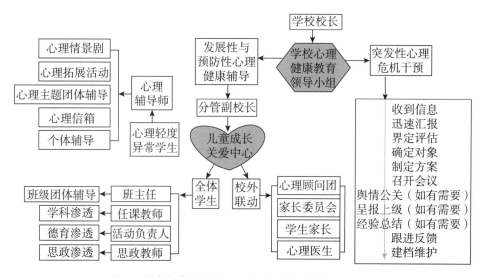

图 1 附城小学校学生心理健康教育网络体系示意图

从上图可以看出，附城小学校儿童成长关爱中心是在学校心理健康领导小组的领导与指导下开展工作的。

儿童成长关爱中心相当于学校的学生心理健康辅导室，由分管心理健康教育的副校长兼任中心主任，成员由德育处主任、心理健康教育教研组长、心理健康教育专职辅导师、骨干辅导师等组成。儿童成长关爱中心主要承担学生发展性和预防性心理辅导工作，同时当好对外联动的桥梁，并协助学校处理其他与心理健康相关的事务。

具体如下。

一、贯彻"五大核心词"

附城小学校儿童成长关爱中心辅导师应在工作中贯彻发展性和预防性心理辅导的"五大核心词"：开发、培养、促进、维护、预防。

（一）开发

最大限度地开发人的潜能。发展性心理辅导要求辅导师在辅导活动中创造一切可能的条件，将人的潜力开发出来，使学生获得更大的发展。

（二）培养

发展性心理辅导要求辅导师在辅导活动中培养学生的各项能力（学习能力、创造能力、交际能力、了解自己的能力、心理承受能力）；形成积极的自我观念（自信、自尊、自强）；造就良好的个性，与人、与自然、与社会建立和谐的关系。

（三）促进

发展性心理辅导要求辅导师在辅导活动中全面促进学生的心理发展，包括智力的发展（观察力、注意力、记忆力、想象力和思维判断力），情绪、情感的发展（公民意识、爱国意识、民主意识、社会责任感、求知与美），人格的发展（自我认可、社会适应、尊重科学、合作精神、创造、心理平衡，关心自然）。

（四）维护

发展性心理辅导要求辅导师在辅导活动中帮助学生了解不同年龄

阶段的特征（生理的与心理的）并明确其发展任务，掌握相应的策略和解决问题的方法，自觉维护自己的身心健康。

（五）预防

发展性心理辅导要求辅导师在辅导活动中注重对心理问题的预防性辅导，通过落实"三级发展性与预防性心理辅导体系"，达到"治未病"的效果。

二、落实"三级辅导体系"

附城小学校儿童成长关爱中心辅导师应在工作中落实学校"三级发展性与预防性心理辅导体系"。

（一）小学生一级发展性与预防性心理辅导

小学生一级发展性与预防性心理辅导面向全体学生，以各种形式的心理健康教育课程为主要途径，与学校的常态教育教学活动相结合，达到传播心理健康知识和技能、帮助学生身心和谐发展、初步筛查心理健康问题的目的。其主要形式可以是主题班队会、健康教育课（含心理健康教育、体育与健康）、思政课程、德育活动、心理档案、学生成长记录手册、教研科研、校刊专栏、文化宣传栏等。

在小学生一级发展性与预防性心理辅导工作中，儿童成长关爱中心的辅导师的职责主要有四点：

1. 协同规划。儿童成长关爱中心辅导师要对全校心理健康教育工作的协同发展作出科学规划，形成"全校一盘棋"，共同促进学生身心健康发展。

2. 指导培训。学校应该"人人都是心理健康教育工作者"。在这个理念下，儿童成长关爱中心的辅导师要对各岗位教职员进行专业指导与培训，全面提升学校心理健康教育工作水平。培训内容主要包括理论与技术两个方面。理论方面，要帮助辅导师了解必要的儿童心理健康教育理念，在正确理念的指导下开展工作。技术方面，一是指导辅导师开展好与自己岗位相关的学生心理健康教育工作，二是指导辅导师懂得如何进行心理问题的发现与上报。

3. 跟进评估。儿童成长关爱中心的辅导师要及时跟进学校心理健康教育工作的开展情况，并定期评估反馈。为确保科学、有效，应制定专门的跟进措施与评估方案，反复论证后实施，并在实践中优化。

4. 宣传带动。在有余力的情况下，还可以在校刊、校园宣传栏等阵地上开辟心理专栏，传播心理知识、发布心理活动动态等，扩大影响力。

（二）小学生二级发展性与预防性心理辅导

小学生二级发展性与预防性心理辅导主要面向易感学生群体或出现轻度心理症状的学生群体，以各种形式的儿童心理团体辅导为主要途径，与学校儿童成长关爱中心工作深度结合，对特殊群体学生所出现的共性心理问题实施团体辅导，以达到针对性地减少特殊群体学生出现心理危机的目的。其主要形式可以是心理健康团体辅导活动、心理情景剧演出、心理拓展活动、特殊儿童关爱活动、毕业学生生涯规划专题讲座等。

在小学生二级发展性与预防性心理辅导工作中，儿童成长关爱中心的辅导师的职责主要有四点：

1. 对易感学生群体进行发展性与预防性心理辅导。比如，可以对逐渐进入青春期的学生（一般是四、五年级的学生）开展青春期性心理专题讲座；对即将升入初中的六年级毕业生开展毕业学习心理辅导、生涯规划等专题辅导。

2. 对出现轻度心理症状的学生群体开展发展性与预防性心理辅导。比如，可以将缺乏学习动力、上课注意力极度不集中、有暴力倾向的孩子按问题相似性分别成立心理辅导班，利用青少年宫、四点半课堂、午休辅导等阵地开展针对性强的心理团体辅导活动、心理情景剧活动、心理拓展活动。也可以针对留守儿童群体开展关爱活动、阅读陪伴活动等。

3. 为心理辅导班学生建立心理成长档案，并协同班主任、任课辅导师共同持续跟踪其心理成长状态。

4. 为儿童成长关爱中心的团体辅导活动书写教案、开发教材、总结经验、传播信息，以点带面，对全校心理健康教育工作起到榜样作用或带动作用，并维护经验的延续性。

（三）小学生三级发展性与预防性心理辅导

小学生三级发展性与预防性心理辅导主要面向两类学生：一类是心理问题症状相对明显、需要及时进行心理辅导或危机干预的学生，要以多形式的心理个体辅导或亲子辅导为主要途径，与学校心理危机干预机制相结合，达到疏导心理问题、预防过激后果的目的；另一类是个人成长非常优秀，但由于环境支持条件不足，心理发展受到限制而出现发展瓶颈的学生，要有针对性地提供发展性辅导，帮助其突破环境限制，树立更高的理想，形成新的发展内驱力。其主要形式可以是结对关爱、个体辅导、亲子辅导、心理信箱等。

在小学生三级发展性与预防性心理辅导工作中，儿童成长关爱中心的辅导师的职责主要有四点：

1. 开展学生心理个体辅导。学生心理个体辅导的开展是"双向奔赴"的，即既可以由学生主动提出辅导需求，也可以是辅导师帮助孩子发现需求后主动开展辅导，但需要坚持学生自愿原则。在这一原则下，对出现发展瓶颈的学生开展发展性心理辅导，帮助其找到新的发展动力和愿景。对心理问题症状相对明显的学生开展预防性心理辅导或干预，帮助其疏导心理问题，预防过激后果。

2. 接受以学生和家长为对象的心理亲子辅导。允许家长陪同孩子共同参加心理辅导。有时候，家长的角色也可以由班主任代替。在征得孩子同意的前提下，心理辅导师也可以根据辅导主题的需求，主动邀请家长或班主任陪同孩子参加辅导。

3. 对有需要的学生开展心理结对关爱活动。比如对留守儿童、残障儿童中需要特别关爱的孩子，辅导师可以与其建立一对一的"手拉手共成长"结对关系，密切联系，多方关爱，以达到"清泉润心又暖心"的目的。

4. 设置并管理好心理信箱、值守信息热线。心理信箱可以以儿童喜闻乐见的形式出现，如"秘密树洞""知心姐姐""吐槽大会""心理热线"等，既可以使个体辅导更有针对性，又可以起到问题早发现、早筛查、早报告、早辅导的目的。在自己的值守时段，接受与心理健康相关的电话咨询，进行电话辅导或预约面对面的辅导。若发现了突发性心理危机事件或疑似突发性心理危机事件，应立即向学校心理健康教育领导小组反馈，进入心理危机干预程序，必要时先做好专业的应急处理。

三、规范心理危机干预

在学校心理危机事件的干预中，儿童成长关爱中心的辅导师也承担着重要的任务。因心理危机事件的潜在影响力较大，参与心理危机干预时应做到谨慎规范。

（一）专业谏言

在心理危机干预中，儿童成长关爱中心的辅导师应认真了解危机事件，从专业的角度提出建议，帮助学校心理健康教育领导小组对危机事件进行科学的界定评估，制定有效的方案。

（二）专业干预

在实施心理危机干预环节，儿童成长关爱中心的辅导师要有专业担当，或亲自参与，或担任指导，或联系外援，尽可能地将危机程度降到最低，使事件往良性方向发展。

（三）舆情维护

在舆情发布方面，应听从学校心理健康教育领导小组的安排，遵守纪律，不因自己了解"内情"而私自发声。如有发布或上报需要，应从专业角度协助学校完成相应的报告资料。

四、当好校外联动桥梁

儿童成长关爱中心的辅导师还应当好学校心理健康教育的对外联动桥梁。

（一）专家联动桥梁

为提升心理健康教育工作的专业度，学校可以聘请心理咨询师、心理医生、家庭教育专家等组成心理健康教育顾问团。顾问团在行政上由学校心理健康教育领导组专人对接，但业务上要与儿童成长关爱中心密切联动。

（二）家校联动桥梁

为扩大心理健康教育工作的协同范围，学校可以成立家长委员会。儿童成长关爱中心的辅导师要指导家委会建立家长课程，开展多种形式的家庭教育培训活动或亲子活动。指导班主任将家长培养成学生心理健康教育的重要力量，家校合作，协同育人。

综上所述，儿童成长关爱中心的辅导师应这样定位自己的角色：是学生心理健康的专业辅导员、学生成长的知心朋友；是学校心理健康教育的合作者与服务者，学校心理健康教育科研和规划的研究员；是辅导师心理健康的示范者，心理健康教育工作的技术员与领航人；是学校心理健康教育工作与外界相关力量联动的重要桥梁。

辅导师应在实践中不断提升专业水平，保持初心，恪尽职守，协同全员全人将健康教育工作做得更好。

儿童成长关爱中心辅导师角色定位误区排雷

【讲座对象】

学校儿童成长关爱（心理健康辅导）中心的辅导师。

【讲座目的】

1. 帮助辅导师了解学生心理健康辅导中容易出现的意识或行为偏差；

2. 初步了解一些修正偏差的方法和技巧，并在实践中注意运用。

【讲座时长】

20～30 分钟。

【讲座内容】

在实际工作中，由于缺乏指导，一些学校的心理健康辅导师在进行角色定位的时候容易出现某种偏差，从而导致行为和结果的偏离。我校儿童成长关爱中心辅导师即学校心理健康辅导师，为绕过雷区，减少误区，现将可能出现的错误角色定位列举如下，并略举实用方法，以排雷共勉。

一、可能的错误角色认知

（一）认为"心理健康辅导师＝心理健康专职教师"

这一错误认知造成的行为是：心理辅导学科化。辅导师只重视上好自己的心理健康课程，而不履行其他相关职责。这一错误行为带来的后果是：学校心理健康教育缺乏校内的主要合作者与服务者，在科研和规划上缺少专业力量支撑；辅导师群体的心理健康难以被关注、帮助与指导；辅导师开展心理健康教育工作也得不到专业的指导与引领；学校心理健康教育工作与外界相关力量的联动乏力，成为孤岛，从而导致"5＋2＝0"等工作效果的不理想。

（二）认为"心理健康辅导师＝德育管理教师"

这一错误认知造成的行为是：心理辅导德育化。辅导师在开展学生心理辅导的过程中，会习惯性地对辅导对象进行德育训导，甚至是强制性的德育管理。这一错误行为带来的后果是：辅导师被学生视为德育主任一类的角色，对其产生畏惧感甚至心理隔阂，从而对辅导师敬而远之。这对辅导师开展心理辅导工作极为不利。并且这种错误行为还将对其他辅导师形成错误示范，导致学校心理健康教育工作等同于德育训导，无法从专业途径帮助学生的心理健康成长。

（三）认为"心理健康辅导师＝心理咨询师"

这一错误认知造成的行为是：心理辅导诊疗化。辅导师会直接对重大心理危机对象实施心理咨询，而未能及时上报学校启动心理危机干预程序。这一错误行为带来的后果是：辅导师有可能因误判了学生心理危机的复杂性，或者所处理的事件超出了自己的能力范围，而导致心理干预失败、舆情扩散、危机加剧或更为严重的后果。

（四）认为"心理健康辅导师＝教育警察、社区调解员"

这一错误认知造成的行为是：心理辅导杂务化。辅导师会陷入学生纠纷事件或错误行为的来龙去脉、是非对错中，把大量精力用来处理"事"，而不是用来帮助"人"。这一错误行为带来的后果是：辅导师未能抓住契机从学生心理发展的角度给出专业的帮助，学生在纠纷事件或错误行为中被简单地判定对或错，有时候会被迫承担错误后果，但并没有从错误中获得心理上的成长。

二、可能的自我角色冲突

（一）专业自抑

信念决定行为。辅导师如果缺乏对自己所从事的心理健康教育专业的自豪感和成就感，时常怀疑其价值与意义，那么这种怀疑投射到工作中就会表现为目标感弱、执行力差、行为易被影响等。在这种情况下，工作自然难有成效；越无成效，就越没有自豪感和成就感，于是形成恶性循环。一些心理健康教育的专职辅导师甚至主动或被动放弃自己的专业，转到其他学科教学当中，这就是这恶性循环的结果之一。

（二）心态失衡

在目前资源和评价激励机制不够完善的情况下，心理辅导师要想从心理健康教育这一途径获得外界的认同，相比语文、数学等学科更为艰难。当职称、晋级、经济待遇、荣誉认定等遭遇挫折或瓶颈时，辅导师就容易产生心理失衡，这种失衡不仅会影响到辅导师的工作积极性，严重时可能会影响到辅导师自身的心理健康。一个不阳光的心理辅导师，其心理辅导工作自然很难有理想的效果。

（三）职业倦怠

如果没能找到职业的自豪感与成就感，就很可能在日复一日的工作中失去激情，从而产生职业倦怠，俗称"职场油条"。这种心态会导致辅导师缺失职业幸福感，不思进取，得过且过，在自动的"躺平"中逐渐被边缘化、透明化。这不仅是辅导师个人的损失，也是学校心理健康教育工作的损失。

三、实用的排雷方法探索

（一）坚持原则，怀有敬畏之心，认真细致地做好辅导工作

在开展心理辅导的过程中，坚持以下原则，可以避免出现一些专业上的低级错误，也可以提升心理辅导的实效。

1. 坚持"主体性原则"。

要尊重学生的主体地位，多为学生搭建平台，注意调动学生参与的积极性和主动性，尽量不由辅导师包办代替。

辅导师的他助是手段，学生的自助才是目的。

辅导师好比"产婆"，"只能协助而不能替人生孩子"。

2. 坚持"预防性原则"。

要坚持预防第一，防胜于疗。当好"扁鹊之长兄"。

3. 坚持"发展性原则"。

要以发展变化的观点看待学生的心理问题，以动态的眼光看待问题的解决和教育效果的预测。辅导是持续的教育过程，而不是一蹴而就的事情。

4. 坚持"体验性原则"。

要组织符合学生心理发展需要的心理辅导活动，如心理游戏、拓展活动、情景剧表演、模拟演练等，在活动中要让学生充分体验、充分交流。如果缺少深层次的体验与交流碰撞，心理健康知识就会停留在表面，而不能内化于学生心灵。

5. 坚持"针对性原则"。

辅导要因人而异，因时制宜，适应个体差别。可以从以下几方面入手：

年龄特点：内容和形式要适合不同年龄阶段学生的身心特点，比如一年级和六年级学生对活动形式的喜好度与接受度肯定存在差异。

性别特点：根据男女不同情况进行有区别的教育，比如青春期性教育。

个性特点：每个孩子都拥有自己的个性特质，比如内向与外向。

时代特点：每一代人都有一代人的印记，比如在手机时代成长的青少年。

特殊情况：对特殊孩子、有问题的学生要因势利导。比如残疾儿童、留守儿童、单亲家庭、隔代教育下的孩子。

6. 坚持"全体性原则"。

坚持面向全体学生，为全体学生服务。既要关注到大多数学生共同需要、普遍存在的问题，也要关注到个别学生的个性化问题。要尽可能给每个学生公平的创造发展机会，鼓励每一个成员积极参与。

（二）优化心态，提升格局，对工作投入激情

1. 看到光明的发展前景。

随着全社会对青少年的心理健康越来越重视，学校心理健康教育工作也势必会越来越重要，其配套资源也会越来越丰富，相应的评价机制、激励机制也会越来越完善。在这个过程中，辅导师可以"顺势"，首先做好自己，静待成长良机；也可以"导势"，率先做出成

果，发出正向呼声。

2. 加强自我心理辅导。

学校心理辅导师是一个助人自助的职业。在为学校师生提供专业帮助的同时，辅导师不要忘了自我充电、自我辅导。要在看似平淡的日常工作中积极寻找价值和意义，在别人的成长中获得幸福感，以助人为乐。

3. 提升工作格局站位。

把自己的工作充分与学校发展的需求联系起来，从全校角度审视和定位自己的工作职责，主动出谋划策，实现更大的价值和意义。在这个过程中，自己的人生格局也会得到提升，从而找到新的目标和动力，形成良性循环。

小学生心理团体辅导活动的开放与接纳策略

【讲座对象】

学校儿童成长关爱（心理健康辅导）中心的辅导师。

【讲座目的】

1. 对心理团体辅导对象的存在意义进行深入思考，避免心理团体辅导在实际操作中被异化，或者与德育和班级教学同质化；

2. 了解小学生心理团体辅导活动的开放与接纳策略，并在实践中主动应用。

【讲座时长】

20~30 分钟。

【讲座内容】

小学生心理团体辅导应该怎样做才有效？其实在探讨这个问题之前，我们还应该思考一个最基本的问题：如何才能使小学生在心理团体辅导活动中打开心扉？因为"开"心是所有教育活动能够取得成效的基础。

所以，在团体辅导实践中，我们需要先梳理清楚下面这个症结：

学校组织这样一个"开"心班，把三十名可能需要帮助的孩子从各自的班级带到这里来，这个班的独特价值在哪里？重复原班级对孩子的德育式教育？仅仅将其作为孩子们学习心理动机等的一种辅助性活动支持？不，这些都不够。

1. "开"心班学生情况。

从问卷调查的情况看，不能遵守规则的孩子不超过一半，程度严重的不超过十人；绝大多数孩子则表现为畏惧、胆怯、不自信的紧缩状态，目前还没有出现攻击状态；绝大多数孩子来自单亲家庭或伪单亲家庭，亲情关爱较少，几乎处于被忽略状态；大多数孩子在原班级处于边缘状态甚至负面状态。

2. 活动设计的调整。

在上期末，我们把这学期的主题词定位为"遵守规则"，希望能够把这些"调皮蛋""头疼娃"辅导成一群"守矩娃""乖宝宝"。但根据学生的实际情况，我们把主题词调整为"开放与接纳"，希望通过这一学期的活动，让学生敢于在新的集体中开放自己，哪怕最胆怯的学生也敢于大声讲话，哪怕最没有主见的学生也可以不受他人影响说出自己真实的想法，哪怕最不自信的学生也能发现自己身上的优点并有发扬光大的意识；哪怕我们谁都不完美，但我们都愿意接纳不完美的自己，并一直努力在通往完美的路上前进。我们预想：当孩子们对环境释放出信任，真正愿意打开心扉、积极参与，并在活动中找到自信之后，他们的"调皮""头疼"因子会自然消失，很多问题也会同步解决。

3. 在这两个新的主题词下，我们希望：

（1）这个"开"心班，可以是常规班的一个很好的补充。常规班因为各种任务和节奏的压力，决定了它必须照顾到大多数学生的情况，而极难真正关注到每一个孩子的内在需求。而在这里，孩子们是可以被看到、可以被发现、可以被关注的。

（2）因此，这个"开"心班里，每一个孩子都能感受到自己是重要的，是受欢迎的，是值得存在的，而非可有可无甚至多余的。所以，在今后的活动中，我们必须坚持一个原则：每个人的意见都很重要。比如：唯有由孩子们提出，并获得全票通过的规则，才是大家都需要遵守的规则。

（3）这个"开"心班里，整个环境是安全的，孩子们可以在这里展现真实的自我，不管是好的还是不好的。所以这里没有对与错，只有真实的感受与想法；没有讽刺、挖苦、责骂，即使做错了，只需要为自己的行为承担责任即可。比如，你如果总是耽误时间，可能会被淘汰，因为你影响了游戏的进行。你愿意退出游戏吗？如果愿意，OK，没问题，站到一旁，成为旁观者。这样的心埋体验对他/她也是很重要的。如果不愿意，那么你要努力使自己别成为耽误时间的那个人，你需要提前作好思考。在正面管教体系里，"自己承担责任"就是很重要的一个原则。这个原则里，成年人无须干预，只需要让孩子们在承担自然后果中获得成长。

（4）这个"开"心班里，所有的规则都来自孩子们内心的需要：安全环境的需要、顺利完成活动的需要、愉快学习与生活的需要。导师只有"导"的作用，而不是"强加""要求"。即使是正确的规则，但在孩子们没有意识到他们有需要的时候，也没有立即存在的必要。等到了孩子们有需要的时候，我们可以暂停活动，召开五分钟班会，提出讨论，再行加入。

（5）我们需要鼓励学生在安全的环境里开放自我，在自发的规则下习得尊重与自律，经历自我接纳、自我认知、自我发现，从而发展出更好的自我。这个过程需要耐心、需要包容、需要等待，或许很慢，或许这一学期的努力都不能到达；又因为探索期经验不足，或许还会有曲折。但如果你相信，我相信，我们都相信，整个团队齐心接力，就一定能看到奇迹。

对这些孩子来说，在座的每一位都将会成为他们生命中的贵人——无论他们是否会意识到。

最后我提出以下几个问题，供大家思考：

1. 你是自愿加入这个团队的吗？你需要遵从你的内心，作出你真实的决定：要么享受付出，要么放手离开。

2. 如果决定留下来，那么你需要立刻开展以下工作：了解工作计划，主动承担任务（课堂活动、教研组织、专题分享、资料档案、个体辅导跟踪、教材开发、节目编排等），并积极为中心的发展和活动出谋划策。

3. 推荐一部电视剧：《你的孩子不是你的孩子》，十集，共五个小故事。这是迄今为止我所看过的成功通过隐喻手法直面现实和人性的教育类影视作品。它还有原著书籍，也值得一看。

互助解决问题

【活动对象】

儿童心理健康辅导师或家长体验者。

【活动目的】

1. 了解必要的正面管教基本理念；

2. 对导师建立信任感；

3. 习得互助解决问题的方法，初步掌握流程。

【活动时长】

60～80 分钟。

【活动过程】

一、问题导入

漫画：泼洗澡水把孩子也泼掉

倒洗澡水把孩子也倒掉，这个典故源于马克思形容哲学家费尔巴哈批判另一位哲学家黑格尔的方式，说费尔巴哈像一个糊涂的老太婆，在给婴孩洗完澡后，把婴孩和脏水一块泼到门外去了。

二、了解正面管教，做好活动准备

正面管教"家长课堂"源自美国，由简·尼尔森博士等教育专家历经 30 多年的实践发展与完善，已经成为风靡欧美的教育风暴，能影响孩子一生的成长体验。正面管教是一种既不惩罚、也不骄纵的育儿新方法，可以培养孩子的自律、责任感、合作、独立思考以及解决问题等的能力。世界上已经有超过 16 个国家、百万个家庭被它改变。现在，正面管教已经由专注于中国家长教育的先行者引入国内，它将为千万个中国家庭带去全新的教育理念。

正面管教的家长成长体系中有一个很经典的活动就是互助解决问题，鼓励家长通过自主互助的形式，来解决实际生活中遇到的育儿问题。在大家以家长身份开始这个活动以前，我们需要做这样几个准备活动：

（一）安全感营造

1. 心理安全：每个人都会遇到育儿问题，我们"在一条船上"，所以说出困难并不可笑，更不可耻。

2. 环境安全：每个人的问题都仅限于在这个圈子里交流，所有人不得对外"聊天"，只有当事人自己有权利向圈子以外的人分享。即使要将案例运用于学术研究，如果没有经过当事人同意，必须隐去所有可能泄露当事人身份的所有信息。

3. 过程安全：在整个过程中，应本着真诚、尊重、接纳的原则，任何人不得有嘲笑、轻视等态度。

（二）角色正位

1. 接下来请各位拿出笔和便利贴，以家长的身份，在上面写上您的姓名（昵称）、职业、您孩子的姓名（有几个填几个）、性别、年龄，并用一句话介绍参加这次活动的目的。

2. 请大家分享交流，交流完的家长把便利贴贴到黑板上去。

（三）活动公约

1. 时间宝贵，如何使这次活动高效而有序呢？我们需要共同约定一些原则。现在请大家进行头脑风暴，说一条，记录员请记录一条。

2. 举手表决：如果能做到，大拇指向上；不能做到，大拇指向下；不确定，就平举。

3. 这是我们一起制定的活动公约，请大家共同遵守。

（四）两列表

1. 现在，我们将一起制作一个"两列表"。我要先请一位志愿者担任记录员。

2. 请大家一起进行头脑风暴，讨论孩子给家长带来的挑战（生活中遇到过的教养问题），请一位志愿者把这些挑战都记录在挂纸上。还有吗？

3. 问学员：如果再过 10 年、20 年，你们的孩子都已经长大了，他从外面回来了，在你打开门的瞬间，你希望看到面前的孩子具有哪些品质呢？

品质	挑战

现在看看这两列表，是不是只有我们的孩子才有这些问题？这些品质是不是我们都希望孩子能拥有？原来，作为父母的我们经历都如此相似，我们都"在同一条船上"。

4. 对于这些挑战，我们是否想过这就是培养他们优秀品质的机会呢？其实，所有的挑战都可以用来帮助塑造孩子的品格，并培养他们的生活技能。因为错误是学习的最好机会。比如孩子拖拉，通过教育引导，那他可能会形成何种品质呢？自私冷漠可能会变成什么品质呢？所以，每当你面临挑战的时候，你应该感到兴奋、庆幸才对，因为培养孩子优秀品质的大好机会来了。

想象一下等我们老了，我们的孩子具有这么多的优秀品质，我们会有什么感觉？而我们现在还处在哪个阶段？

即将体验的正面管教工具就能指导我们如何处理这些挑战，并帮助孩子塑造良好的品格和学习生活技能。

（五）自我观照——中国式"泼冷水"

▲育儿挑战

老丁是一个地方领导，在工作中口碑很好。他人情练达，极具智慧。

遗憾的是，他的儿子嘟嘟刚上初中，就已经不和父母讲话了，成绩更是一落千丈。

老丁告诉我，他和妻子对嘟嘟都很好，他想要什么就给他买什么，家族没有精神病史。

但嘟嘟脾气很怪，一言不合就要砸东西。放学回家后就把自己锁在房间里，班主任说这孩子没什么朋友，对什么活动都不上心，怀疑他是不是患有自闭症，于是找到了心理辅导师。

辅导师就以招募电竞主播的平台经纪人这一身份，约好嘟嘟和老丁放学后在一家西餐厅见面。

现在邀请三位家长来表演一下这个聊天片段。（家长先介绍自己被分配到的角色，再根据纸条读出来即可）

情景模拟 1

嘟嘟："老师，我想去学动漫。听同学小曼说，动漫前景很好，将来挣钱很容易。"我感觉这计划略有点不靠谱，但我还是鼓励他。

我："是啊，你加油努力，有一天你也可以成为我欣赏的声优。"

老丁："同学的话能信？况且你还抽烟，将来一张嘴牙齿都是黄的，怎么当配音？"

嘟嘟："我就抽过一次！"

老丁："你还和小美有联系吗？"

嘟嘟："没联系了，她又不来找我。"

老丁："那你要找她的啊，你这种躲在家里不和别人来往，以后谁和你交朋友？"

嘟嘟："……"

情景模拟 2

嘟嘟："我想再来份牛排。"

老丁："你还吃，胖成球了都！"

嘟嘟："我一般是玩猥琐流的，但现在沙漠地图太大了，新图里我都吃不到鸡！"

老丁："鸡肉你少吃点，你知不知道一胖毁一生。"

我："老丁，他说的吃鸡是指游戏打赢了，不是真吃鸡肉。"

老丁："游戏也少打点了，一天坐着哪有不长胖的。"

老丁："你别不说话，老师好不容易有时间，你要多和他说说学校里的事！"

嘟嘟："老师，我告诉你，我们班主任居然穿着黑丝来上课！"

我："哈哈，你们老班平常也这么潮吗？"

老丁："你别一天挑班主任毛病，她上次还跟我说你娃儿各种捣蛋，上课不听，讲话多，还……"

▲讨论交流

看了刚才他们表演的这两个聊天片段中，你有什么想法或感受？（辅导师要根据家长的表达，追问"哪些地方让你感觉不好""为什么不好""假如你是嘟嘟你愿不愿意与父亲交流"）

家长可能会说：

并不是孩子出了什么严重的心理问题，而是父亲的说话方式不对。

父亲的言语中充满对嘟嘟的潜在攻击。

都是一些正确的废话，说了等于没说，孩子不愿意听。

小题大做，生活上的一点细节会被无限放大到人格的缺陷，或是什么成长过程中的"不治之症"。

无论聊什么，谈话的矛头都会对准孩子，话题总是围绕孩子的不足。

▲辅导师总结

许多挑战从表面看好像来自孩子，实际上来自家长。有时候，我们需要有勇气承认自己的不足，再找到正确的方法，才有可能找准解决问题的开关，否则只会激化矛盾。

这次会面的结果就是，嘟嘟说他去上厕所，然后就一去不回了。

过一会他妈妈打电话来，说他已经回到家锁上门了。

▲正本清源

"为你好才说你，别人哪管你啊!"这句话莫名成了一种政治正确。

许多家长喜欢通过"泼冷水"这种方式来展现自己在智力上的优越感，从而表达一个潜在的观点："你所做的都是错的，只有在我的领导下，你做的才会正确。"

他们想挽回自己在教育上对孩子的失控，然而这种方式只会让孩子与他们日渐疏离。

更糟糕的是，这种"泼冷水"式的人际交往模式，会让人误以为这是亲密关系的象征。

最糟糕的是，这种"误以为"还会经由父母传给孩子，实现"错误情绪表达"的代际传承。

有的人批评人是"为了否定而否定"，是为了获得自我认同感，这样做会让他产生一种自我优越感。

但真心想帮助和保护别人的批评却更多地表现出担心和关怀。

别以为孩子看不出一切，他们的聪慧程度往往超出父母的想象。

三、解决问题练习一：提问式引导（帮助家长调整或自我调整）

一个好的劝阻，其实是不用"泼冷水"的，只需要提问就行了。通过一系列的提问，可以引导对方思考你想要表达的内容。

比如，我们想要帮助老丁停止他错误的教育方式，如果请你来做这件事，你会怎么说？怎么做？（将家长按 4 人左右分组，每组模拟场景演练，再展示）

通过刚才的练习，你有什么感受或想法？

呈现辅导师案例。

情景呈现

我告诉老丁，别总把孩子的问题挂在嘴边，人的本能会远离讨厌他的人。

老丁："他身上还有哪一点值得我夸？我要不改了他身上这些毛病，他以后走入社会就完了！"

我："嗯，你很关心他，我也希望他能更多地把你的话听进去①，可是今天不欢而散了，我们还有什么方法，可以三个人一起坐下聊聊？ ②"

老丁："……要不，你单独约他聊聊？"

我："我和他相处融洽没问题，但你也发现了，我很迎合他，这会不会显得我和你反差太大？ ③"

老丁："你也可以找机会说说他。"

我："要说服他更加接受父母吗？你觉得我该从哪几方面入手？ ④"

老丁长叹一声，然后说："也许我把官场的习惯带到家里来了！"

我："没啊，听说官场上说话声音大点都能断送一个人的前程，这个你比我了解。"

老丁："那老同学你说吧，我该怎么做？"

对比我们的做法，观察辅导师案例中的四处标注，你是否有了新的发现？

【导师总结】

> 提问式引导的三个步骤：
> 表达理解，
> 你想怎么做，
> 你觉得我该怎么办/能做什么。

【正本清源】

以为不假思索、不顾感受地表达就是真诚，这大概是对真诚的最大误解。

"欲进先退、以史为鉴"是古代臣子的进谏艺术，也就是说，一个真心为你考虑的人，是不会咄咄逼人的，是会考虑听者的情绪的。

现代人往往花了非常大的力气，努力求得发展，只为了给家人更好的生活，却又不断向家人说一些暴力语言、乱倒情绪垃圾，在家人的心里划满无形的伤痕。

良好的人际关系是两颗心互相温暖，而不是一颗心对另一颗心的折磨。

良药的确利于治病，但如果包上糖衣，不是更能让人接受、更快疗愈吗？

【心理进阶】

如果我们遇到满嘴利箭、不顾他人感受、自诩"耿直"的人给了我们伤害，那不是我们的错。世界上总有许多人不能很好地掌控善意与恶意，我们只需要接受善意的部分，把恶意的部分轻轻忽略掉。我们也没必要非得向谁证明自己，因为他们的逻辑只是自己的逻辑，并不是这个世界的逻辑。这种时候，我们只需要问问自己的内心：如果已经尽力了，那就这样吧；如果没有尽力，那就加油吧。

四、解决问题练习二（提问式引导）

【情景练习】

孩子放学回来，情绪低落。

妈妈：小敏，怎么了？今天学校有什么事情发生吗？

小敏：今天我参加班干部竞选了。

妈妈：嗯，你参加班干部竞选了。（重复，表示在认真倾听）

小敏：我没有选上。

妈妈：你因为这个而感到沮丧。（接纳情绪）

小敏：妈妈，你常说，成败都不重要，重要的是我努力了。但是，老师和同学们都看不到我的努力，他们说我的演讲有很多问题，平时对班级的贡献也没有其他同学多……我得到的投票很少……

妈妈：……

如果你是妈妈，你会怎样使用提问技术，帮助孩子解决问题？

家长分组进行角色练习。练习完后分享感受。

五、解决问题练习三（一起解决问题的七个步骤）

1. 提问式引导的升级版：

一起解决问题的七个步骤（打印，人手一份）

（1）联结。找个双方都情绪平稳的时间和地点，坐下来和孩子谈一谈："我有件事想跟你谈谈，就是＿＿＿＿＿。我希望咱们能一起找到解决办法。你愿不愿意谈一谈？妈妈保证不发脾气、不生气。咱们都保证不互相指责。"

（2）倾听。如果孩子不同意，告诉她/他："好，我明白。等你想听的时候咱们再谈。"然后重复上一步骤。这个过程不强迫，确保情绪安全。如果孩子同意，问："你对这件事有什么想法？你的感觉是什么？"听孩子说完后，用"有效倾听"重复孩子的话。

（3）倾诉。听孩子说完，问孩子："你想不想听听爸爸/妈妈的感觉是什么？爸爸/妈妈的感觉可能和你的不一样，这很正常，每个人的感觉都不一样。"然后，诚实地告诉孩子你的感受（即"我"句式的前半部分）。注意：只说感受，不作判断，更不对对方作判断。

（4）致谢。说完以后感谢孩子："谢谢你听我说，也谢谢你告诉我你的感觉。"

（5）提问。问孩子："你觉得你/我们能做些什么，来解决这个问题/困难？"或者使用启发式提问，听孩子说，或/和孩子一起进行头脑风暴。不批评、不点评、不否定孩子提出的建议，可用点头、微笑、"嗯"等表示听到了。即使孩子的建议不可行，也写下来，以示对孩子的尊重，家长也可以参与头脑风暴，目的是培养孩子独立思考的能力；如果孩子没有建议，家长也可以自己提出建议。这时候，直接告诉孩子应该怎么做的"正面语言"、给孩子有限权力的"选择"都可以使用。

（6）决定。共同选择最可行、尊重双方的方式，最好由孩子自己选择。

（7）预约。约定一个时间来回顾，表达感激或是解决问题后的欣慰。

---

2. 家长自主提出问题。选出一个问题，采取以上七个步骤进行角色扮演，互相帮助，解决问题。

寻找初心，试试"两列表"

【活动对象】

辅导师或家长体验者。

【活动目的】

1. 了解正面管教理念；

2. 找回养育初心，修正不当观念。

【活动时长】

60～80 分钟。

【活动过程】

一、课前热身

热身活动：下雨啦

我先给大家讲一个故事。大家在听故事的时候，有一个任务：每当你听到"雨"时你就拍三下手。（同音字也算）

先试一下。（辅导师带着大家尝试，确认是否都懂了规则）

接下来正式开始。

故事举例：星期天的早晨。（也可以另编故事）

星期天一大早，我打开微信，就听到外婆的语音留言。老人家说，她想外孙女了，让我们一家回去吃顿饭，她准备做清蒸鲢鱼给小宇吃。

我去小宇的卧室找小宇，没想到她不在。再一看，原来她已经在书房读语文课文了！我听到她读的是《秋天的雨》这篇课文，文章写得真不错，小宇读得也很用心。窗外不知何时下起了小雨，淅淅沥沥，伴着小宇琅琅的读书声，真是一个美好的早晨！

好吧，还是先不打扰小宇，等她读完了课文《秋天的雨》，我再让她听外婆的语音，由她自己决定是否去外婆家吃清蒸鲢鱼吧。

还可以问问：刚才你听到几次"雨"？

学员答对或答错后，问：你现在有什么感受或想法？

二、导入正题

（一）辅导师致欢迎词或自我介绍

目的是帮助体验者初步建立"辅导—家长"角色，也使体验者对辅导的专业修养有必要的了解。

（二）建立信任，便于合作

马云曾经说过一句话："相信才会看到。"为了让我们的体验更有效果，我郑重邀请您：接下来的时间，请您把注意力全部集中在当下，集中在这个空间里。教室以外的事情，都暂时放下它们。无论您是否有工作还未完成、家务还没做完，某个烦恼依然困扰着您，现在，都请您放下。今天的体验能否有收获，将取决于您自己。

（三）提出建议

为了确保大家能"全情"投入，我提出如下建议（如果时间充分，这个环节可以让体验者自己提出约定）：

1. 手机静音，中途不接打电话，不看 QQ 或微信。

2. 全情投入，积极发言，偏离主题后迅速拉回来。

3. 尊重不同，理解包容。允许每个人有自己独特的经历和独特的体验。

以上提议你同意吗？（邀请体验者用拇指手势表达自己的意见）

你还有没有别的建议？（如果体验者提出建议，则可以补充上去）

（四）特别说明

1. 正面管教的课堂，不是以讲授为主，而是以体验为主。所以在这里，你不需要记笔记，只需要全情投入、积极参与就好；而如果你放不开，扭捏拘束，就会影响你的体验效果。

2. 允许拍照，但建议是在不分心、不影响您体验的前提下。

（五）问题引入

1. 生活中的各种养育烦恼。

家长在对孩子的日常教育中普遍会出现以下情形：

贿赂："你要是乖乖把药喝了，妈妈就给你个棒棒糖。"

恐吓："你要是再不回家，大灰狼就出来把你叼走了。"

惩罚："你要是不好好吃饭，就不让你看《熊出没》了。"

喊叫："你听不听话啊?! 这孩子怎么这样啊!"

推搡："你走不走你?! 快走!"

2. 介绍正面管教理念。

正面管教"家长课堂"源自美国，由简·尼尔森博士等教育专家历经 30 多年的实践发展与完善，是风靡欧美的教育风暴，成为影响孩子一生的成长体验。正面管教是一种既不惩罚、也不娇纵的育儿新方法，可以培养孩子的自律、责任感、合作、独立思考以及解决问题等的能力。世界上已经有超过 16 个国家、百万个家庭被它改变。现在，正面管教已经由专注于中国家长教育的先行者引入中国，将为千万个中国家庭带去全新的教育理念。

正面管教有 52 个非常有效、又易于学习和操作的工具，涵盖了亲子关系、幼儿习惯、少年品德、青春期沟通、夫妻关系、家庭共育、家友互助等内容。

也许，正面管教就是你帮助孩子的人生一路进取、小宇宙爆发的触发点。

3. 肯定在座家长的求知精神。

做父母有四个层级：肯为孩子花钱、花时间、学习、改变自己。你处在哪个层级呢?

三、开展体验活动

（一）确认身份

1. 请每个人将自己的身份信息（以家长身份）便条纸拿出来，为大家作简要的自我介绍。

问：你认为你当着大家作这样的自我介绍，大约需要多少时间?

（例如：20 秒、30 秒……）

2. 将便条纸张贴到墙上。

（二）明晰培养目标

活动目的：带领家长回忆生养孩子的初衷及最纯朴的期望，找回养育初心。

活动过程：

1. 现在，我们将一起制作一个"两列表"。我要先请一位志愿者担任记录员。

2. 请大家一起进行头脑风暴，讨论孩子给家长带来的挑战，请一位志愿者记录员把这些挑战都记录在挂纸上。还有吗？

3. 问体验者：如果再过 10 年、20 年，你们的孩子都已经长大了，他从外面回来了，在你打开门的瞬间，你希望站在你面前的孩子具有哪些品质呢？

品质	挑战

现在看看这两列表，是不是只有我们的孩子才有这些问题？这些品质是不是我们都希望孩子能拥有的？原来，作为父母的我们经历都如此相似，我们都在"同一条船上"（《同一条船》是另一个体验活动，可能此时辅导师如此说体验者不会产生太大的共鸣）。

4. 对于这些挑战，我们是否想过：这就是培养孩子优秀品质的机会呢？其实，所有的挑战都可以用来帮助塑造孩子的品格，并培养他们的生活技能。因为错误是学习的最好机会。比如孩子拖拉，通过教育引导，那他可能会形成什么品质呢？自私冷漠可能会变成什么品质呢？所以，每当你面临挑战的时候，你应该感到兴奋、庆幸，因为培养孩子优秀品质的大好机会来了。

想象一下，等我们老了，我们的孩子具有这么多的优秀品质，我们会有什么感觉？我们现在还处在哪个阶段？

即将体验的正面管教工具就是指导我们如何处理这些挑战，并帮助孩子塑造品格、学习生活技能。

（三）蜗牛的故事①

上帝给我一个任务，叫我牵一只蜗牛去散步。我不能走太快，蜗牛已经尽力爬，为何每次总是那么一点点？我催它，我唬它，我责备它，蜗牛用抱歉的眼光看着我，仿佛说："人家已经尽力了嘛！"我拉它，我扯它，甚至想踢它。

蜗牛受了伤，它流着汗，喘着气，往前爬……真奇怪，为什么上帝叫我牵一只蜗牛去散步？

"上帝啊！为什么？"天上一片安静。

"唉！也许上帝抓蜗牛去了！"好吧！松手了！

反正上帝不管了，我还管什么？让蜗牛往前爬，我在后面生闷气。咦？我闻到花香，原来这边还有个花园，我感到微风，原来夜里的微风这么温柔。慢着！我听到鸟叫，我听到虫鸣。

我看到满天的星斗多亮丽！

咦？我以前怎么没有这般细腻的体会？我忽然想起来了，莫非我错了？是上帝叫一只蜗牛牵我去散步。

听完这个故事，你有什么感受、想法或决定？

---

① 本故事改编自我国台湾地区作家张文亮的散文诗，原诗标题为《牵一只蜗牛去散步》。

备用的分享：

是啊，教育孩子就像牵着一只蜗牛在散步。和孩子一起走过他的孩提时代和青春岁月，虽然也有被气疯和失去耐心的时候，然而，孩子却在不知不觉中向我们展示了生命中最美好的一面。

是孩子教会了我们生命中关于付出、责任、陪伴、温情、期待等情感，是他们让我们的生命变得完整。

让我们重温故事中的经典话语：不是我牵着蜗牛去散步，是上帝叫一只蜗牛牵我去散步。

四、总结

1. 对今天的活动大家有什么感受或思考？

2. 对今后的活动你有什么意见或建议？对孩子的养育你还有什么困惑？写在便条纸上，贴到"建议树"上，辅导师将会从中抽取一些问题与大家分享。

"不"字当头，你就错啦

【活动对象】

辅导师或家长体验者。

【活动目的】

1. 了解正面管教理念；

2. 体验正面语言与负面语言分别带给孩子的感受，强化正向沟通意识，练习正向沟通。

【活动时长】

60～80分钟。

【活动过程】

一、体验活动

1. 辅导师出示一张小男孩的图片（有些雀斑，代表他有小缺点），告诉大家：这就是艾伦，他有些小缺点，不太完美。有一天，艾伦来到了一个新的班级，因为他身上的各种小缺点，同学们都不太喜欢他。

2. 请一个孩子扮演艾伦，让他照着纸条上的要求做一些"糟糕的事"。辅导师和另外一些孩子扮演艾伦的辅导师和同学，对艾伦说出纸条上的话。

艾伦的小纸条	辅导师或同学手中的小纸条
①把同学的文具盒碰到地上了。	①你笨死了！不要靠近我！
②中午不想睡觉，就想找同学聊天。	②走开，别来烦我！
③作业写得有点乱。	③求你了，别写这么脏乱好不好？
④看到来宾傻傻的，不知道要问好。	④你这孩子，真没礼貌！
⑤炎热的夏天，不想洗澡。	⑤天哪，你真是太不讲卫生了！
⑥随手用衣袖擦鼻涕。	⑥哦，你真恶心！
……	……

3. 采访艾伦：你有什么感受、想法或决定？

孩子可能会说：

我觉得好难过，但又不知道怎么做才是对的。

我觉得自己很糟糕。

我没什么决定，就那样吧，反正差就差了，无所谓。

4. 采访辅导师和同学：你有什么感受、想法或决定？

孩子们可能会说：

我看到艾伦难过，其实我也很难过。

这些话脱口而出，都是自己内心真实的反应，但它也真实地伤害到了别人。

这些话并没有让艾伦变好，或者把错误的事情做正确。

我觉得我应该转变方式，希望能帮到他。

5. 怎样才能帮到艾伦呢？

让我们来看看这张表，把刚才的场景再演一遍。

艾伦的小纸条	辅导师或同学手中的小纸条	辅导师或同学手中改变后的小纸条
①把同学的文具盒碰到地上了。	①你笨死了！不要靠近我！	①艾伦，你路过的时候可以把袖子抬高一些，就不会碰到我的文具盒了。
②中午不想睡觉，就想找同学聊天。	②走开，别来烦我！	②艾伦，如果你实在睡不着，可以闭着眼睛想象孙悟空下凡遇到了些什么人，等我睡醒了再把故事讲给我听吧！
③作业写得有点乱。	③求你了，别写这么脏乱好不好？	③艾伦，你可以这样一笔一画地写，我相信你能把字写漂亮。
④看到来宾傻傻的，不知道要问好。	④你这孩子，真没礼貌！	④艾伦，快打声招呼，问候"叔叔好！"
⑤炎热的夏天，不想洗澡。	⑤天哪，你真是太不讲卫生了！	⑤艾伦，天气很热，必须每天洗澡，否则会臭臭的，没人喜欢哟！
⑥随手用衣袖擦鼻涕。	⑥哦，你真恶心！	⑥艾伦，感冒了要随身带纸巾，用纸巾擦鼻涕才是讲卫生的好孩子。如果忘记带了，也可以向辅导师或同学借哟。
……	……	……

6. 再次采访艾伦：你有什么感受、想法或决定？

孩子可能会说：

我觉得辅导师和同学的提醒都是善意的，就没有那种被大家嫌弃的感觉了。

我也知道该怎么做才能让自己变得更受欢迎，我决定照大家说的去做。

7. 采访辅导师和同学：你有什么感受、想法或决定？

孩子们可能会说：

我很高兴我能帮到艾伦。

艾伦感觉更好，我也感觉很好。

我以后要这样说话，尽量少对别人使用"不准""走开""不要"这样的字眼。

二、点子贡献

1. 现在让我们讨论一些正面说话的金点子，并举例说明。我这里先抛砖引玉。

播放课件呈现如下内容：

"正向说话"金点子

1. 减少说"不"和"别"，给孩子空间，让孩子学会自己选择，学会自己承担。如权力和责任的关系一样，权力越大，责任越大。给孩子选择的权力，他就会学会承担相应的责任。

2. 我们希望孩子做什么就和孩子说什么，希望孩子怎么做就和孩子怎么说。使用正面语言，不说模棱两可、含糊不清、概念不清晰的话。

3. 制止孩子做一件事，不以"不"字开头，孩子听到的都是"不"字后面的话。（曾有实验证明，强调不要的时候听者一般听到的都是"不要"后面的内容。如"别跑那么快"，可换成正面语言表达，如"慢慢跑"，语言表述一定要有准确性）

4. 不对孩子说含糊不清的语言。如"守规矩""有礼貌""有个做哥哥的样子"，对应精确的语言是"不踢椅子""叔叔好""低龄的玩具给弟弟玩"。再如"快把房子收拾好"换成"把房子收拾好，是先收拾书呢还是收拾玩具？"

5. 和孩子约定非语言的手势，比如"嘘"。玩孩子喜欢的游戏，约定使用孩子能理解的肢体动作代表一定的含义等。

---

2. 分发小纸条，让学员写出自己的点子。

> **我的金点子**
>
> 例如：给出有限选择而不是立即剥夺权利。
>
> 孩子正在看电视，家长说"把电视关了好不好"，孩子多半会回答"不好"。应该在我们和孩子都能接受的范围内给出两个选择，并提前告知，让孩子有个适应的过程，让孩子有安全感。如果让孩子选择"再看五分钟"还是"再看十分钟"就关电视，孩子多半会选择后者，然后关掉电视。

3. 鼓励学员写完后与大家交流。

三、生活实践

1. 分组。

2. 学员列举出自己生活中遇到的"负向说话"的挑战场景，在小组内选一个场景进行讨论，给出"正向说话"的解决办法。

3. 根据讨论的内容，代入角色进行场景模拟。

4. 演员和观众均要说一说自己的感受。

5. 请一个小组到台前进行场景再现，全班进行案例剖析。

四、拓展充电

"别总是对孩子说不"，本质上宣扬的是一种正向影响的理念，它与"对孩子突破约定原则的行为应该坚定地说 NO"并不冲突。除了"别总是对孩子说不"，家长或老师能给予孩子的正向影响还有很多。

让我们来看看这 10 种父母（或老师），想一想：你是哪一种呢？

1. 会鼓励孩子的父母。

这样的父母不吝惜自己的表扬，在孩子的成长过程中，他们会一直鼓励孩子的点滴进步。这样孩子将会更有信心迈出自己的成长步伐，不畏惧任何挑战。

2. 会生活的父母。

会生活的父母（或老师）会把平常的日子过成色彩斑斓的童话，让孩子感受到生活中的乐趣和魅力，让他们可以享受生活，热爱人生。

3. 公正的父母。

这样的父母处事进退有度，公正不偏颇，会让孩子非常信服他们的教育。在这种熏陶之下，孩子也会养成公平公正的人格，对将来的发展很有益处。

4. 爱撒娇的父母。

父母们不一定全都是强势的，适当撒娇的父母会让孩子有种归属感和责任感，他们会成长得更加坚定，将来担负起照顾父母的责任。

5. 有童心的父母。

这样的父母是孩子的贴心朋友，他们能和孩子玩在一起，感受孩子的心情，理解孩子的需要，让孩子更有被认可的感觉。

6. 有爱心的父母。

这样的父母会在生活中用自己的善良潜移默化地影响孩子，让孩子也养成照顾弱小、行善助困的美德，用爱照亮人生之路。

7. 不攀比的父母。

父母平和大度，不随意和别人攀比，孩子也会学到这份淡定从容，在人生的道路上更好地驰骋攀登，不会因一些攀比而扰乱他们前进的方向。

8. 顾全大局的父母。

这样的父母拥有成熟的大局观念，不会因为一时的小利小弊而无所适从，这样的品质会让孩子受益终生，让他们今后也能在风浪中坚持自我，顾全大局。

9. 恩爱的父母。

父母恩爱情深会给孩子更多的安全感，孩子也会因此变得更外向、自信，也会养成正确的婚恋观。

10. 心态积极的父母。

心态积极的父母永远都会用一腔热情感染孩子，让他们不畏挑战，心态强大。

孩子宁可对着狗狗说话

【活动对象】

儿童心理健康辅导师或家长体验者。

【活动目的】

1. 了解正面管教理念；

2. 体验不同的回应分别带给孩子的感受，练习有效沟通。

【活动时长】

60～80 分钟。

【活动过程】

一、情景模拟

情景事件：孩子告诉妈妈他/她今天不想做作业，妈妈予以回应。

操作办法：选五组志愿者，分别扮演角色，再现场景。其他人作为观察者，与导师在互动中升华体验、领悟方法。

（一）

孩子：妈妈，今天我不想做作业。

妈妈：不想做作业？你是学生，不做作业你想做什么？要不，你来上班，我来做作业吧？我还想做作业呢，你以为上班好安逸？压力那么大，我这么挣钱还不是为了供你读书？你娃跟我说你不想做作业？

孩子：……

妈妈：咋个了？不敢说话了？晓得自己错了哒？还不快点去做？

在这一轮里，妈妈做的是"反讽""责问"。

孩子可能确实会在妈妈的"攻势"下感到自己有错，于是闷闷不乐地去做作业了。但是——

1. 妈妈没有了解孩子内心的想法：为什么不愿意做作业？所以问题并没有真正解决。

2. 长此以往，会不会导致孩子不愿意与妈妈沟通，宁愿什么事情都闷在心里？

（二）

孩子：妈妈，今天我不想做作业。

妈妈：不想做作业啊？你觉得应该吗？

孩子：不应该。

妈妈：晓得不应该了还不快点去做？

孩子：……

在这一轮里，妈妈采用了简单粗暴的说理，让孩子自己说出"不应该"。

妈妈的逻辑是"既然晓得不应该了，那就做你应该做的事啊，问题就解决了"。

但实际上依然存在问题：孩子的情绪并未得到纾解，障碍未消除。

（三）

孩子：妈妈，今天我不想做作业。

妈妈：怎么回事呢？为什么不想做？

孩子：没有为什么，就是不想做。

妈妈：告诉我嘛，什么原因不想做？

孩子：就是不想做。

妈妈：你这孩子，想好好跟你谈你不谈，你要干啥？既然没有原因，那就马上做！

这一轮里，妈妈也试图想要问孩子不做作业的原因。

但有些孩子并不一定擅长表达自己的情绪，对事情的"原因"更不一定能准确地自我觉察。

他可能真的不知道为什么不想做作业，但"不想做"又是他当下的真实情绪。

于是，沟通仍然不成功。

（四）

孩子：妈妈，今天我不想做作业。

妈妈：哦，能跟妈妈说说原因吗？

孩子：我也不知道什么原因，就是不想做。

妈妈：如果你认为不做作业都可以的话，我会尊重你的决定。

孩子：好像不可以，明天老师肯定要批评的。

妈妈：那怎么办呢？

孩子：那我一会儿再做吧。

妈妈：嗯，这也是可以的，妈妈相信你能安排好。那我很好奇的是，让你不想马上做作业的原因是什么呢？因为我知道你一向都会先完成作业再做其他安排的。

孩子：嗯，我就是想先休息一下。我有点累。

妈妈：今天下午发生了什么会让你感觉到累呢？

孩子：今天我们踢了一场足球。虽然我不是主力队员，但是我一直在给队员们呐喊助威。我还帮老师们端凳子、加水，妈妈，你都不知道，今天下午的比赛有多精彩……

这一轮，妈妈通过"接纳情绪→尊重决定"取得了孩子的信任，并提问"那怎么办呢？"促使孩子自己思考解决问题的办法，始终把决定权交给孩子，引导孩子一点点去觉察自己的情绪，寻找源点。

这样做不仅使孩子的情绪得到了纾解，还锻炼了孩子自我觉察的能力。

并且，孩子打开了话匣子，从作业谈到了学校生活，这对妈妈了解孩子的情况是多么重要啊。

但这只是一个阶段。

（五）

孩子：我们每一个人都非常努力……可是后来我们班输了……我觉得很难过……

妈妈：嗯，我注意到你现在不想马上做作业，除了身体累的原因，是不是还有一点心情上的影响？你觉得沮丧，所以提不起精神，集中不了注意力，有这个原因吗？

孩子：好像有吧。

妈妈：妈妈非常理解你此时的感受。我也曾经有过这样的体会。所以，你选择先休息一会儿再做作业是很好的决定。同时，我还很骄傲，因为你能有这样的情绪，说明你非常热爱你的班级，你是一个很有集体荣誉感的孩子。不过，如果你哪天有时间，妈妈愿意陪你探讨一下怎样可以使自己不要被情绪影响得太久，让自己成为情绪的主人。这样的话，你会发现自己更有力量。

孩子：我愿意。明天中午可以吗？我那时候稍微空一点。

妈妈：明天中午我有一个会议，要不，我们明天晚上吃完晚饭后，在小区里一边散步一边聊，你觉得怎么样？

孩子：还是到小区书吧吧，我想要安静一点的地方。

妈妈：OK，我会记住我们的约会。在此之前，如果有什么原因导致我们不能完成约定，我们需要及时告知对方，你认同吗？

孩子：好的，妈妈。

在这一阶段里，妈妈通过与孩子的进一步交谈，找到了孩子"不想做作业"的深层原因，并与孩子另行约定时间进行沟通。另行约定时间的好处是遵循了"一次只解决一个问题"的原则，使每一次的沟通都能迅速产生结果，孩子从中获得了成就感和成长感，而不是"扯出萝卜带出泥"——

▲没完没了地探讨会让孩子很难记住重点、要点；

▲有可能生发的新问题得不到解决，也会带出挫败感；

▲孩子的注意力、持久力有限，过长的时间会使沟通效果大打折扣。

二、导师总结

看似简单的"闲聊"，其实并不简单。

你"懂"孩子，孩子才会越来越愿意与你沟通，才会越来越通情达理、独立、有主见、体贴、随和……

相反，不正确的沟通会在你和孩子之间竖起一堵无形的墙，隔断你和他/她的世界。以下内容你可以记录下来：

有效沟通的四个步骤：

1. 接纳情绪，力求共情。（我明白你的感受、我曾经也经历过、那真是太××了、我可怜的孩子……）

2. 用心倾听，真心尊重。（重复孩子的话、简明归纳、提问细节等）

3. 疑问启发，共商办法。（如果孩子当下情绪稳定）

4. 允许休整，另择良机。（如果孩子当下情绪不够稳定）

三、指导练习

体验者分成 2～4 人小组，组员为大家分享生活中沟通失败的事例，由大家投票选出一件最有代表性的事作为案例，按照"有效沟通的四个步骤"进行角色扮演。

角色之外，如果还有体验者，可作为记录人和评委，在分享时从旁观者角度交流自己的感受。

各组演练完成后，可进行展演、点评、交流。

不良行为的消退①

【活动对象】

儿童心理健康辅导师或家长体验者。

【活动目的】

1. 了解相关的心理学、正面管教理念；

2. 领悟消退与强化两种方式在教育中分别带来的结果，并练习正确运用。

【活动时长】

60～80分钟。

【活动过程】

一、故事分享

一群调皮的小男生喜欢在巷子里踢罐子，弄出的声响使四邻不安。大人们想了很多方法教育他们，比如劝告、威胁、请求等，但都不起作用，孩子们反而越踢越有劲。

一位老人说："我很喜欢听你们踢罐子的声音，它让我想起了小时候的快乐生活。我想聘用你们为我踢罐头，一小时25美分，可以吗？"孩子们开心地说"好"。

过了几天，老人说："我没有收入，只能给你们一小时15美分，好吗？"孩子们勉强答应了，但兴趣明显下降。

再过几天，老人又说："我剩下的钱已经不多了，现在只能给你们一小时5美分了。"孩子们生气地说："才5美分！我再也不会给你踢罐子了！"

于是，巷子里终于安静了。

---

① 本案例由张学文提供。张学文，泸州市龙马潭区龙马高中江韵学校校长。

（一）互动讨论

1. 是什么让孩子们踢罐子越踢越有劲？

（大人们殊途同归的"密切关注"。）

2. 又是什么让孩子们很快就消退了兴趣？

（报酬的减少。）

（二）小结

消退法，指通过撤销某些不良行为的强化因素，从而减少这些行为发生的行为矫正方法。

消退法依据的是斯金纳的操作性条件反射原理，即任何反应如果随之紧跟强化（奖励）刺激，这个反应就有重复出现的趋向；但若刺激逐渐减少，这个反应就会逐渐消退，有可能彻底消失。

老人提出给孩子们报酬，是在给踢罐子行为建立强化刺激（奖励）。随着老人降低奖励（外在刺激）水平，踢罐子行为也随之消退。

二、实例分享

许多事实证明，这种消退法用于矫正孩子们的不良行为是有效的。

三年级学生小嘉特别喜欢动手"整人"，每天都有同学"告状"："小嘉把我的竖笛藏起来，害我上音乐课被老师批评！""小嘉在我凳子上涂墨水！"……老师采用了批评、教育、伙伴帮助等多种德育手段，都不能使他改变自己的行为。家长们对此意见很大，甚至联名想要逼这个孩子转学。

心理辅导师给出两条建议：在两周内，全班同学、家长和老师对他的"整人"行为不给予任何回应（因为只是整蛊性质，没有造成严重伤害），只默默解决问题即可；同时，教师与家长保持密切互动，只要孩子有任何"比昨天好"的表现，或者亮点（如"今天只有三个孩子告他的状了""他今天主动帮老师抬花盆""上数学课提出了跟老师不一样的解法""他下课主动拿了本课外书看了两分钟"等），老师立刻转发给家长，而家长当天就给予孩子"爱的拥抱"和一些小小的物质奖励（如一个面包、一块他喜欢的橡皮之类）。

两周之后，小嘉的整蛊次数明显减少了。大家继续坚持了几个星期，小嘉的整蛊行为几乎消失。他把旺盛的精力用于帮班级做事、钻研数学题、看课外书，整个人变得安静又积极。

（一）互动讨论

在这个案例中，心理辅导师是如何运用消退法矫正小嘉的不良行为的？

（二）辅导师小结

想要田地里不长满野草，那就趁早把田地种满庄稼。

一边是负面行为的消退，一边是正面行为的强化，两相结合，孩子的不良行为就被有效矫正了。

但如果仅仅是负面行为消退呢？

在这个案例中，我们不难想到：如果小嘉旺盛的精力没有及时被正面行为占领，那么他的负面行为很可能继续出现，或者以别的负面形式反复出现。

三、正向消退

但也有许多事例证明，消退法同样可能导致学生正向行为的消退。比如奖励。我们常听到一些家长对孩子说："如果你考了100分，我就奖励你一支玩具枪（或孩子喜欢的其他物品）。"随着年级的升高，一部分孩子会按已经养成的习惯继续努力学习；而有的孩子可能觉得我反正考不了100分了，奖励都得不到，无所谓努力不努力；有的孩子可能觉得玩具枪已经不是我喜欢的了，别的也没什么特别想要的，从而失去了努力的目标。

正面管教主张孩子们的努力是为了满足自我内在的需求，而不是外物的奖励。其主要是通过一些唤醒活动、自省活动来调动孩子的内在成长需求。这在理论上是成立的，但它的实际应用效果因人而异：自省智能发展水平越高的孩子，唤醒的效果越好、速度越快；自省智能发展水平较低的孩子则很难从这些活动中受益。

由此可见，我们也要警惕消退法在学生正面行为塑造中的消极作用，也就是说，要慎用奖励。

四、应用思辨

有没有一种药，既可以发挥中药"副作用小"的优点，又能兼具西药"操作方便、见效快"的优势？

在医药界，这种药已经存在——中成药。

而在教育界，我们也可以积极探索。

先看看下表：

优劣分析	奖励方式	唤醒方式
见效速度	快	慢
效果持久度	不长久	长久
是否需要持续增强的外在刺激	是	否
是否容易消退	容易	不容易
适用对象是否有条件限制	对方要喜欢这种奖励	对方需要有自省智能

从上表可见：

奖励的优劣：见效快，马力足，但需要持续增强的刺激才能继续见效，否则容易消退，最终导致负效果，且也有适用人群限制（奖励的物质必须是对方喜欢的）。

唤醒的优劣：一旦唤醒，效果长久，极有可能持续终身，但见效慢，马力温和，且适用人群有条件（对方需要有较强的自省智能，采用的方式能唤起对方的共鸣体验）。

由此，我们提炼出"中成药"的三种"成分"：

成分一：周期延长。从一周总结奖励，到一个月、一个学期……逐渐延长的奖励周期也是在弱化物质引诱，强化内心动力，使奖励的负面作用逐渐消退。

成分二：奖品转移。从物质奖励逐渐过渡到精神奖励。对学生精神的认同与鼓励要与物质奖励同步进行，并在程度上逐渐强于物质奖励，达到"此消彼长"的效果，直至物质奖励完全退出也不会影响到孩子的努力动机。

成分三：思想认同。承认有欲望是人类的天性，为目标而努力并不可耻，使孩子与自己内心的渴望友好共存（哪怕这种渴望是物质的）。比如：人类因为不想冒险打猎，所以开始圈养动物；因为想偷懒，所以发明了洗衣机；因为想吃新鲜食物又不用天天买菜，所以发明了电冰箱；因为不想辛苦走路，所以发明了自行车；因为想省力，所以发明了电锯……所以承认我会因为棒棒糖的引诱才愿意努力并没有什么好羞耻的——有一种情况我需要羞耻，那就是我既想要棒棒糖，又不想付出努力。

五、实战演练

体验者分成2～4人小组，组员为大家分享生活中使用奖励的事，由大家投票选出一件最有代表性的事作为案例，说说其中已经出现或可能隐藏的弊端；比照"中成药的三种成分"进行对策优化，再进行角色扮演。

角色之外，如果还有体验者，可作为记录人和评委，在分享时从旁观者角度交流自己的感受。

各组演练完成后，可进行展演、点评、交流。

六、拓展学习

（一）延迟满足

延迟满足是指一种甘愿为更有价值的长远结果而放弃即时满足的选择取向，以及在等待期中展示的自我控制能力。它的发展是个体完善各种任务、协调人际关系、成功适应社会的必要条件。

即时奖励会将孩子的动机明显引向外因，但延迟奖励却可以有效地降低这种诱惑。同时，它还可以增强孩子在等待中的自我控制本领。

延迟满足不是单纯地让孩子学会等待，也不是一味地压制他们的欲望，更不是让孩子"只经历风雨而不见彩虹"，说到底，它是一种克服当前的困境而力求获得长远利益的能力。

（二）驯化式教育

婴幼期 0～6 岁	吃喝拉撒睡	条件反射
儿童期 6～12 岁	学习	被父母要求，博辅导师欢心
少年期 12～18 岁	学习	被父母要求，博辅导师欢心，求同伴认同
青年期 18～36 岁	学习、工作	求异性认同，求上司认同，求同事认同
中年期 36～60 岁	工作	讨领导欢心，望子女争气，求衣锦还乡
老年期 60 岁以上	退休	说不出这一生有哪些快乐高光的时刻 不知道自己接下来想要什么样的生活

在驯化式教育模式下，人往往不知道自己这一生喜欢什么、需要什么。绝大多数时候的高光都来自别人的要求被自己努力实现，而不是努力去实现自己想要的生活。

（三）《你的孩子不是你的孩子》

在《你的孩子不是你的孩子》里，妈妈的遥控器看似一直在给小伟修正错误的机会，其实是一种典型的动物式"驯化"：不断地回到发生错误的那一天，不断地让孩子练习处理这一件事情，直到他做"对"为止。这里所谓的"对"，是母亲的标准，是社会的标准。在这套标准里，孩子的感受是不重要的，孩子的需求是被忽略的。

并非剧中母亲的标准和社会的标准不应该被承认，而是应该平衡好这套标准体系与孩子的内心需求。在这个案例中，如果双方达成和谐，孩子是不需要撒谎的：出去玩几天其实并不会对成绩有决定性的影响。这个案例同时也警示我们：有时候孩子的道德标准之所以偏离了社会的正轨，往往正是教育的过程先出现了偏离。

如何正确对待孩子的"犯错"

【活动对象】

辅导师或家长体验者。

【活动目的】

1. 了解相关的心理学、正面管教理念；

2. 了解"错误目的表"，并学习初步运用。

【活动时长】

60～80 分钟。

【活动过程】

一、故事分享

邻居家有个五岁的小男孩浩浩，常常听人夸他聪明、活泼、好动，做事富有创意，可偏偏就有人不喜欢他，他的妈妈就是其中一个。

有一次，独自在家的浩浩又有一个新创意，他看见一只玩具狗有点脏了，决定帮它洗个澡，便拿来刷子、肥皂，把狗放在浴缸里，打开水龙头，开始给狗洗澡，这儿刷刷，那儿搓搓。瞧，他洗得多认真，狗没有洗好，倒把自己洗了一遍，全身都是湿的。可他好像又有了新的想法，放下刷子，让狗睡在浴缸里，水龙头也不关就走了。去哪儿了呢？原来，他是去给娃娃烧饭了。他在地上挖呀挖，湿孩子又成了泥孩子。等妈妈回来以后，看见了泥孩子已是哭笑不得，又听见哗哗的水声，走进房间一看，惊呆了，水已从浴室里流出来，房间的地板上也是一片水汪汪。这时，她气不打一处来，一把抓住浩浩，在他的屁股上狠狠抽了几巴掌，说："以后再乱搞，看我不打死你！"妈妈帮浩浩换了衣服，至于那只玩具狗，因为喝饱了水，晒了十天半个月也没干。

浩浩再也不敢给玩具狗洗澡了。可没过几天，他又有了一个新创意。他要让自己像妈妈一样又香又白。这个创意在他的心里已经好久了。他每天都看到妈妈抹粉，可是，当浩浩拿起妈妈的粉盒，一不小心把它打破了，粉洒了一地。有了上一次的经历，当妈妈问起此事时，浩浩赶忙摇头，说："不是我，不是我。"

浩浩犯了两次错，但前后两次的心态是不一样的，由于第一次妈妈不听他的解释，动手就打，似乎让他长了记性，第二次浩浩就学会了撒谎，于是孩子不诚实的品质便萌发了。

讨论交流：从这个故事中，我们可以发现什么？

（错误的对待方式很有可能会导致孩子错误的行为模式，而撒谎就是其中之一。）

二、策略分享

身为父母，应学会正确对待孩子所犯的错。

那么，面对孩子犯的错，父母该怎样做才好呢？

（一）策略一：把犯错变成"成长"

印度诗人泰戈尔曾经说过："如果把所有的错误都关在门外的话，真理也要被关在门外了。"人都是在不断犯错之后才懂得分辨是非对错，慢慢成长起来的。

比如上文提到的案例，孩子喜欢探究新鲜事物，家长应该欣赏。为了让孩子在探究中少犯错，尤其是不能犯一些触碰安全、健康底线的无法挽救的错误，家长可提前告知孩子哪些事是绝对不能做的，哪些原则是不能突破的。对于其他非原则性的问题，可以鼓励孩子大胆"试错"，不仅孩子不会因害怕被责骂而撒谎，还有可能培养出"爱迪生"，何乐而不为呢？

（二）策略二：让孩子自己体验"犯错的后果"

先来看一个场景。

青青是个性格大大咧咧的孩子，总是"闯祸"。妈妈不知教育她多少回了，但她总是当时点头认错，下次照犯。有一天，妈妈买回来一些鲜橙，味道非常好，青青首先就想到要跟爷爷分享。她走到爷爷寝室门口，给正在看电视的爷爷扔过去："爷爷，吃橙子！"没想到却把橙子扔到了床头柜上，只听"砰"的一声，爷爷心爱的青花瓷茶杯掉在地上摔碎了。

类似这样的事情数不胜数，妈妈真是拿她没办法。

妈妈们可能会说：对啊，对啊，我家那个也常常如此，打又舍不得，骂了又没用，怎么办呢？

给家长的建议：让青青看到自己大大咧咧造成的后果——爷爷很难过。那是一个承载着记忆的青花瓷茶杯，是爷爷在老年协会的书法大赛中获得的奖品，再也买不到第二个具有同样意义的茶杯了。让青青自己体会到大大咧咧常会给身边的人造成伤害，必须要吸取教训，做事情之前先观察好环境、考虑到细节，以减少这类错误的发生。

（三）策略三：用好"错误目的表"

在正面管教里有一个很好用的工具表"儿童行为背后的错误目的"，我们通常称它为"错误目的表"。当孩子总是要犯同样的错误，给人"屡教不改"的感受时，如果能排除掉上一个例子中讲到的大大咧咧的因素，我们可以从"错误目的表"中去寻找孩子犯错的动机，从而采取相应的做法。

比如这样一个案例：

一年级有个孩子叫小东，从入学以来，就不停地有其他孩子和家长告他的"状"："老师，小东又踢我！""老师，小东拿纸团扔我！""老师，小东说我是胖冬瓜！""老师……"甚至有家长直接在班级群里喊话："小东家长，如果你们家小东再故意把我家小妍的作业本弄脏，就不要怪我教育小孩反击！已经换了第五个作业本了！"老师当然每次都有教育小东，家长也多次试图用惩罚、说教等形式的责难、羞辱和痛苦来促使孩子做得更好，但小东就是"屡教屡犯"，不知悔改。后来，老师查询了"错误目的表"，从小东的行为分析其动机为"寻求过度关注"，于是老师改变策略，根据小东好动、渴望关注的特点，为他安排各种任务：课间帮助几个力气较小的孩子摆正课桌，做眼保健操时由他检查全班卫生情况，中午帮老师给同学们盛饭菜，上课时如果忍不住要动一动可以站起来但不可以打扰到其他同学。每交给他一件事，老师都耐心地教会他。只要小东稍微做得好一点，就告诉家长，并发动同学们一起鼓励他。后来，在同学们感谢的目光中，小东极少再用不恰当的言行来寻求关注了。

儿童行为背后的错误目的（Mistaken Goals）

孩子的目的	家长的感受	家长的反应	孩子的回应	孩子行为背后的信念	心底信息	家长可以这样做
寻求过度关注（操纵别人为自己忙，或得到特别服务）	心烦、恼怒、担心、内疚	提醒；哄骗；替孩子做他/她自己会做的事	暂停片刻，但很快又回到老样子，或换成另一种滋扰行为	唯有得到特别关注或服务时，我才有归属感；唯有让你们为我忙碌，我才得到团团转时，我才是重要的	注意我，让我有帮助地参与	通过让孩子参与一个有用的任务，转移孩子的行为；避免特别服务；计划特别时刻："我现在很忙，期待我们稍后的特别时刻。"；建立日常惯例表：花时间训练孩子，耐心（教孩子但不期望孩子立即学会）；设定无言的信号，默默地爱抚孩子，召开家庭会议或班会
挑战权力（我说了算）	愤怒、被挑战、受到威胁、被打败	应战；投降；"你休想逃脱"；"瞧我怎么收拾你"	变本加厉但屈从内心不服；看家长或老师生气而觉得自己赢了；消极对抗	唯有当我主导、控制，或人能管我时，我才有归属感；"你制服不了我。"	让我帮忙，给我选择	承认你不能强迫孩子，让孩子来帮忙，从而给予正面的权力；提供有限的选择（加上"你来决定"）；既不开战也不投降，从冲突中撤离，平静下来和善而坚定；故事，只做（例如拉着孩子的手，把他带到要做的事），不说，言出必行（言出必行）；按日常惯例表行事；做互相尊重的楷模；实践有效地执行（言出必行）；允许孩子作决定，并从错误中学习坚持到底；鼓励；召开家庭会议或班会

孩子的目的	家长的感受	家长的反应	孩子的回应	孩子行为背后的信念	心底信息	家长可以这样做
报复（以牙还牙）	受伤、失望、难以置信、憎恶	惩罚；心想"你怎么能这样对我"	反击；伤害他人；毁坏物件；以牙还牙；行为升级或换另一种武器	我不明白你怎么能在意那件事比爱我多；我没有归属感，所以当我受伤害时，我也要伤害别人；我反正没有疼爱	我很受伤，请认同我的感受	认同孩子受伤的感受："你的行为告诉我，你一定觉得受到了伤害。能和我谈谈吗？"；避免惩罚与还击；反射式倾听；如果你伤害了孩子，主动道歉；改正（榜样的力量）；召开家庭会议或班会
自暴自弃（且放弃，不愿别人介入）	绝望、无望、无助、无能为力	放弃；替孩子做；过度帮助	进一步退缩；消极；毫无改进；毫无响应；逃避尝试	我不相信我能有所归属；要说服大家对我不要寄予任何希望；我无助又无能，试也没用，因为我做不好	不要放弃我，教我一小步	表达对孩子能力的信任，关注孩子的优点；停止所有批评，鼓励任何一点点的积极努力；教给孩子技能，示范怎么做，但不替孩子做；将任务分成细小步骤；简化任务，以孩子的兴趣为基础；花时间训练；不要怜悯，不要放弃；享受和孩子在一起的时光；真心喜欢这孩子；鼓励，鼓励，鼓励；召开家庭会议或班会

资料来源：简·尼尔森《正面管教》。

那么，怎样判断孩子的行为属于哪一种错误目的呢？

有两条线索可以教我们辨别。第一条线索就是我们对孩子行为的感受（即"错误目的表"的第二列和第三列），第二条是当我们要求孩子停止其行为时，孩子的反应（即"错误目的表"的第四列）。

1. 如果孩子的行为让你的主要感受是心烦、恼怒，甚至有一点点着急，那么孩子就是在寻求过度关注。

当你还不能确定时，你也可以看看孩子的回应方式，如果你让孩子停止他的行为，他会停下来一会儿，但不久又重新开始出现一些引起你关注的其他行为，那么，孩子就一定是在寻求过度关注。

2. 如果孩子的行为让你感到生气和愤怒，甚至感受到被挑战、被打败，那么孩子行为的错误目的就是寻求权力。

如果你还不能确定，可以看当你要求孩子停止他的行为时的反应，如果孩子继续进行不当行为，并且可能顶撞你，或者消极抵抗，那么可以肯定孩子一定是在寻求权力。

3. 当我们在与孩子的冲突中感到失望、难以置信、被伤害，心里想到"你怎么能这样对我？"继而想要反击时，那么孩子很有可能是在寻求报复。

当你还不能确定时，你也可以看孩子的回应方式，如果孩子在这个时候表现出反击、毁坏东西、伤害别人，甚至行为升级，那么孩子的不良行为就是在寻求报复。

4. 如果孩子的有些行为让你感觉无奈、无助、无能为力，甚至绝望，那么其不当行为背后的错误目的就是自暴自弃。

虽然孩子的行为表现的是"我不行""我不愿尝试"，但是孩子内心深处的信念其实是"不要放弃我，帮我把目标降低，分解成一些细小的步骤，让我能重新体验到一点点成功的感觉"。

所以，当孩子再给你造成一些挑战的时候，不妨先看看自己的感受，然后判断出孩子行为背后的错误目的，进而对孩子进行正向引导。

三、实战练习

1. 面对孩子的这些错误行为，你觉得怎样做才能更好地帮助他们矫正错误？你可以独立思考，写下你的做法；也可以与身边的伙伴讨论后再写。

（1）我希望孩子先写作业再玩，而他却一定要坚持先玩再写作业。

（2）每当孩子被数学题难倒时，我引导他读题目，他就会气呼呼地说："不做了。"他还没开始就放弃的情景时有发生。

（3）孩子的手指被纸张划破了一点皮，应该只是很浅很小的伤，却几次三番地把手伸到你面前来，打断你做事情。

（4）明明孩子的画有很大部分是培训班里的辅导师帮着完成的，孩子却对家长说全部是自己画的。

2. 生活应用

体验者分成 2～4 人小组，组员为大家分享生活中孩子的"错误行为"，由大家投票选出一件最有代表性的事作为案例；对照"错误目的表"，发现孩子错误行为背后的目的，找出相应的对策，然后进行角色扮演。

角色之外，如果还有体验者，可作为记录人和评委，在分享时从旁观者角度交流自己的感受。

各组演练完成后可进行展演、点评、交流。

家长和孩子的权力之争

【活动对象】

儿童心理健康辅导师或家长体验者。

【活动目的】

1. 了解相关的心理学、正面管教理念；

2. 了解"错误目的表"，学习运用。

【活动时长】

60～80 分钟。

【活动过程】

第一次看见"赢得"和"赢了"这两个概念是在美国简·尼尔森的《正面管教》一书中。书中说："所谓'赢了'孩子是指大人用控制、惩罚的手段战胜孩子。而'赢得'孩子则是指大人维护孩子的尊严以尊重孩子的态度对待孩子（和善而坚定），相信孩子有能力与大人合作并贡献他们的一份力量。"看完这个解释，我醍醐灌顶。反思自己在养育孩子的过程中，仿佛都是在与孩子"战斗""较量"。家长或教师常常是为了维护作为大人（母亲、父亲）的尊严而与孩子进行权力之争。我们常常"赢了"孩子，殊不知这种"赢了"并未"赢得"孩子。在我们的教育中，真正要做到的是"赢得"孩子。

一、赢了孩子，输了孩子

当我们的孩子犯了错误时，家长往往是耀武扬威地呵斥孩子，甚至打骂孩子，孩子则哭丧着脸，或是一脸叛逆。家长们不明白为什么严厉地管教对孩子一点用都没有，孩子的错误甚至会愈演愈烈。在这儿我想告诉大家，那是因为家长们每次都是"赢了"孩了，但没有"赢得"孩子。

案例：今天小红所在的班级召开家长会，小红妈妈来参加家长会。老师让小红妈妈会后留下来，家长们齐刷刷地看向小红妈妈。小红妈妈心里咯噔一下，脸一下子红到了脖子根。老师告诉小红妈妈，小红最近老是不完成家庭作业，这次测试分数很低，今天把试卷发下去了，希望小红妈妈能帮一下孩子。

小红妈妈回到家，小红眼神怯怯的，不敢正眼看她，只用蚊子般的声音低低地叫了一声"妈妈"。妈妈把包一甩，怒吼道："你过来，今天你真让我丢脸！"小红吓得不敢出声，缩紧身子，一步一步地移到妈妈面前。妈妈指着小红的鼻头恶狠狠地说："你每天回家就做一点作业，你都完不成，我看你还能做什么？这次考试，你考了多少分？好意思拿出来看看不？"小红的头埋得更低了，眼泪哗哗地往下流。妈妈又接着说："从今天起，你不做完作业，不准吃饭。我看看我管得了你不！"小红连连点头，吓得直发抖。小红妈妈长长地舒了一口气，自言自语道："我就不相信我还管不了你！"

这个案例中，小红妈妈"赢了"孩子，但小红并不知道自己真正的错误在哪里，也没有得到一个好的解决办法。小红也许会有逆反心理，也许会出现叛逆行为，抑或为了迎合妈妈想要的高分数，以后会偷改试卷分数。小红也有可能觉得妈妈不喜欢她了，所以叛逆，以后开家长会不让妈妈参加，试卷也不会给妈妈看了。所以初看妈妈"赢了"，实则妈妈"输了"。妈妈输掉了孩子的信任、孩子的尊重和孩子的爱，也就输掉了教育。

二、赢得孩子的三个工具

（一）理解孩子的错误，找到孩子犯错误的原因

正如鲁道夫·德雷克斯反复说过的那样："一个行为不当的孩子，是一个丧失信心的孩子。"每个孩子都会犯错误，但我们家长或辅导师很少去寻找孩子犯错误的原因。《正面管教》的第四章"重新看待不良行为"中罗列了孩子的"四个错误观念和错误行为目的"。

1. 寻求过度关注——错误观念：只有在得到你的关注时，"我"才有归属感。

2. 寻求权力——错误观念：只有当"我"说了算或至少不能由你对"我"发号施令时，"我"才有归属感。

3. 报复——错误观念："我"得不到归属感，但"我"至少能让你同样受到伤害。

4. 自暴自弃——错误观念：不可能有归属感。"我"放弃。

人的首要的行为目的都是归属感和价值感。孩子们（以及很多大人）之所以会在上述四个错误目的中选择一个或几个，是因为他们相信：

▲报复会使他们在没能获得归属感和价值感的经历中受到的伤害得到补偿；

▲放弃是他们的唯一选择，因为他们真的相信自己不够格。

我还记得我的孩子在五岁时，我们几家好友相聚。大人们忙着打牌，根本没有关注正在玩耍的孩子们。正当我们玩得不亦乐乎的时候，传来一些噼噼啪啪的声响。开始我们都不太在意，但声音越来越响，我们就开始批评孩子们影响了大人。但孩子们仍然捣乱，最后直接掀翻了茶几。大人不得不停下来，陪孩子们做游戏，他们才开心起来。其实孩子们的行为就是为了引起大人的关注。

所以我们做家长或是老师的应该学会理解孩子错误行为背后的原因，才能真正赢得孩子。

（二）勇于承认自己的错误，求得孩子的谅解

人非圣贤，孰能无过。我们大人也常常犯错。但大人总是为了维护自己的面子，很少承认自己的错误，特别是向孩子承认错误。其实我们和孩子是平等的。这个观念很重要，但大人总是居高临下，总认为孩子是大人的附属品，从而忽略孩子的自尊。要想真正赢得孩子，就要赢得孩子的信任、尊重。所以，作为家长和老师，一定要在孩子面前勇于承认自己的错误。

《正面管教》一书说到了"矫正错误的三个 R"，我个人认为很适合我们家长或老师们实践。首先是"承认"（recognize）自己的错误；其次是"和好"（reconcile），就是主动道歉；最后才能有效"解决"（resolve）问题。

案例：我们开心班开展了"小学生在校园使用手机的利与弊"

的辩论赛。（我们开心班的孩子是几个班的辅导师推荐来的需要特殊关爱的孩子。他们不是因为学习习惯差，就是因为行为习惯差，有的甚至有逃学、打架、偷东西的行为。）这次辩论赛我们特地请了方校长来当评委，还请方校长作了总结发言。方校长在发言中说："孩子们，我知道学校组建了这个开心班，我一直以为这个班的孩子都是打架、逃学、不做作业……行为很差的孩子。"我们开心班的辅导师听到这里，个个紧张极了，心都提到了嗓子眼。我真想立即叫停方校长。正当我们十分紧张时，方校长话锋一转："但今天我要给你们郑重道歉。"说着，给孩子们深深地鞠了一躬，"因为今天，你们用守纪、自律，让我知道，你们是非常优秀的孩子。"我们开心班的孩子们顿时心中一震，两眼放光。那一刻，他们真的很开心，因为他们得到了方校长的认可和尊重。方校长也用他的实际行动"赢得"了孩子。

（三）赢得合作的四个步骤

要想真正赢得孩子，就得学会正面管教中的"赢得合作的四个步骤"。

1. 表达对孩子感受的理解。一定要向孩子核实你的理解是对的。

2. 表达对孩子的同情，但不能宽恕。同情并不表示你认同或者宽恕孩子的行为，而只是意味着你理解孩子的感受。这时，你如果告诉孩子，你也曾有过类似的感受或行为，效果会更好。

3. 告诉孩子你的感受。如果你真诚而友善地进行了前面的两个步骤，孩子们此时就愿意听你说了。

4. 让孩子关注如何解决问题。问孩子对避免将来再出现这类问题有什么想法，如果孩子没有想法，你可以提出一些建议，直到你们达成共识。

友善、关心和尊重是上述四个步骤的根本。你决定要赢得孩子的合作就足以带来积极的感觉。经过前两个步骤之后，你也已经赢得了孩子。等进入第三步时，孩子就已经能听得进你的话了（哪怕是你以前说了多少遍，孩子都听不进去的话）。第四步肯定会很有效，因为你已经营造出一种相互尊重的气氛。

案例：小明上课总迟到，各学科老师都狠狠地批评过他，但好像这些批评对他来说都不管用。今天小明又迟到了，我打开门看见小明一点都不在乎的样子，正想生气地批评他，忽然脑中闪现了"赢得孩子合作的四个步骤"。我一转念，微笑着让小明回到了座位。课后，我让小明到我办公室。小明仍是一副死猪不怕开水烫的样子。我先摸了摸小明的头，对小明说："你经常迟到一定是有原因的，老师们从来没有问清楚原因就批评你，你一定很难过。"小明点了点头。（这是对他的感受表示理解。）然后我又说："其实小时候辅导师上学时也迟到过。老师也是不问青红皂白地当着全班同学的面批评了我，我当时生气极了。"当我这样说时，小明有点惊疑地看着我，喏喏地说："真的吗？"我认真地点了点头，接着说："如果当时老师知道我迟到的原因，他一定不会批评我的，因为每个人做错事都是有原因的。"（这时表达出对孩子的感受和同情。）小明迫不及待地说："是的，我第一次迟到是……但老师也不听我解释就批评我，所以我就故意迟到。"我说："那我们现在怎么办才好呢？"小明迟疑了一会儿，说："我会早起一点，每天上好闹钟。"我说："老师相信你!"

后来小明很少迟到，偶尔迟到了，我也不批评他，只是用眼神提醒他，小明仿佛很明白我的眼神，总会不好意思地低下头。

赢得孩子，友善、关心和尊重很重要。让我们家长和老师与孩子都能平等，友善地对待孩子，真正赢得孩子的合作，才能帮助孩子成长。

三、实战练习

体验者分成 2~4 人小组，组员为大家分享生活中"赢了孩子却输了孩子"的经历，由大家投票选出一件最有代表性的事作为案例，对照"矫正错误的三个 R"和"赢得合作的四个步骤"，进行角色扮演，学会如何解决问题。

角色之外，如果还有体验者，可作为记录人和评委，在分享时从旁观者角度交流自己的感受。

各组演练完成后可进行展演、点评、交流。

心有阳光自温暖

——主题卡片式师培教案案例分享

【培训对象及人数】

关爱中心的辅导师、辅导员（30 人左右）。

【培训目标】

1. 帮助辅导师了解当前普遍存在的身心亚健康问题；

2. 帮助辅导师客观认识自己目前的身心状态；

3. 帮助辅导师掌握一定的理论知识和身心调节方法，享受健康。

【培训时间（时长）】

40 分钟。

【培训流程】

例一：详案

序号	环节名称	目标分解及操作提示	时长（分钟）	使用资源	备注
1	导入	曾经一直陷于忙碌之中， 每天疲于应对许多我热爱或不热爱的人与事。 后来，我用了很多时间来思考： 什么才是生活本来的样子？	1	自撰	课件
2	理论充电	1989 年世界卫生组织（WHO）的定义是：健康不仅是没有疾病，而且还包括躯体健康、心理健康、社会适应和道德健康四个方面。著名心理学家马斯洛曾说过，健康有以下三个标准：足够的自我安全感，生活理想符合实际，保持人际关系良好。	1	L—01	课件
3	自我觉察	是时候在繁忙的节奏中关心一下自己了！ 接下来让我们借助一个问卷，跳出生活的拘囿，对身心健康状态进行一次自我观照与觉察。	5	问卷星2021—J2	二维码

序号	环节名称	目标分解及操作提示	时长（分钟）	使用资源	备注
4	缓解焦虑	其实亚健康状态是一种普遍现象，我们不必为此而过度焦虑。 来看看这样一组调查结果：广州调研。	2	X—04	课件
5	智慧故事	俗话说，高兴是过一天，不高兴也是过一天。 一位伟人曾经说过：我们在战略上要轻视敌人，在战术上要重视敌人。因此，在自我和解的同时，我们需要寻找方法，做一名阳光辅导师，享受幸福生活。 来听这样一个故事： 有个老奶奶，有两个儿子，大儿子卖扇，小儿子卖伞。如果遇到阴天下雨，老奶奶就发愁了："太糟了！大儿子的扇卖不出去了！"可是等到晴天出太阳，她又发愁："太糟了！小儿子的伞又卖不出去了！"所以，她成天愁眉苦脸，担惊受怕，一直很烦恼。结果，两个儿子也受她影响，心情很糟糕，生意自然做不好。 老奶奶遇到一个智者，告诉她："您不如换个心境想问题。下雨时想：'太好了！小儿子的伞可以卖出去了！'出太阳时就想：'太好了！大儿子的扇又可以卖出去了！'"老奶奶真的照智者的话去做了。果然，她的心情变了：不论天气怎样，她都很高兴，每天活得开开心心，乐乐呵呵，两个儿子的生意也红火起来。 你们看，虽然两个儿子的生意没啥变化，天气也还是老样子：雨照下，天照晴，但老奶奶的心情变了，世界就变得大不一样了。	5	G—01	课件

续表

序号	环节名称	目标分解及操作提示	时长(分钟)	使用资源	备注
6	方法探讨	△01 遵循原则 先处理情绪，后解决问题。 △02 改变思维 在面临心理压力时，你一定要做到：不要让压力占据你的头脑。保持乐观是控制心理压力的关键。将挫折视为鞭策我们前进的动力，不要养成消极的思考习惯，遇事要多往好处想，努力在消极情绪中加入一些积极的思索。与其将希望寄托在客观条件的改变上，不如将希望寄托于挖掘自身潜能上。 △03 创设环境 教育行政部门和学校领导应充分认识到辅导师心理健康的重要意义，要坚持以人为本，不断改进领导方式，推进人性化管理等，努力为辅导师营造和谐的内在环境，并采取有效的措施。学校领导要转变管理观念，发扬民主，关心辅导师，为辅导师创设宽松、和谐的工作环境，建立良好的人际关系；要提高辅导师的业务能力，使辅导师在学生的成长中体验工作的成就感；千方百计为辅导师解决生活困难，解除辅导师的后顾之忧；在学校管理工作中，善于鼓励辅导师。 △04 主动学习 不断提高自身的综合素质，不断学习和掌握新的知识，尽快适应新的教学观念，掌握新的教学方法，达到新的教学要求，才能寻求新的发展，也才能真正拥有心理上的安全感。掌握新工具，提高工作效能，才能更好地帮辅导师找到工作的幸福感和愉悦感。 △05 智于比较 清人笔记小说中有一首《行路歌》：别人骑马我骑驴，仔细思量总不如。回头再一看，还有挑脚夫。这首歌谣虽俚浅，却足以醒世。哲人说：人生是块多棱镜，从不同角度比较，会产生不同的效果。	10	F—01~13	课件

序号	环节名称	目标分解及操作提示	时长（分钟）	使用资源	备注
6	方法探讨	△06 心理按摩 当生活工作压力较大时，可用美国爱荷华大学发现并推广的"白云想象法"来缓解压力： ①想象自己仰躺在夏日的草原上，凝视着广阔的蓝天，这时你是轻松的、快乐的，天空很明亮、很美丽。 ②独自一人躺着，轻松地、愉快地望着天空，这时，发现水平线上出现了一朵小小的白云，它以蓝天为背景，在天空中自由地飘浮。 ③这时，想象着小白云慢慢向你移来，放松自己，反复想象着小白云还在慢慢地向自己移来。 ④慢慢地欣赏着小白云向自己移来，终于，小白云停在自己头上了。这时可轻松地仔细欣赏美丽的小白云了。 ⑤想象着自己沉醉于小白云中，自己也成了一朵小白云，并且能自由分散，和小白云融合成一个整体。 一般情况下，当情绪不稳定时，做一次或几次"白云想象法"即可使自己的心情平静下来。 △07 团体互助 《家庭生活报》登载的《请同事帮您"减压"》一文中提到日本的白领阶层悄悄流行这样一种观念：你的同事是你最好的心理医生。日本的白领下班后不是急匆匆地往家赶，而是三五成群与同事或觥筹交错，或翩翩起舞，或谈笑风生，他们称这是"减压"和"疗伤"。这种方法何尝不值得我们借鉴呢？当然辅导师工作的特殊性决定了不可能采取他们的方式，但辅导师应有几个朋友，有共同的兴趣爱好，借助团体交流互助。 美国耶鲁大学通过跟踪调查发现，与人为善有助于健康。一个学校的辅导师原先很少来往，但在参加了一次大合唱之后，突然发现人际关系变得十分融洽。所以，辅导师最好参加一两个学术或社会团体，在群体的互助协作中释放自己，避免因自己过于封闭而导致心胸狭窄，有条件的辅导师最好争取每年能出去考察一次，哪怕是自费。	10	F—01~13	课件

续表

序号	环节名称	目标分解及操作提示	时长（分钟）	使用资源	备注
6	方法探讨	△08 确保睡眠 人的一生有三分之一的时间是在睡眠中度过的，好的睡眠是对人体的定期修复，也是对人体的不断"充电"，对恢复体力、增加智力、保证健康都十分重要。睡眠时的姿势要"四肢无一处不稳处"（苏东坡语），取右侧卧位，微曲双腿，全身自然放松，一手自然放在大腿上，这样脊柱自然呈弓形，四肢容易变动，全身肌肉松弛，有利于肌肉组织休息，消除疲劳。同时，右侧卧可使心脏处于较高位置，有利于心脏排血并减轻负担。 好的睡眠习惯还必须遵循生物钟，不要轻易改变睡眠、起床的固定时间。另外，一定要重视午睡，午饭后人们往往感到困倦乏力，昏昏欲睡，此时，若能小憩片刻，即能消除疲劳，恢复体力，使人轻松舒适。午睡时间不必过长，有时哪怕短短五分钟也有此效应。 △09 合理饮食 合理饮食可看作"加油"。一是按时用餐，二是合理定量，三是搭配科学。日常饮食中应多吃有助于抵御心理压力的食物，注意钙质、蛋白质、维生素 C 的补充，如鸡蛋、牛奶、大豆、芝麻、鱼虾，维生素 C 含量多的草莓或猕猴桃等水果。 △10 运动减压 室外活动是对付压力和焦虑的良药，做剧烈运动也是发泄不满、抑郁和愤怒情绪的有效途径，如大声喊叫、跑步、打球、蹦跳、打沙袋等。作为辅导师，因长期伏案工作，缺乏锻炼，常会患颈椎病、高血压等，可根据自己的情况选择一些合适的运动方式，如太极拳、练功十八法、颈椎操等。这样动静结合，体脑交替活动会比单纯的静止休息更能消除疲劳。	10	F—01～13	课件

序号	环节名称	目标分解及操作提示	时长（分钟）	使用资源	备注
6	方法探讨	△11 培养爱好 有一项或几项健康的业余爱好可以调节身心，增添生活情趣，缓解心理压力。可以习书画画，在优美的碑帖中领略先贤墨宝，在雪白的宣纸上挥毫泼墨；可以在湖边垂钓，静坐草坡，清风徐来，凝望湖面，神思与湖水融为一体，克服浮躁，保持心灵的宁静；可以拿起相机拍下自然风光、世间百相；也可以忙里偷闲，苦中作乐，吃杯茶去，体会"两腋习习清风生"的惬意；还可以唱歌吟诵，仰天长啸，独得其乐。心中有所思时，也不妨即兴赋诗，于平平仄仄中感悟人生。如某校一位语文辅导师所写的《教书咏叹调之四——教书乐》，就可以看出其对教书的辩证认识和心态的超然： 教书有苦也有乐，个中滋味难评说。 化身千百遍天下，各行各业皆有我。 幼松渐有凌云势，拈须微笑乐如何。 △12 阅读提升 阳光辅导师是有品位的辅导师。辅导师的品位是真挚的博爱和慈善的宽容，辅导师的品位是浓郁的书香和艺术的神韵，辅导师的品位是恬静的心灵和清淡的情愫。有品位的辅导师淡泊名利，志存高远，固守节操，乐于奉献，不慕荣利。提升品位，阅读是一个重要且有效的途径。 △13 自我和解 金无足赤，人无完人。有的焦虑来源于对自我要求过于完美。了解并愉悦地接受自己的优点和缺点，不给自己设定高不可攀的目标。尽一切努力，但平静地接受任何结果。	10	F—01～13	课件

续表

序号	环节名称	目标分解及操作提示	时长（分钟）	使用资源	备注
7	体验活动	伸出您的一只手，掌心到手腕这部分区域代表后脑，后脑调控着基本的生命机能（如呼吸、心跳），以及身体对寒冷、飞行或打击的大部分反应。拇指向掌心折过来，拇指代表中脑，它储存情感、记忆，是情感触发的指挥器，也是在人类胚胎发育时最早发育的爬行动物脑。 接下来，把其他手指都折向手掌，使它们盖住拇指，这个拳头的整个表面代表大脑皮层；大脑皮层的后部是我们的感觉和信息接收区（听觉、视觉、触觉等）；下一部位是大脑思考的地方。最前端称为前额皮层，大脑前部调控着以下机能：情绪、人际关系、反应灵活度、直觉、思维视觉、自我意识、逃避恐惧、道德品行等，也叫理智脑。这四个指头，我们把它们叫作"大脑盖子"。 当孩子惹我们发脾气的时候，我们的大脑盖子会打开，这时，前额皮层即理智便无法发挥作用了，我们就没有能力调控自己的情绪，也没办法恰当地处理人际关系，通常也不能及时意识到自己的言行有何不妥。这也是为什么大家在争吵时经常说出许多非常难听的伤人的话，事后自己也非常后悔，要知道这个时候是自己完全不受理性控制的时候，是"原始脑"和"动物脑"在发挥作用。	5	T—01	课件
8	推荐阅读	《阳光心态》	1	Z—01	课件
9	课后作业	回忆你在保持阳光心态方面成功或失败的一个例子，把它详细记录下来，并且附上自己现在的想法。如果是失败的例子，说说换作今天你会怎么做。	5	K—1.3	课件
10	课堂反馈	△问题互动 1. 通过今天的培训，你有什么收获？ 2. 对下次的培训你有什么建议？ △扫码完善问卷	5	D—02问卷星2021—J3	课件二维码
	共计		40		

例2：简案

序号	环节名称	目标分解及操作提示	时长（分钟）	使用资源	备注
1	导入	曾经一直陷于忙碌之中， 每天疲于应对许多我热爱或不热爱的人与事。 后来，我用了很多时间来思考： 什么才是生活本来的样子？	1	自撰	课件
2	理论充电	什么是健康？	1	L—01	课件
3	自我觉察	是时候在繁忙的节奏中关心一下自己了！ 接下来让我们借助一个问卷，跳出生活的拘囿，对身心健康状态进行一次自我观照与觉察。	5	问卷星2021—J2	二维码
4	缓解焦虑	其实亚健康状态是一种普遍现象，我们不必为此而过度焦虑。 来看这样一组调查结果：广州调研。	2	X—04	课件
5	智慧故事	俗话说，高兴是过一天，不高兴也是过一天。 一位伟人曾经说过：我们在战略上要轻视敌人，在战术上要重视敌人。因此，在自我和解的同时，我们需要寻找方法，做一名阳光辅导师，享受幸福生活。 来听这样一个故事：晴雨天。	5	G—01	课件
6	方法探讨	根据《方法策略》逐一讲解。	10	F—01~13	课件
7	体验活动	积极暂停	5	T—01	课件
8	推荐阅读	《阳光心态》	1	Z—01	课件
9	课后作业	课后作业3	5	K—1.3	课件
10	课堂反馈	△问题互动 △扫码完善问卷	5	D—02 问卷星2021—J3	课件 二维码
	共计		40		

附1：相关说明

1. 什么是主题卡片式教案？

由"培训教案＋资源库"两部分组成。

培训教案包括培训对象、培训目标、培训地点、培训时长、操作流程等。

资源库可以按照团队成员的习惯进行分类整理。整理后的资源库并非一成不变的，而是可以随时增加，使其形成一汪"活泉"。

辅以其他教学手段，如课件。

2. 主题卡片式培训教案有哪些优点？

资源生长，利于共享；主题灵活，适应性强；组合方便，容易上手。

3. 在教案里，"使用资源"列的各种编码是什么意思？

"使用资源"列的编码相当于资源索引，每个字母与数字都对应《主题配套资源库（见附2）》里的一项内容，根据索引，就可以快速找到资源并使用它。

编码可以根据团队成员的习惯自行设计，尽量做到清晰、实用、利于更新。

本案例资源编码索引：

X——现状调研

L——理论充电

G——故事启迪

A——案例分享

T——体验活动

F——方法策略

S——实战练兵

D——当堂反馈

K——课后作业

Z——资源链接

附 2：主题配套资源库示例（部分资源借鉴于网络）

资源库主题：心有阳光自温暖

★现状调研 X

△01 六大问题

调查发现，教师的心理问题主要集中在 6 个方面：

自卑心态、嫉妒情绪、虚荣心理、焦虑水平、忧郁易怒、逆反心理。

工作节奏快，压力大，但报酬低，对自己事事求完美而导致的焦虑水平偏高，脾气暴躁，易被激怒。事实上，从调查数据来看，一些辅导师有时无法控制自己的想法、与人交往不自在、容易猜疑等。

△02 体罚背后

对大量辅导师体罚学生的事件进行分析，可以发现所发生的绝大多数体罚并不是由辅导师的师德差造成的，而是由于辅导师心理压力过大、焦虑过度，致使不能控制自己的情绪造成的。换言之，是由辅导师的心理问题带来的。罚"吃苍蝇"者有之，强迫学生互打耳光者有之，往学生脸上刺字者有之，剪断幼儿手指者有之，用火钳烫伤学生者有之，当众扒掉女学生裤子者有之，这些无不让人触目惊心！

△03 心理障碍

中国中小学心理健康教育课题组对老师进行的检测表明 69% 的被检测老师自卑心态严重，另外，嫉妒情绪明显、焦虑水平偏高等也是较突出的问题。北京市对 500 余名中小学老师的调查显示，有近 60% 的老师觉得工作中烦恼多于欢乐，有 70% 的老师有时忍不住要生气发火。老师中较普遍地存在着烦躁、忧郁等不良情绪。据业内人士分析，这种现象产生的原因可能错综复杂，但有一点是共同的：这些老师都有一定的心理障碍。

△04 广州调查

据《中国教育报》报道，在一次心理保健讲座上，组织者用心理健康测试量表（SCL－90）对在场的老师进行测试，结果显示：近半数老师的心理健康受到不同程度的影响，老师的心理问题症状主要表现为抑郁、精神不振、焦虑、过分担心、有说不出原因的不安感、无法入睡等。而《文汇报》的类似调查则显示：目前我国的中小学老师中约有六成心理健康有问题，存在着不同程度的心理疾病。

△05 山东调研

山东泰安师专学科教育教研室的徐富成通过定性研究认为，随着基础教育的全面改革，中小学老师感受到了越来越重的工作压力，中小学老师所承受的工作压力和升学考试压力依然沉重，而聘任压力作为一种新的压力来源给老师带来了更大的冲击，和其他职业相比，老师属于较高压力的职业，而过高的工作压力会对辅导师的职业态度、工作绩效乃至身心健康等造成极为不利的影响。

★理论充电 L（正面管教、教育学、心理学等主题相关的理论或名言）

△01 什么是健康

1989 年世界卫生组织（WHO）的定义是：健康不仅是没有疾病，而且还包括躯体健康、心理健康、社会适应和道德健康四个方面。著名心理学家马斯洛曾说过，健康有以下三个标准：足够的自我安全感，生活理想符合实际，保持人际关系良好。

△02 九种情绪

人有九类基本情绪：兴趣、愉快、惊奇、悲伤、厌恶、愤怒、恐惧、轻蔑、羞愧。情绪无所谓正面负面，主导权在人自身。

△03 生命的本质

亚里士多德说："生命的本质在于追求快乐，使得生命快乐的途径有两条：第一，发现使你快乐的时光，增加它；第二，发现使你不快乐的时光，减少它。"阳光心态的人不是没有黑暗和悲伤的时候，只是他们追寻阳光的心灵不会被黑暗和悲伤遮盖罢了。

△04 心态与性格

美国著名心理学家威廉·詹姆士说过这样一句话："播下一个动作，你将收获一种习惯；播下一种习惯，你将收获一种性格；播下一种性格，你将收获一种命运。"心态与性格的形成息息相关，在很大程度上影响着人们的健康，也决定着一个人的成败。好的心态会促成优秀的性格，如深思熟虑、沉着冷静、善于自控、达观开朗、持之以恒等，这些都有助于人们的身心健康，并能帮助人们取得事业上的成功。

△05 心理健康标准

目前，国内外学者普遍认为心理健康的标准有 11 项：

（1）有适度的安全感和自尊心，对自我和个人成就有"有价值"的感觉。

（2）充分了解自己，不过分夸耀自己，也不过分苛责自己。

（3）在日常生活中，具有适度的自发性和感应性，不为环境所奴役。

（4）适当接受个人需要，并且有满足此种需要的能力。

（5）有自知之明，了解自己的动机和目的，并能对自己的能力作适当的估计。

（6）与现实环境保持良好的接触，能容忍生活中的挫折和打击，无过度幻想。

（7）能保持人格的完善与和谐，个人的价值观能根据社会标准的不同而变化，对自己的工作能集中注意力。

（8）有切合实际的生活目的，个人所从事的事业多为实际的、可能完善的工作。

（9）具有从经验中学习的能力，能适应环境的需要而改变自己。

（10）在集体中能与他人建立和谐的关系，重视集体的需要。

（11）在不违背集体的原则下，能保持自己的个性，有个人独立的观点，有判断是非、善恶的能力，对人不谄媚，也不过分寻求社会的赞许。

△06 教育的自在境界

特级教师魏书生在他的报告和文章中反复强调，"多改变自我，少埋怨环境"，将改变自我、自强不息放在第一位，从而达到教育的自在境界，提升人生的层次。

△07 情感的互助

作家巴尔扎克曾说："灵魂要吸收另一颗灵魂的感情来充实自己，然后以更丰富的感情回送给人家。人与人之间要没有这点美妙的关系，心就没有生机，它缺乏空气，它会难受枯萎。"

△08 睡眠的重要

英国伟大的戏剧家莎士比亚有言："睡眠是一切精力的源泉，是病患者的灵药。"朱自清说："酣眠固不可少，小睡也别有风味的。"敬爱的周总理生前日理万机仍能保持旺盛的精力，与他工作间隙坚持小睡一会是分不开的。

△09 阳光心态

法国著名作家罗曼·罗兰曾说过：要散布阳光到别人心里，先得自己心里有阳光。

★故事启迪 G（与主题相关的哲理故事、名人故事）

△01 卖伞与卖扇

有个老奶奶，有两个儿子，大儿子卖扇，小儿子卖伞。如果遇到阴天下雨，老奶奶就发愁了："太糟了！大儿子的扇卖不出去了！"可是等到晴天出太阳，她又发愁："太糟了！小儿子的伞又卖不出去了！"所以，她成天愁眉苦脸，担惊受怕，一直很烦恼。结果，两个儿子也受她影响，心情很糟糕，生意自然做不好。

老奶奶遇到个智者，告诉她："您不如换个心境想问题。下雨时想：'太好了！小儿子的伞可以卖出去了！'出太阳时就想：'太好了！大儿子的扇又可以卖出去了！'"老奶奶真的照智者的话做了。果然，她的心情变了：不论天气怎样，她都很高兴，每天活得开开心心，乐乐呵呵，两个儿子的生意也红火起来。

你们看，虽然两个儿子的生意没啥变化，天气也还是老样子：雨照下，天照晴，但老奶奶的心情变了，世界就变得大不一样了。

△02 过桥

有一个教授找了九个人做实验。教授说，你们九个人听我的指挥，走过这个曲曲弯弯的小桥，千万别掉下去，不过掉下去也没关系，底下就是一点水。九个人听明白了，都迅速地走过去了。这时教授打开了一盏黄灯，透过黄灯九个人看到桥底下不仅只有一点水，而且还有几条在蠕动的鳄鱼。九个人吓了一跳，庆幸刚才没掉下去。教授问，现在你们谁敢走回来？没人敢走了。教授说，你们要用心理暗示，想象自己走在坚固的铁桥上。诱导了半天，终于有三个人站起来，愿意尝试一下。第一个人颤颤巍巍，走的时间多花了一倍；第二个人哆哆嗦嗦，走了一半再也坚持不住了，吓得趴在桥上；第三个人才走了三步就吓趴下了。教授这时打开了所有的灯，大家这才发现，在桥和鳄鱼之间还有一层网，网是黄色的，刚才在黄灯下看不清楚。大家现在不怕了，说要知道有网我们早就过去了，几个人又都迅速走过来了。只有一个人不敢走，教授问他，你怎么回事？这个人说，我担心网不结实。

△03 死囚

教授把一个死囚关在一个屋子里，蒙上他的眼睛，说，我们准备换一种方式让你死，我们将把你的血管割开，让你的血滴尽而死。然后教授打开一个水龙头，让死囚听到滴水声，教授说，这就是你的血在滴。第二天早上打开房门，大家都知道发生了什么事情，死囚死了，脸色惨白。其实并没有人割破他的手腕，他的血一滴也没有滴出来，他被吓死了。

这个试验揭示的原理是心态影响人的生理健康。所以心态好，生理健康，能力增强；心情不好，生理差，能力差。心态就具有这么大的力量，从里到外影响你。

△04 不能与可以

你不能左右天气，但你可以改变心情；
你不能改变容貌，但你可以展现笑容；
你不能控制他人，但你可以掌握自己；
你不能样样顺利，但你可以事事尽心。

★案例分享 A

△01 阳光心态

在我们的日常生活中，经常会遇到各种麻烦和困扰：工作环境不称心、事情处理不公平、经济条件不宽裕、期望中的事情落空、好心未得好报、自己辛苦工作没有得到认可、受冤枉挨批评等。

对这类事情，如能保持积极心态，就会开心，心胸也就会豁达，就能妥善处理，工作也能顺利，心情也会变得舒畅。如果总是想不开，越想越气，情绪失去控制，言行就会反常。

阳光心态是知足、感恩、乐观、开朗，可以使人深刻而不浮躁，谦和而不张扬，自信而又亲和。

△02 教育的自在境界

上中学时，我很想要一辆真正属于自己的、好骑的、崭新的自行车，我觉得，如果拥有了它，我就再也无所求了。可当我真正拥有时，我却觉得，原来拥有后也不过如此。

有人为了拥有一套房子而不顾一切地向银行贷款，但拥有房子之后却得过着极其"抠门"不能随心所欲的生活，这样能真正地快乐吗？

快乐来自内心，心灵平静，心态阳光，心地善良，心中充满爱与宽容，凡事往积极方面看，自然能时时充满快乐。

★体验活动 T（团建活动等）

△01 积极暂停——掌中大脑

伸出您的一只手，掌心到手腕这部分区域代表后脑，后脑调控着基本的生命机能（如呼吸、心跳），以及身体对寒冷、飞行或打击的大部分反应。拇指向掌心折过来，拇指代表中脑，它储存情感、记忆，是情感触发的指挥器，也是在人类胚胎发育时最早发育的爬行动物脑。

接下来，再把其他手指都折向手掌，使它们盖住拇指，这个拳头的整个表面代表大脑皮层；大脑皮层的后部是我们的感觉和信息接收区（听觉、视觉、触觉等）；下一部位是大脑思考的地方。最前端称为前额皮层，大脑前部调控着以下机能：情绪、人际关系、反应灵活度、直觉、思维视觉、自我意识、逃避恐惧、道德品行等，也叫理智脑。这四个指头，我们把它们叫作"大脑盖子"。

当孩子惹我们发脾气的时候，大脑盖子会打开，这时，我们的前额皮层即理智便无法发挥作用，就没有能力去调控自己的情绪，也没办法恰当地处理人际关系，通常也不能及时地意识到自己的言行有何不妥。这也是为什么人家在争吵时经常说出许多非常难听的伤人的话，事后自己也非常后悔，要知道这个时候自己是完全不受理性控制的，是"原始脑"和"动物脑"在发挥作用。

人们会不时打开、合上大脑盖子，这都是正常现象。学会正面管教不是让我们永远不打开大脑盖子，而是当大脑盖子打开时，我们能意识到。

△02 情感脸谱

你是否能通过孩子的表情准确判断出他/她的情绪？

准备教具：

大白纸、水性笔、8开纸、白板架、墙贴胶、相机。

操作步骤：

1. 介绍身体语言/脸部表情。

培训师："我们有哪些办法能知道孩子有什么感受？"

（请他们告诉我们、从他们脸上看出来、从他们的肢体语言判断等。）

2. 联系脸部表情与情感。

做出夸张的表情，请学员猜猜你可能要表现什么情感。也可以请学员上台表演，其他人猜测。

（睁大眼睛、张圆嘴巴表示吃惊，耷拉眉头、下撇嘴角表示沮丧等。）

3. 列出情感词汇的清单。

分小组在大白纸上列出情感词汇，比比看哪些小组列出的词汇更多。

请小组将大白纸挂出，划掉重复的。大家一起看看有哪些情感词汇。

4. 创建一个情感脸谱图表。

学员使用8开纸，试着给每一个情感词汇画出对应的表情包，在右下角写上设计者的名字。

对于相同的情绪，评选出"最佳表情包"1个。入选的表情包获加分，小组按总分评出名次，冠军组与辅导师合影。

5. 跟进。

将"最佳表情包"拍照后合理组合，印制成附城小学校辅导师自主开发的情绪脸谱图，写入校本教材。

在儿童成长关爱中心使用这个挂图，帮助学生认知情感，并继续扩展关于情绪的词汇，扩充情绪脸谱图（可形成学生版本，与辅导师版本形成互补）。

△03 羽之冥想

现在请你平静下来，闭上双眼，忘记你的疲惫，忘记你的不快。想象一下，你正一个人坐在鲜花盛开的草地上，周围是蓝天、白云、清新的空气。深呼吸，将新鲜的空气运往身体的深处。

首先放松你的两个大脚趾，然后慢慢舒展你的其他脚趾，让它们以最自然的感觉伸展着。让这种感觉慢慢延伸，延伸，就像细小的水流，流向你的两脚脚背，脚底，脚踝，脚跟，现在，你的双脚已经完全放松。继续放松你的腿，腰，背，肩，脖子，嘴巴，脸颊，眼睛，眉毛，最后，你的头皮也完全放松，想象你的头发，就像在水中一样舒展，漂浮。

想象你的身体变轻，像羽毛一样飘起来，轻轻地落在柔软的白云上，周围一片寂静。一只小鸟从你身边掠过，带起微风，拂过你耳边的头发。你往下望去，看到一片青翠的草地，真宽广呀，望不到边。蝴蝶飞舞，野花像夏日的繁星一样，你能嗅到清风中青草、泥土和花儿混合的芳香。你被一朵花包围着，花瓣慢慢合拢。你闭上了眼睛。你的身体和心灵全部得到了完全的放松。你得到了最好的休息。

（静等3分钟后）终于，花瓣再一次打开。你的整个身体沐浴在温暖的阳光中。你的身体再一次充满活力。你已经成了一个全新的你，没有烦恼，没有过去，一切从零开始。

现在，轻轻地活动手指、脚趾、手腕、脚踝、甩动左臂、右臂、左腿、右腿，拍打身体的各个部位，搓热掌心，用双手拍打脸颊、前额、双眼、鼻子及头顶，然后对自己说："我，很好。明天，会更好。"

△04 课间听云

辅导师念一段话（也可以由学员来念），提示：凡是有云这个发音的字，就要拍三下手。

记得在大理看云，云贵高原上，云极白。一朵朵像盛开的花儿，绽放在美丽的苍山洱海畔。从蝴蝶泉出来，那片倚在苍山上的云朵，几分清逸，几分秀美，让人舍不得眨眼睛。苍山，洱海，云海，花朵，看上去就像一幅明艳艳的画卷。当我们从大理离开时，突然一阵太阳雨，当雨滴结束，一轮彩虹架在云朵之上，绚烂无比。

徜徉在云的故乡，走在拉萨的阳光里。似乎离天，离云格外亲近。似乎如果再近些，我就可以伸手采摘那么一大朵，塞在我的背包里。那云在辽阔的藏北草原，舒展而张扬，一大片一大片，尽情地慵懒地舒服地伸展着，一大团一大团，圆滚滚，胖嘟嘟。那一片晴空上，云朵就是主角，蓝天就是舞台。当傍晚时，太阳将光柱透过云朵打下来，随着云的飘移，竟然会产生舞台光的效果，一束一束阳光，打在翠绿的草原上，打在白色的藏包上，打在牧民高原红的脸上。羊群在那种舞台光中游移，眼前的风景充满了变幻而奇妙的色彩。那一刻，你只能惊叹，惊叹光线与云朵的杰作。它们似乎就像两个淘气的孩子，不知疲倦地做着藏猫猫的游戏。

增加难度时使用：

接下来我们把云字变成海字——

喜欢大海，在大海边观云。最美的时候，在黄昏。黄昏，夕阳西下。太阳将最美的光晕打在云朵上。那份如金子般的阳光，透过云层映在海面上，创造出一种浑然天成、自然博大的美。云更密时，太阳的光芒把云朵变成了一朵朵金色的浪花，接着，残阳如血，映满海面。随着一阵阵涛声，云渐渐地变淡，变暗，海也归于平静了。

也曾在飞机上欣赏过云海。那才是一片真正的云的海洋。我时常幻想着，《西游记》中的玉皇大帝的宫殿是否就是这样的。这么一想，忽然就觉得，云海，不就是玉帝的观尘之海吗？我们在海边看云的时候，云中的神仙，是否也正站在滔滔云海边，看着凡尘中的我们？

△05 一二七

辅导师念一段话（也可以由学员来念），提示：听到 1，就跺跺脚；听到 2，就站起来；听到 7，就坐下去。

走啊走　一二一　两万五千里

有的说　没的做　怎知不容易

埋着头　向前走　寻找一亩地

走过来　走过去　没有根据地

想什么　做什么　哪天星期七

道理多　总是说　是大炮轰炸机

汗也流　泪也落　心中不服气

藏一藏　躲一躲　心说别着急

噢　1234567

问问天　问问地　还有多少里

一边走　一边想　雪山和草地

一边走　一边唱　领袖毛主席

噢　1234567

★方法策略 F（方法、策略、技巧培训）

△01 遵循原则

先处理情绪，后解决问题。

△02 改变思维

在面临心理压力时，你一定要做到：不要让压力占据你的头脑。保持乐观是控制心理压力的关键。将挫折视为鞭策我们前进的动力，不要养成消极的思考习惯，遇事要多往好处想，努力在消极情绪中加入一些积极的思索。与其将希望寄托在客观条件的改变上，不如将希望寄托于挖掘自身的潜能上。

△03 创设环境

教育行政部门和学校领导应充分认识到辅导师心理健康的重要意义，要坚持以人为本，不断改进领导方式，推进人性化管理等，努力为辅导师营造和谐的内在环境，并采取有效的措施，学校领导要转变管理观念，发扬民主，关心辅导师，为辅导师创设宽松、和谐的工作环境，建立良好的人际关系；要提高辅导师的业务能力，使辅导师在学生的成长中体验工作的成就感；千方百计为辅导师解决生活困难，解除辅导师的后顾之忧；在学校管理工作中，要善于鼓励辅导师。

△04 主动学习

不断提高自身的综合素质，不断学习和掌握新知识，尽快适应新的教学观念，掌握新的教学方法，达到新的教学要求，才能寻求新的发展，也才能真正拥有心理上的安全感。掌握新工具，提高工作效能，才能更好地找到工作的幸福感和愉悦感。

△05 智于比较

清人笔记小说中有一首《行路歌》：别人骑马我骑驴，仔细思量总不如。回头再一看，还有挑脚夫。这首歌谣虽俚浅，却足以醒世。哲人说：人生是块多棱镜，从不同角度比较，会产生不同效果。

△06 心理按摩

当生活工作压力较大时，可用美国爱荷华大学发现并推广的"白云想象法"来消解压力：

①想象自己仰躺在夏日的草原上，凝视着广阔的蓝天，这时你是轻松的、快乐的，天空很明亮、很美丽。

②独自一人躺着，轻松地、愉快地望着天空，这时，发现水平线上出现了一朵小小的白云，它以蓝天为背景，在天空中自由地飘浮。

③这时，想象着小白云慢慢向你移来，放松自己，反复想象着小白云还在慢慢地向自己移来。

④慢慢地欣赏着小白云向自己移来，终于，小白云停在自己头上

了。这时可轻松地仔细欣赏美丽的小白云了。

⑤想象着自己沉醉于小白云中，自己也成了一朵小白云，并且能自由分散，和小白云融合成一个整体。

一般情况下，当情绪不稳定时，做一或几次"白云想象法"即可使自己的心情平静下来。

△07 团体互助

美国耶鲁大学通过跟踪调查发现，与人为善有助于健康。一个学校的老师原先很少来往，但在参加了一次大合唱之后，突然发现人际关系变得十分融洽。所以，辅导师最好参加一两个学术或社会团体，在群体的互助协作中释放自己，避免因自己过于封闭而导致心胸狭窄，有条件的辅导师最好争取每年能出去考察一次，哪怕是自费。

△08 确保睡眠

人的一生有三分之一的时间是在睡眠中度过的，好的睡眠是对人体的定期修复，也是对人体的不断"充电"，对恢复体力、增加智力、保证健康都十分重要。睡眠时的姿势要"四肢无一处不稳处"（苏东坡语），取右侧卧位，微曲双腿，全身自然放松，一手自然放在大腿上，这样脊柱自然呈弓形，四肢容易变动，全身肌肉松弛，有利于肌肉组织休息，消除疲劳。同时，右侧卧可使心脏处于较高位置，有利于心脏排血并减轻其负担。

好的睡眠习惯还必须遵循生物钟，不要轻易改变睡眠、起床的固定时间。另外，一定要重视午睡，午饭后人们往往感到困倦乏力，昏昏欲睡，此时，若能小憩片刻，即能消除疲劳，恢复体力，使人轻松舒适。午睡时间不必过长，有时哪怕短短五分钟也有此效应。

△09 合理饮食

合理饮食可看作"加油"。一是按时用餐，二是合理定量，三是搭配科学。日常饮食中应多吃有助于抵御心理压力的食物，注意钙质、蛋白质、维生素 C 的补充，如鸡蛋、牛奶、大豆、芝麻、鱼虾，维生素 C 含量多的草莓或猕猴桃等水果。

△10 运动减压

室外活动是对付压力和焦虑的良药，做剧烈运动也是发泄不满、抑郁和愤怒情绪的有效途径，如大声喊叫、跑步、打球、蹦跳、打沙袋等。作为辅导师，因长期伏案工作，缺乏锻炼，常会患颈椎病、高血压等，可根据自己的情况选择一些合适的运动方式，如太极拳、练功十八法、颈椎操等。这样动静结合，体脑交替活动会比单纯的静止休息更能消除疲劳。

△11 培养爱好

有一项或几项健康的业余爱好可以调节身心，增添生活情趣，缓解心理压力。可以习书画画，在优美的碑帖中领略先贤墨宝，在雪白的宣纸上挥毫泼墨；可以在湖边垂钓，静坐草坡，清风徐来，凝望湖面，神思与湖水融为一体，克服浮躁，保持心灵的宁静；可以拿上相机拍下自然风光、世间百相；也可忙里偷闲，苦中作乐，吃杯茶去，体会"两腋习习清风生"的惬意；还可以唱歌吟诵，仰天长啸，独得其乐。心中有所思时，也不妨即兴赋诗，于平平仄仄中感悟人生。如某校一位语文辅导师所写的《教书咏叹调之四——教书乐》，就可以看出其对教书的辩证认识和心态的超然：

教书有苦也有乐，个中滋味难评说。

化身千百遍天下，各行各业皆有我。

幼松渐有凌云势，抚须微笑乐如何。

△12 阅读提升

阳光辅导师是有品位的辅导师。辅导师的品位是真挚的博爱和慈善的宽容，辅导师的品位是浓郁的书香和艺术的神韵，辅导师的品位是恬静的心灵和清淡的情愫。有品位的辅导师淡泊名利，志存高远，固守节操，乐于奉献，不慕荣利。提升品位，阅读是一个重要且有效的途径。

△13 自我和解

金无足赤，人无完人。有的焦虑来源于对自我要求过于完美。了解并愉悦地接受自己的优点和缺点，不给自己设定高不可攀的目标。尽一切努力，但平静地接受任何结果。

★实战练兵 S（根据场景案例进行实际操作演练）

△01 场景 1

你刚刚给学生小敏进行了一中午的生字词个别辅导，但听写时发现她仍然只写正确了两个词语。

△02 场景 2

每天出门前你都感到心理压力很大，面对接下来就要开始的忙碌，你心情沉重。

△03 场景 3

好不容易填完了班级每日晨午检表，谁知领导又交给你一个儿童成长关爱跟踪记录表。

△04 场景 4

连着上了好几节课，你嗓子不舒服，可教室里却老是安静不下来，你真想走过去把那几个调皮鬼拎出去狠狠"收拾"一顿。

辅导师：面对这样的场景，你会怎样调节自己的情绪，保持阳光的心态和平和的行为？请在纸上写出来，或者与你的伙伴说一说。

★当堂反馈 D（培训心得和建议等的反馈）

△01 问卷设计

另见问卷星

△02 问题互动

1. 通过今天的培训，你有什么收获？

2. 对今后的工作和生活你有什么想法或决定？

3. 对下次的培训你有什么建议？

★课后作业 K（相关视频、网站、平台等资源提示）

1. 阅读《××××》，写一则 1500 字左右的读书心得。

2. 今天的培训你有什么收获或感受？联系自己的工作或生活实际，写一则 1500 字左右的培训心得。

3. 回忆你在保持阳光心态方面成功或失败的一个例子，把它详细记录下来，并附上自己现在的想法。如果是失败的例子，说说换作今天你会怎么做。

4. 扫码完善一份有关辅导师阳光心理的测评问卷，通过自我测评，了解自己的心理健康状况，并写出下一步的打算。

★资源链接 Z（相关视频、网站、平台等资源提示）

△《阳光心态》

2009 年延边大学出版社出版的图书，作者是武晓丽。

该书主要讲述了生命需要阳光，其实心态更需要阳光。阳光心态是一种积极、宽容、感恩、乐观和自信的心智模式，成功是一种心态，生活没有固定的模式，应该像阳光一样开放。

△视频资源（举例）

孝道与身教：《教育是这样完善的》，视频时长 59 秒。

理解与倾听：《不分青红皂白求孩子阴影面积》，视频时长 1 分 39 秒。

鼓励与欣赏：《感动数亿人　看这位家长是怎么教育孩子的》，视频时长 4 分 14 秒。

△课件资源（举例）

课件资源包

视频资源包

照片资源包

案例资源包

△自我测评工具

工具 1：不合理信念测试量表

（1）一个人应该得到自己生活中的每一位重要人物的喜爱和赞许。

（2）一个有价值的人应该在各方面都比别人强。

（3）对于有错误的人应该给予严厉的惩罚或制裁。

（4）如果事情非己所愿，将是可怕的。

（5）不愉快的事是由外在因素引起的，自己不能控制和支配。

（6）面对困难与责任，倒不如逃避更好。

（7）对危险与可怕的事要随时警惕，经常提防其发生的可能性。

（8）人要活得好一点，就必须依赖比自己强的人。

（9）以往的经历或事件对现在具有决定性的难以改变的影响。

（10）对于他人的问题应当非常关切。

（11）任何问题都有一个唯一正确的答案。

操作说明：

1. 以上是艾斯列举的 11 种不合理信念，每一项赋分 1～10 分。

2. 请根据自己的情况进行选择。得分越高，你的不合理信念就越多。

工具 2：职业倦怠测试练习

以下每一个题目有 A、B、C 三个选项，请从中选择最接近自己真实情况的选项。

1. 在吃工作餐时感觉没食欲，嘴巴发苦，对美食也失去了兴趣。（　　）

A. 经常　B. 有时候　C. 从来不

2. 感觉工作负担过重，常常觉得难以承受，或喘不过气来。（　　）。

A. 经常　B. 有时候　C. 从来不

3. 感觉缺乏工作自主性，往往是领导让做什么才做什么。（　　）

A. 经常　B. 有时候　C. 从来不

4. 认为自己待遇微薄，付出没有得到应有的回报。（　　）

A. 经常　B. 有时候　C. 从来不

5. 经常在工作时感到困倦疲乏，想睡觉，做什么事都无精打采的。（　　）

A. 经常　B. 有时候　C. 从来不

6. 觉得单位待遇不公，常常有受委屈的感觉。（　　）

A. 经常　B. 有时候　C. 从来

7. 以前一直很上进，而现在却一心梦想着休假。（　　）

A. 经常　B. 有时候　C. 从来不

8. 觉得工作上常常发生与上级不和的情况。（　　）

A. 经常　B. 有时候　C. 从来不

9. 觉得自己和同事有各种各样的隔阂。（　　）

A. 经常　B. 有时候　C. 从来不

10. 工作上碰到一些麻烦事时急躁、易怒，甚至情绪失控。（　　）

A. 经常　B. 有时候　C. 从来不

11. 对别人的指责无能为力，无动于衷或者消极抵抗。（　　）

A. 经常　B. 有时候　C. 从来不

12. 觉得自己的工作不断重复而且单调乏味。（　　）

A. 经常　B. 有时候　C. 从来不

我的得分（　　　　）

使用说明：

1. 评分标准：选 A 得 5 分，选 B 得 3 分，选 C 得 1 分。

2. 根据得分情况，对照看看自己的测试结果：

12～20 分，你没有患上职业倦怠症，你的工作状态不错；

21～40 分，你已经开始出现职业倦怠症的前期症状，应尽快调节；

41～60 分，你对现在的工作几乎已经失去了兴趣和信心，工作状态很不好，长此以往对个人的身心健康和工作都非常不利，应当引起重视，可以请求心理咨询师的帮助。

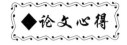

◆论文心得

提高小学五年级学生自信心的尝试①
——例谈班级心理健康团体辅导

　　"我听过了，我就忘了；我看见了，我就记得了；我做了，我就理解了。"这句话出自教育家玛利娅·蒙台梭利。这是很多教育者喜欢和推崇的名言，具有很大的教育智慧。玛利娅·蒙台梭利提倡孩子们在实践活动中体验，培养良好的心理素质。我们一直致力于培养学生各种良好的心理素质。比如自信心，教师通过学科渗透、班队活动，在一个个励志故事中，一句句格言、一首首诗词中，让学生知道自信能让一个人爆发出巨大的能量，甚至创造奇迹。这些道理孩子过了眼、过了脑，更需要的是走心。虽然很多小学开始重视学生的心理健康问题，也有不少学校开设了心理辅导课程及心理咨询室，但仍满足不了全体学生的需要。而小学生心理健康团体辅导活动能够为大多数小学生提供一个展示自我的平台，在活动中提高自我认识，培养心理自助能力，实现自我发展。这也是目前解决这一问题的有效途径。"我做了，我就能理解了。"让孩子做，亲自参与体验，这些道理才能走心。那么怎么做呢？心理学家说就让孩子们尽情玩吧，在心理健康团体辅导中、在玩耍中、在潜移默化中，培养他们良好的心理素质。

　　我对五年级五班的同学进行了心理健康团体辅导，以抽板凳游戏为载体，目的是让学生在游戏中体验自信心的重要性，增强学生的自信心。我带着学生来到操场，按照教室座位，四个同学为一组。我首先满脸严肃地对全班说："我们要做个很危险的游戏，这个游戏有可能会受伤，有没有哪组同学愿意牺牲，就算受了伤也不会找赵辅导师

_____

① 本文作者赵佳，泸州市龙马潭区小街子小学教师，国家三级心理咨询师。

麻烦?"他们叽叽喳喳地商量了一会儿,既兴奋又害怕。终于,有一个小组的四个人都缓缓地举起了手同意参加。

我向全班同学详细介绍了抽板凳游戏的规则。游戏规则是四个人分别坐在凳子上,第一个人的头睡在第二个人的腿上,以此类推,最后一个人的头睡在第一个人的腿上,组成一个方块;旁边的人依次把四个凳子抽出去,参与游戏的人身体呈悬空状态。第一组的四位学生在我的指导下做好了准备,按照要求睡在他人的腿上。其他组的成员都在旁边观看,不能练习。游戏开始后,他们刚被抽掉板凳就全部倒了下去。第二组坚持的时间变成了十多秒,接下来的每一组坚持得都更久,最后一组坚持了将近八十秒。是不是后面的小组学到了很多技巧呢?不是,最后一组的学生个个身强力壮。当他们的板凳被抽走时,我让全班同学对他们喊"倒下去倒下去",结果他们十秒左右就倒了下去。

活动结束后,孩子们在回教室的路上议论纷纷,热情、激动的劲头丝毫不减。我和孩子们一样也有很多疑惑。我们对问题进行了梳理。

1. 为什么第一组刚抽掉板凳就倒了?
2. 为什么越靠后的组坚持的时间越长?
3. 为什么身体最占优势的小组坚持的时间很短?

围绕这三个问题,全班学生开始各抒己见,议论纷纷。备受关注的小组成员也进行了自我分析。第一组的成员说因为他们听我说这个游戏很危险,不容易成功,所以他们觉得很紧张,放弃很正常,没坚持几秒就倒了。最后一个组的成员说大家都在高呼倒下,他们在这样的氛围中没办法坚持下去。讨论后大家总结出为什么越靠后面的小组坚持得越久的原因,因为前面的同学坚持了多少秒,他们都可以做到,我们肯定行,而且要超过他们。为什么最后一组只坚持了十多秒,因为他们说全班都在叫倒下去,他们很难过,没信心了,就放弃了。

游戏出现的结果我没有想到,学生们自己总结了从游戏中获得的启示。最后我来个顺水推舟,告诉学生们自我暗示的巨大力量,当一个人自信的时候，有明确的目标要为之奋斗时，他会有巨大的动力，能爆发出巨大的力量。简言之要相信自己，我能行，我能坚持，并为之努力。我鼓励孩子们把在游戏中学到的启示运用到生活与学习中去。

在之后的家长会上，我也把这个游戏过程、孩子们的感悟给家长作了分享。抽板凳的团体辅导结果也告诉家长们：当你在为孩子呐喊、鼓励时，会对孩子起到很大的促进作用。相反，当你对孩子说倒下倒下，你不行，你很笨，你还不如谁谁谁的时候，孩子真的就会朝你预期的方向发展。有的时候好的故事比说教更管用。我想当家长口无遮拦嘲笑、贬低孩子时会想起这个游戏，会止住想说的伤人的话。分享之后，家长们对心理健康团体辅导非常感兴趣，也纷纷表示如此有趣、有意义的活动应该让学生积极参与，提高学生的心理健康水平，成为一个身心健康发展的阳光少年。心理学的团体辅导就是这样，让孩子在参与活动中得到思想上的启发和感悟。我也推荐身边感兴趣的教师阅读相关书籍。作为班主任，我们可以利用班队课、大课间等对学生进行团体辅导。

我在全校教师大会上分享了这次团体辅导活动。抽板凳的游戏我是一次很偶然的机会发现的。在观看酒城乐园马戏表演时，为了活跃气氛，小丑邀请了四个观众来参与这个抽板凳的游戏，台下的观众时而尖叫时而喝彩。当时我就想这个游戏太有趣了，我一定要让我的学生玩玩。后来我就让全班孩子做了这个游戏，没想到，游戏后孩子们有了这么多启发和收获。我去网上搜索的时候，发现小丑做的是心理学的团体辅导游戏。好的游戏有利于培养学生的团队协作精神，以及相互关爱、相互信任等优良品格。对学生心理健康教育起到促进作用的游戏都可以归入心理健康团体辅导项目。第一次在班里做了这个游戏，发挥了学生的自主性、创造性，学生直接参与了心理健康教育工作，学会了自我教育。通过学生的反馈，他们领悟了自信心的重要性，提高了自己帮助自己的能力，做到了助人自助。于是，我利用这个游戏，将它作为提高学生自信心的载体，设计成心理健康团体辅导项目，在高年级的更多班开展，并收到了很好的效果，学生也在游戏中玩得开心。

心理团体辅导在小学生心理健康教育工作中的推广价值

学生心理健康辅导是学校实施心理健康教育的一个重要且有效的途径，可分为心理个体辅导和心理团体辅导。

学生心理健康个体辅导是一种重要的心理辅导方式，不过它耗时多、受众面窄、解决问题虽深入但单一，且对辅导师的专业要求度高，不易于在普通学校推广实施。而心理团体辅导能有效克服个体辅导的弱点，操作上相对来说也有模式可循，辅导师通过培训后能较快掌握，非常适合学校心理健康教育工作的推广和落实。

一、心理团体辅导的定义

心理团体辅导是在团体情境下进行的一种心理辅导形式，它是通过团体内人与人的交互作用，促使个体在交往中观察、学习、体验，认识自我、探索自我、调整改善与他人的关系，学习新的态度与行为方式，以促进良好的适应与发展的助人过程。

小学生心理团体辅导即以小学生中的某个特殊群体为辅导对象，在团体情境下实施心理辅导的过程。它同样要通过团体内人与人的交互作用，促使个体在交往中观察、学习、体验、分享，从而认识自我、探索自我、调整改善与他人的关系，学习新的态度和行为方式，以促进自身良好的适应与发展。但因为小学生年龄小，心理发展还处于起步阶段，因此在团体辅导中需要更多的理解、包容、启发与等待。

二、心理团体辅导的优势

学校里与学生心理健康教育相关的活动和课程较多，如心理个体辅导、心理健康课、主题班队会、学校德育活动、团队拓展活动等，心理团体辅导只是其中的一种形式。这些形式各有优缺点。

表1　学校学生心理健康教育各种形式的优势和劣势比较

心理健康教育形式	作用人数多	辅导用时短	见效速度快	辅导师操作易	学校管理易	师资培训易	解决问题较深入	成长更全面
心理个体辅导	♥	♥	♥♥		♥♥	♥	♥♥♥	♥
心理健康课	♥♥	♥♥♥	♥♥	♥♥♥	♥♥	♥♥	♥♥	♥♥
主题班队会	♥♥	♥♥	♥	♥♥	♥♥	♥♥	♥♥	♥
学校德育活动	♥♥♥	♥♥		♥♥	♥♥	♥♥	♥	♥
团队拓展活动	♥♥	♥♥		♥♥	♥♥	♥♥	♥	♥
心理团体辅导	♥♥	♥♥♥	♥♥	♥♥	♥♥	♥♥	♥♥	♥
……								

注：每个项目按1—3个心赋值，心级越高，表明该项优势越明显。

从上表可以看出，相比之下，心理团体辅导的优势更为突出，概括起来主要表现在以下三个方面。

（一）易于收到效果

1. 适用面广。

（1）可以聚焦特定人群的共性心理问题进行心理团体辅导。比如将班级里卫生习惯较差的十名左右的孩子（或年级里有共性问题的几十名孩子）组成团体辅导小组，专门就卫生问题开展心理团体辅导活动。

（2）可以根据学生心理发展的不同阶段、不同需要圈定辅导对象，进行发展性和预防性专题团体辅导。比如，可以给五年级小学生开展青春期心理团体辅导活动，还可以按性别分别设计辅导课程。再如，六年级学生马上面临小学毕业，在"一个都不能少"的凉山地区，可对这一学生群体开展毕业生涯规划主题团体辅导，夯实其对学业的执着追求；还可以纳入亲子团体辅导，对家长同时实施心理辅导，双管齐下，使效果加倍。

（3）团体辅导还特别适用于人际适应不良的人群。那些长年与同桌、同学不能好好相处的学生，可经由团体辅导改善对人际关系的适应。有些学生则因缺乏客观的自我评价、缺乏对他人的信任、过分依赖或过分武断，难以与他人建立和保持良好、协调的人际关系，在参加团体辅导时可以培养良好的人际交往品质，从而实现自然矫正。

2. 形式多样。

（1）可以根据辅导目标的不同选择不同的辅导形式。比如，对青春期相关知识的介绍，可以引入优秀的科普动画、讲述辅导师当年的"糗事趣事"、引入生理卫生的科学要求等；为帮助学生形成积极的自我认知，可以采用静心冥想、回忆体验、积极展示等活动方式。

（2）可以根据辅导对象的不同选择不同的辅导形式。比如，同样是人际交往智能的主题团体辅导，对于低年段的学生，就可以选择以趣味为主的"丢手绢"游戏；而对于高年段的学生，则可以选择挑战度高的"时光隧道"拓展活动，或是对自省智能有要求的情感体验类、剧本创编类活动。

3. 效果多面。

（1）心理团体辅导易于产生能量共振，感染力强，影响广泛，效果全面。对每一个当事人来说，都存在多个影响源。每个成员不仅自己接受他人的帮助，也可以帮助其他成员，所以既是被辅导者，也在不知不觉中成为辅导者，在达到辅导目的的同时还有利于其自我价值认同、团队归属感的建立。

（2）在团体情境中可以同时观察、学习、模仿多个团体成员的适应行为，从多个角度洞察自己，还可以集思广益，共同解决个人难以解决的问题。

（二）易于打造课程

1. 可以通过借鉴经验或提炼模式，有效降低团体辅导的备课难度。

目前很多学校开展的心理辅导课程尚缺乏专业性，对心理辅导师来说，备课耗时久，上课用的道具、教具、课件等的准备工作复杂，这也是心理辅导的一人难题。为解决备课耗时问题，可将平时开展的活动进行整理，也可以学习其他学校的实践经验。最简单、易操作的是，从传统游戏、团队拓展活动中汲取营养，将活动的形式、组织要领与儿童心理特点相结合，改编为适合被辅导对象的体验活动。再根据辅导目标的需要，整合相应的故事、案例、视频等资源。一篇易于操作、切合实际的辅导教案就诞生了。相对于个体辅导的复杂多变性，团体辅导在经验的借鉴、模式的推广上占有优势，课程更易于打造。

2. 解决教具问题可以从两个方面着手：

（1）打包课程资料，把配套的教具与活动方案、教案一起准备好，整体提供给辅导师。

（2）在设计教案和活动方案时，充分考虑实际情况，降低对道具、教具、学具准备的要求，在必须使用道具时，可以给出替代品建议。

前者已经有一些机构在探索，我们主要选择了后者。比如，在设计《人生伴侣》这一课时，其中关于晋级的方式就给出了多种选择：单拍运送乒乓球、跳绳、投篮……只要是有利于积分的活动都可以。事实证明，适合的才是最有效的。降低道具难度，消除辅导师在准备课程时的畏难情绪，使辅导师在课堂活动中能轻松操作，省时省力、得心应手。

（三）易于培训师资

1. 团体辅导过程中，成员之间相互支持，集思广益，共同探寻解决问题的办法，减少了对辅导员的依赖，所以对辅导师的心理专业要求程度相对降低。举一个真实的例子：在对五年级某班进行"学会赞美"的主题团体辅导时，贾辅导师四两拨千斤，在恰到好处的点拨中给予学生表达的机会，结果是学生对自己班级任课辅导师的赞美感动了本班的辅导师和同学们，也感动了所有的与会者。这次辅导活动取得了很大的成功。付校长戏谑地问："贾辅导师，这是你成就了学生，还是学生成就了你呀？"可见，在团体辅导中，只要辅导师善于调动学生，使被辅导成员间相互启发，辅导师自身的课堂压力就会减少，辅导活动的组织就能轻松又有效。

2. 团体辅导相对于个体辅导来说更有模式可循，即使是刚入门的心理辅导员，经过学习和培训，也可以很快就做得很好。所以，从学校管理者角度来看，这样做很方便通过教研、培训等提升辅导师的辅导水平。比如我校儿童成长关爱中心团队的心理辅导师中，有六名都是由其他学科的辅导师兼任，但通过几次专题讲座和主题式教研，他们很快就适应了心理团体辅导这种形式，在组织活动时取得了较好的效果。

综上所述，在小学段开展学生心理团体辅导益处很多，既能促进学生成长，又方便辅导师操作，还有利于学校推动。期待心理团体辅导能够被更多的学校推广应用，使广大孩子受益。

有爱，才有心理健康

学校，生命灵动的乐园；班级，培植生命的土壤；爱，生命成长的阳光。在学校里，浓浓的爱会使学校像一个温馨的大家庭。有校长人性化的关怀，老师会更加努力地工作；有辅导师间犹如兄弟姐妹般的感情，老师会感到轻松；而老师给学生的爱，更会像阳光一样照耀着一个个成长中的孩子。爱是以美与善去感染；爱是一个拥抱，一次握手；爱是心灵与心灵的对话。每一个辅导师，只有用人性中最本质的爱去感化班级里的每一个学生，才会使每一个学生有人性、有感情、有灵魂、有教养、有信念，成长为健全的人。

（一）爱，从感恩开始

松下幸助之说过："会做事不如会做人，会做人不如会感恩。"一个人来到这个世界上，就是无条件地接受了别人的帮助，父母创造的生命，辅导师给予的教育，生命中出现的一个个旅客都是我们该感激的人。而很多孩子都认为这一切是应该的，对人、对世界没有感恩的心。这就需要辅导师从感恩做起，首先让孩子学会感恩。

为了让孩子们懂得感恩，我们班开展了一次以"感恩的心"为主题的班队活动。在歌曲《感恩的心》优美的旋律中，我把我在教他们时的点滴感动写成的文章《感谢你们——我的孩子》朗诵给他们听，并真诚地给他们鞠了三个躬。我发现孩子们的眼中都含着泪花。我相机问孩子们：你们时时刻刻都在得到别人的帮助，回忆一下，说出来给大家听听，并表示一下你的感激，可以是一个拥抱、一句话、一首歌……孩子们沉默了几秒钟，有的就开始小声说起来，有的在画着什么，有的在写着什么……这时，参与活动的辅导师和家长也小声地议论着，疑惑地看着学生。不一会儿，一个年幼时便失去了母亲的孩子大步走上讲台，深情地说："在我的成长中，我最想感谢我的爸爸。他不仅是我的爸爸，还是我的妈妈，在我幼年时，我就没有了妈妈，是爸爸给我梳头，哄我睡觉……为了我，他一直没有给我再找新妈妈。"话一说完，她就抽泣起来。许多孩子也在她的感染下纷纷扭头看向自己的父母，用眼神表达着一份感激，还有的走下座位，来到自己的父母面前，父子俩、母子俩、父女俩在说着什么。一种浓浓的亲情弥漫在教室里。特别是一个幼年丧父，逃学成性，常不归家的孩子和他的妈妈不停地说着，拥抱着，母亲还哭着说："你只要知道我的辛苦，我的不容易，我就知足了，孩子我相信你，你是一个好孩子。"这时有一个男孩走到台上，说了他曾做过一件对不起辅导师的事，当时辅导师被他捉弄哭了，现在他愿意给老师道歉，并感谢老师几年来对他的教育。他的诚恳的态度让我早已忘了他曾是一个多么爱狡辩、多么让人头疼的学生。许多学生走向我，和我拥抱，与我握手，给我鞠躬，那一刻，我感到作为一个辅导师是多么的幸福。

榜样的力量是无穷的，老师首先要做一个懂得感恩的人。同学帮你擦了黑板，你一定要记得说声谢谢。同学给你指出失误，你一定要记得真诚地夸奖他们，同学给你启发，你一定要记得和他们握手，向他们鞠躬。辅导师不应该自以为是、高高在上。只要真正做到了这些看似简单的动作，学生自然会在你的潜移默化下学会感谢别人。

教育应以人性为先，人性应以爱为基石，爱应从感恩开始。一个人若失去了亲情与博爱，失去了感恩之心，就会失去方向，所以辅导师要用人文精神涵养学生的人性，帮助学生成为有人性的人。

（二）拥抱、抚摸、牵手、握手……爱是教育的重要部分

著名教育学家斯宾塞通过大量研究后得出这样一个结论：拥抱、抚摸、牵手、握手……爱的教育是教育的一部分，这是一种皮肤饥饿。这种爱的需求是食物无法满足的。

我班有 56 名同学，其中留守儿童有 15 名，空巢儿童有 8 名。这些孩子长期孤独地生活，缺乏父母的爱，所以常常以沉默来保护自己，用妒忌的眼光回击别人。他们冷漠、孤独、无助又无奈。作为辅导师，用爱为孩子们撑起一片晴朗的天空，是义不容辞的责任。

有这样一个故事深深地烙在我的记忆中，让我感受到了"爱"虽然只是老师的一个拥抱、一次抚摸、一次牵手，却像一股暖流温暖着孩子们的心。

有一个学生的母亲早早弃家而去，父亲长期在外打工，家中仅有一个年迈体弱的奶奶和一个年幼无知的弟弟。由于家境拮据，这个孩子长期营养不良，个子特别矮小，看上去有点像小萝卜头。更不幸的是，在去年10月的一天课间玩耍时，他忽然倒地，全身瘫软，躺在学校的操场上。我看到后，一把把他搂在怀里，在去医院的途中，我用手不停地抚摩着他的头，一直在他耳边轻轻呼唤他的名字。到医院检查后，他仍然昏迷不醒，我在他的病床前守了整整一天一夜。当这个孩子睁开眼第一个看见的是我时，他的泪流了出来。喂他吃饭时，我把他抱在怀里，一口一口地喂，并且不时摸摸他的额头，吹吹他的饭。这孩子可能是好久没有躺在妈妈的怀里了，在我的怀里他特别乖巧、幸福。这件事后，这个孩子变了，脸上有了笑容，经常喜欢到我的面前说说话，成绩也突飞猛进。他曾在作文《温暖》中写道："当付老师的手抱着我时，当我的头贴着老师的心时，一股暖流涌在了我的心头。这是我久违了的母爱，来自我敬爱的老师……"当我读到这些句子时，我感动了，但更多的是骄傲。一个老师、一个班主任能给予学生爱，能用爱感染孩子、温暖孩子，这是一种作为辅导师的幸福。拥抱、抚摸、握手……让我改变了许多孩子。

事实证明：如果老师能多给学生特别是留守学生一些拥抱、抚摸，有时甚至是亲昵的拍打，他们在交往以及智力、情感上都会得到健康发展。

（三）走进孩子心灵的 12 张卡片

教育需要了解。老师在了解学生时往往很表面、肤浅、武断……而真正要了解孩子，就必须走进孩子的心灵。我为了了解我班孩子，特意设计了 12 张卡片。这些卡片在游戏中不知不觉地让孩子说了真话，诉了真情，让我走进了孩子们的心灵。

我班有一个孩子一天到晚像屁股上有钉子，总是坐不住。手也爱动，东惹西肇。凡是教过他的老师都说他有多动症，不可救药。那天我们在做 12 张卡片游戏时，他抽到了一张写有"什么事，你努力了但收效不大，很苦恼"的卡片。只见他捏着卡片低着头，红着脸，用眼睛瞟了瞟我，难为情地说："老师们时常批评我上课坐不住，我每天上课前总提醒自己要坐好，但一上课我又动了。这件事我努力了，但总做不好，我很苦恼。"听了他的话，看着他苦恼的样子，我羞愧极了。我曾无数次用眼神和话语伤害过他，还让他改名字。我不了解他，我更没有用爱的方式去帮助他。后来，我和他有了约定，在约定的实施中这个孩子变了，虽然变化缓慢，对他来说也有点难，但他在尽量改变。

我们班上还有一个"情歌王子"，一天到晚情歌不断。我总担心他早熟，想找个机会教育一下他，但我一直不知道该怎么开口。那天在做 12 张卡片游戏时，他抽到了"请你拥抱你最喜欢的人"。当他大声念出卡片的内容时，他的脸红极了，同学们也怪笑起来。我便大声说："喜欢妈妈也好笑吗？"于是同学们的笑声逐渐小了，但眼睛一直盯着他，期待着他的行动。这时他从愕然中惊醒过来，一脸喜悦地走到我的面前，自豪地说："付老师，我喜欢你！"并张开双臂迎向我，我从愕然到惊喜，急忙伸出双手第一次接受了来自学生的拥抱。我用力拍打着他的后背。那一刻，我非常自豪，还有什么比学生的喜欢更能让一个老师感到幸福的呢？后来这个孩子用心学习，唱的歌也健康多了。

学生是一个个鲜活的生命，教育中绝不能忽视对生命的尊重。老师要尊重生命，以学生为本，首先要从了解学生，走进学生的心灵开始；其次要理解学生，尊重学生的个性；最后还要加强与学生的对话、沟通与交往，真正成为学生的朋友。要让学生成为健康的人，走进学生的心灵是一把永不生锈的金钥匙。

俗话说，种瓜得瓜，种豆得豆。老师用爱哺育孩子，让孩子在爱的滋养下健康成长，那他们也会回报给父母、社会一份浓浓的爱。有一位教育家说："仁爱产生仁爱。"让我们每一个教育者都多给孩子一点爱，让爱伴随他们的一生，在爱中开启智慧，培育品格，健全人格。

如何与语文教学有机结合，
开展好小学生心理健康团体辅导[①]

教育部颁发的《中小学心理健康教育指导纲要》指出："要把心理健康教育贯穿在学校教育教学活动之中。"由此可见，学生的心理健康教育不仅仅是心理健康专职教师的事，各学科教师同样承担着对学生进行心理健康教育的责任。

语文教师做学生的心理健康教育有独特的优势。首先，语文学科的独特性、工具性、人文性，使它与人的生活经历、内心体验、个性情感等因素紧密相连，也就与人的心理健康产生了密切的关联。其次，《义务教育语文课程标准（2022年版）》在关于课程性质的定义中也明确指出："语文课程致力于全体学生核心素养的形成与发展，为学生学好其他课程打下基础；为学生形成正确的世界观、人生观、价值观，形成良好个性和健全人格打下基础；为培养学生求真创新的精神、实践能力和合作交流能力，促进德智体美劳全面发展及学生的终身发展打下基础。"在小学教师团队中，语文教师的占比通常都较大。如果语文教师能够成为学生心理健康教育的生力军，那么，学校的心理健康教育工作将会得到加强。

当然，在实际工作中，语文教师不可能丢弃自己的学科教学，把太多精力用于学生心理健康教育上。那么，语文教师该如何结合语文教学，对学生开展有效的心理健康教育呢？这里，笔者想介绍自己在语文教学中参与学生心理健康团体辅导的一些粗浅经验，与广大语文教师探讨。

一、聚焦经典课文，在阅读教学中陶冶学生情感

如教学《慈母情深》一课时，要深刻挖掘文中的情感因素，通过

"失魂落魄""震耳欲聋"等词语帮助学生代入"我"的感受,使学生能通过丰富具体的细节描写体会字里行间的深沉母爱,唤起热爱母亲的情感。尤其是其中的名句:"背直起来了,我的母亲。转过身来了,我的母亲。褐色的口罩上方,一对眼神疲惫的眼睛吃惊地望着我,我的母亲……"这三处反复可以让学生反复揣摩,由教师引读,学生回应,师生共同营造一个强大的心理体验场。其设计如下:

老师:背直起来了——

(三分之一的)学生:我的母亲。

老师:转过身来了——

(三分之二的)学生:我的母亲。

老师:褐色的口罩上方,一对眼神疲惫的眼睛吃惊地望着我——

(全体)学生:我的母亲!

这样的引读设计产生了"一咏三叹、步步加深"的效果,将学生对母爱的情感体验推向了高潮。

二、挑选优秀绘本,在读、绘、说、悟中健全学生的人格

阅读绘本是涵养学生品行、培养健全人格的有效途径。语文教师在立足于语文学科"阅读指导"的同时,可以精心挑选心理绘本,帮助学生在读、绘、说、悟中获得精彩的心理体验。

以《讨厌黑夜的席奶奶》为例。这是一本充满哲学意味的优秀绘本,学生阅历尚浅,可能暂时无法领悟其精髓。但我大胆地把它用在了一年级下期,为七岁左右的孩子们进行绘本阅读指导。在我的引导下,孩子们从观察绘本开始,了解故事的起因,一步一步推测故事的发展,在忍俊不禁中,收获了令人意外的惊喜,享受了阅读的快乐。读完绘本后,我设计了一个问题:

席奶奶每天都与黑夜战斗,真辛苦呀!你能想办法让席奶奶爱上黑夜吗?这样的话,她就能好好地享受黑夜了!

在我的引导下,孩子们想起了平时自己是怎样享受黑夜的:睡觉、做美梦,睡前还可以读绘本、听音乐,躺在爸爸妈妈怀里听故事,或者搭积木、画画、看动画片……那么,奶奶们可以怎样享受黑

夜呢？她们可以去广场上跳坝坝舞，去小区里遛狗，去河边散步，去桥上赏夜景，或者待在家里看电视，做喜欢的家务，还可以练字、画画等。黑夜里可以享受的事情太多啦，说也说不完。

这些故事最后都进入了孩子们自己动手制作的班级绘本《喜欢黑夜的席奶奶》里：一个孩子绘一页，一页是一个场景，最后装订起来，就是一本非常棒的原创作品。整个过程就是一次极为有效的心理团体辅导：孩子们享受了阅读的快乐，体验了因"讨厌"而"抗拒"从而不停"战斗"的辛苦，并懂得了转变心情和态度就会有不一样的结果，收获不一样的快乐。也许他们讲不出清晰的道理，但这样的心理体验必然会在他们心里埋下健康人格的种子，只待日后生根发芽。

三、巧妙设计主题写作，在活动演练中提高学生的思辨能力

我曾经为四年级上过一次主题写作课《生命的意义》。上课前我先给学生做了一个小实验：先是把水、沙子、石头装入玻璃瓶中，让学生观察过程，记录下关键动词，并记下结果；然后按照相反的顺序重新做一次，再让学生观察记录；接着请学生比较两次的结果；最后让学生说一说这个实验与今天的主题有什么关联。

从写作结果来看，记录下的关键动词可以很好地帮助学生回顾整个实验过程，大多数学生都能有丰富、准确的细节描写。学生从两次实验结果的不同倒推过程的不同，碰撞出了思辨的火花。这是一名学生的写作片段：

如果石头、沙子和水分别代表人生中最重要、重要、不重要的事，那么，我们应该首先做最重要的事，再做重要的事，而应该把不重要的事放在最后去完成，这样我们一生中能够做的事才更多。如果反过来，让不重要的事先占据了我们的时间和空间，人生能够做的事就会很少。有人曾经说过："如果我们不能改变生命的长度，那就尽量拓展生命的宽度。"我想，人生努力的意义，就在于合理安排、科学布局，尽可能地让生命的容量达到最大。

四、广范链接课外阅读，在故事分享中确立正确的三观

从二年级开始，我会在语文课前安排一个"五分钟故事会"，由学生和家长主动报名参与，再排好时间表，每天一个分享者。这样做有两个目的：一是锻炼学生的口头表达能力，积累写作素材；二是鼓励学生大胆上台展示自己，并在分享的故事中受到教育。我会事先审定孩子们所选的故事，在听完故事后，我通常还会问学生一两个问题，看看他们是否专心听了故事，故事是否有教育效果，帮助他们确立正确的三观。

班里的小媛不怎么爱说话，上课提问时也是畏畏缩缩。我特地联系了她的妈妈，让她先熟读《地狱与天堂》的故事，并在家里反复演练，再在课堂上分享给大家。

小媛：大家好，我给大家讲的故事是《地狱与天堂》。一个人想知道天堂与地狱的区别，上帝就带他去参观。他们先来到地狱，这里的人正在吃粥，却个个面黄肌瘦。他们手里拿着一米多长的勺子，每个人都舀着粥往自己嘴里送，却怎么也吃不着。然后，他们又来到天堂，天堂的人也在吃粥，拿的勺子也是一米多长，但他们个个都吃着香喷喷的粥，长得红光满面。原来，天堂的人们是用勺子把粥送到对方嘴里。

我：大家听懂了什么？

学生1：这个故事讲的是地狱与天堂的人都用一米多长的勺子喝粥……

我：你听得很专心，说得很清楚。（示意坐下，转向全体学生）听完这个故事，你有什么想法？

学生2：我觉得天堂的人很聪明，他们帮助别人就是帮助自己。

学生3：我想起了妈妈经常唱的歌，"只要人人都献出一点爱，世界就会变成美好的人间"。

学生4：自私的人会下地狱，无私的人才能上天堂。

…………

这次分享后，寡言的小媛变得自信、开朗、活泼了。班级的学生

也潜移默化地受到了一次正面教育。在一个个有意思的故事中，这样的心理成长几乎每天都在发生。在我的课上，这个"课前五分钟故事会"，已经很难分清是语文学习活动还是心理健康团体辅导活动。

可见，与语文教学有机结合，开展好小学生心理健康团体辅导活动并非空中楼阁，而是切实可行的。只要我们潜心在实践中探索，就一定能够找到更多的有效途径，承担起"教书更要育人"的重任。

告状背后

在校园里最常见的就是孩子们告状，这常常会让忙碌的老师们倍感心烦。我们有没有反思过，孩子们为什么会对告状如此热衷呢？告状的背后到底隐藏着什么密码？我们应该如何破解这些隐藏的密码，并用有效的方式帮孩子解决问题呢？

一、告状背后的密码

（一）寻求关注和表扬

镜头一：一年级刚入学的一个孩子急匆匆地跑到老师面前，指着同班的另一个孩子说他把纸扔在教室里了。老师立马说："你真乖，我知道了。"告状的孩子兴高采烈地走了。其他孩子看见了，发现告状可以获得表扬，于是告状的孩子越来越多。

（二）嫉妒＋报复

镜头二：三年级一班的王浩和李强是邻居，王浩的成绩一直比李强好，老师和家长都时常在李强面前表扬王浩，要李强向王浩学习。李强一直嫉妒王浩，总想找个机会让李强出丑。那天，李强在踢球时不小心打碎了窗户玻璃，李强急急忙忙跑去告诉老师，并在一旁幸灾乐祸地看老师批评王浩。

（三）害怕＋求助

镜头三：小丽是一个单亲家庭的孩子，特别胆小，平时在班上总是低着头，不敢大声说话。这天，同班的吴华（总爱欺侮同学的一个孩子）说是要借她的卷笔刀，其实就是从小丽的书包里抢出来就用，并且还自作主张地借给其他同学用。小丽气哭了，最后鼓起勇气走向老师办公室，向老师告了状，希望老师能帮帮自己。

二、有效化解的途径

（一）耐心倾听，细心观察

一次告状也许就是一次心与心的交流。当有孩子来告状的时候，作为老师，首先要耐心地听完孩子的叙述，千万别打断孩子的话，这样既对孩子表示了尊重，又为孩子在口语交际中学习倾听能力做了好的示范。其次还要在听的过程中仔细观察他的表情，以正确判断孩子告状到底为哪般。

记得在 2005 年《超级女声》最火爆的时候，我把我的发型做得和李宇春的差不多。有一天，一群孩子簇拥着一个孩子来到我的办公室，纷纷说那孩子在背后说我是李宇春的粉丝，说我的发型怎么怎么样。告状的孩子们七嘴八舌地说着，并观察我的表情，仿佛他们在我面前立了一功，个个得意扬扬的，好希望我马上就把那个说我坏话的孩子怎么样。我耐心地听他们说完后，并没有马上批评那个孩子，而是对那个孩子说："你觉得我的发型好看吗？"那个孩子使劲点头。我又说："其实，你是想让老师年轻漂亮，是吗？"那个孩子又点点头。接着我对告状的孩子们说："你看，他好喜欢老师哟，对老师的发型他都注意到了，我要和他做好朋友。"那些孩子一听，都纷纷笑着走开了。而那个孩子却留了下来，他对我说："老师我错了，我今后再也不说你了。"我摸摸他的头说："孩子，没关系。"那个孩子也高兴地走了。其实那些来告状的孩子们就是希望在老师面前表现一下，他们幼小的心里不会有太多的想法。

（二）引导孩子自我评价

当孩子说完后，老师别忙着去分辨谁对谁错，也别马上急着处理犯错的孩子，而应该让孩子先作自我评价和自我判断。这对培养他的自我意识极有好处。

就拿镜头二中的那次告状来说吧，我是这样处理的。我并没有马上批评王浩，而是让李强先走了，然后对王浩说："你今天的事，你自己准备怎么办？"王浩说："我知道我错了，但我不是故意的。我先找到管理员说清楚，然后我告诉家里，用我的零花钱来赔上。"你看，这孩子的自我评价能力、自我处理事情的能力是不是得到了提高。我又问："那你恨李强吗？"他看看我，开始没说话，想了一会儿，他说："不恨，他是在帮助我。"我又说："那这件事你自己处理，然后我在下周一的班会课上，让你自己说说你的想法，好吗？"他点点头，走了。在班会课上，他首先说出了他自己做错的事，让同学们帮帮他，同学们纷纷给他出主意，然后，他真诚地感谢了这些同学。最后，他走到李强面前鞠了一躬，说："谢谢你，是你让我知道一个男子汉做错了事要自己解决，要勇于承担责任。"李强有点不好意思，但从他的眼神里，我看到了他告状后的后悔和对王浩的佩服。这次告状的处理，培养了孩子的自我评价能力、自我判断能力，为孩子人生观的形成打下了基础。

（三）给予包容和宽容

海纳百川，有容乃大。老师应以宽广的胸怀接纳学生，因为信赖老师，所以学生才会将自己受的委屈告诉老师；因为认为老师公正无私，所以学生才会希望老师能为自己主持公道。对告状的学生而言，他们并不是想要把犯错的学生怎么样，也许是为了得到老师的认可，也许是为了有一个倾诉的对象，所以，当有学生告状时，老师一定要认真听，不要采取漫不经心的态度，你一句漫不经心的话语，伤害的也许就是一个人的一生，有的甚至对告状者粗暴训斥，认为是给自己找麻烦。对告状的学生所说的事，老师应该分析处理，应该有一颗包容的心，在孩子的眼中老师是伟大且崇高的，是正义的化身。对于那种动不动就告状的学生，老师应该加强正面引导，让他们说出自己对这件事的看法，问他有没有更好的处理方法，培养他们独立处理事情的能力，这样做也有利于学生之间的交往。对于受到伤害委屈地向老师诉说的学生，老师应该多关心，多理解，多安慰，抚平他们心灵的创伤，但也要让他们明白，不能得理不饶人，让他们学会包容，原谅别人，幸福自己。而对于犯错的孩子，老师也不应该采取简单粗暴的态度，孩子毕竟是孩子，应该正确分析，冷静处理，采用宽容的态度。孩子犯错的动机是多方面的，老师应该正确分析，理解孩子深层的想法，弄清事情发生的深层原因，在平时工作中注意培养学生的健全人格和健康心理，加强对课堂的常规管理。

　　为了掌握学生的表现，有的老师常常在班上培养一些小助手，给这些小助手记录学生犯错行为的特权，可以找老师告状的特权，他们就好像老师在班上安插的"卧底"。这些"卧底"也仿佛有了特权，整天你盯我，我盯你，每个人只注意去发现别人的缺点，导致一个班级不团结。所以老师应给予学生同样的权力，不可以让一些特权浸染学生纯洁的心灵，助长他们的告状之风。

我们曾经是孩子

——《你的孩子不是你的孩子》观后感

> 昔者有鸟止于鲁郊，鲁君悦之，为具太牢以飨之，奏《九韶》以乐之，鸟乃始忧悲眩视，不敢饮食。此之谓以己养养鸟也。若夫以鸟养养鸟者，宜栖之深林，浮之江湖，食之以委蛇，则平陆而已矣。
>
> ——《庄子》

《小王子》是东尼·德·圣埃克苏佩里"献给成年人"的童话，是他留给我的礼物，尤其是已经成年的大人们的礼物，正如他在开篇献词中所说的："请孩子们原谅我把这本书献给了一个大人……献给这个大人曾经做过的孩子。每个大人都是从做孩子开始的。"是的，我们都曾经做过孩子，但当我们成为大人后就忘记了我们都是从孩子长大的。特别是当我们成为父母后，面对我们的孩子时，早就把我们曾经是孩子忘得一干二净。

我们儿童成长关爱中心成立后，朱朱辅导师就给大家推荐了我国台湾地区的一部电视剧《你的孩子不是你的孩子》。我们中心的辅导师们陆续都看了，都感觉电视剧有点恐怖，看得让人窒息。我也带着好奇心观看了这部一共十集、分为五个故事的电视剧。五个故事分别为《茉莉的最后一天》《妈妈的遥控器》《必须过动》《孔雀》《猫的孩子》。这五个故事都围绕着一个话题——亲子关系，且都是以父母过度关注孩子的成绩为线索来展开的。在整个电视剧中，"成绩！成绩！高分！高分！我都是为你好！我都是为你好！"这样的话语总是像一座座大山，压得剧中的孩子没有了自己，没有了童年，甚至没有了生命。让我看得心疼，心疼那些可怜的孩子，心疼那些不懂得教育的妈妈们，心疼一个个因为教育不得法而破碎的家庭。同时，我也想做点什么，为了我们的孩子。

在《妈妈的遥控器》这个故事中，离异的母亲把儿子小伟看作生活的全部和希望，在发现小伟伪造成绩单后，她就从一个神秘男子手里拿到了一个遥控器，开始控制小伟的人生进度条。小伟一遍又一遍遭遇似曾相识的经历，永远停留在可怕的星期三。直到小伟最终拿着真正的低分成绩单回来，承认错误，妈妈才肯把时间往前推进。然而自从有了这个遥控器之后，妈妈的要求越来越多。同一个补习班，上10次；不喜欢吃苦瓜，强忍着也要吃下去；自己选的T恤不行，一定要穿妈妈买的那件衬衫……在遥控器的威胁下，小伟被迫服从妈妈近乎变态的每一个要求。直到有一天，小伟遇到了一个"放纵"的姑娘小岚。她小小年纪就染了一头黄发，有着超级奇怪的父母，她由着自己的性子想做什么就做什么，对小伟有着致命的吸引力。可是妈妈不同意两人交往，发怒之后把小伟的生命又倒回到星期三，小岚再也不记得小伟了。小伟直到长大后依然不开心。

故事虽然有点科幻，但小伟妈妈的控制欲又何尝不是我们每一个妈妈的欲望，只是我们没有这样的控制器罢了。当你的孩子考试成绩不理想时，你是多么希望回到考前的时光，能在你的孩子面前说出"认真学习，好好考试，考了高分就……"并敦促孩子做各种各样的复习，刷各种各样的题型。

父母对孩子的控制远不止这点。如孩子什么时候起床，什么时候睡觉，该交什么样的朋友，看哪些书，看什么样的电视节目，穿什么样的衣服，留什么样的发型等，父母都要干涉，对孩子的期望更是苛刻，要考多少分，考多少名，考上什么样的中学、大学，要读各种各样的辅导班，参加各种各样的兴趣班……家长们打着爱的旗号实施这一切，美其名曰"都是为你好"。但父母眼中所谓的"好"是我们的孩子真正需要的吗？有多少家长问过孩子？这一切为孩子好，不过是父母想通过孩子实现自己未实现的愿望，满足自己的虚荣心而已。正一幅漫画所描绘的："世上有一种鸟，自己飞不起来，就在窝里下个蛋，让下一代使劲飞。"因为爱才把孩子带到这个世界上，为什么还要附加那么多条件呢？孩子们的未来不是时间对你的补偿，你遗失的青春也不可能从孩子的身上找补回来。再小的孩子都有自己独立的人格，孩子的理想并不是你未完成的梦想的延续。很多父母让孩子服务于自己的意愿，而没有把孩子当成一个独立的个体生命。

有一种病态，叫作"第一名"；

有一种剥削，叫作"为你好"。

当我看完《茉莉的最后一天》后，我的心无比疼痛。仿佛那个乖巧可爱的青春少女就是我的亲人。我痛苦思考：是谁杀害了她？是最爱她的母亲？是现行的教育制度？是父母、社会对成功这种价值观的投靠？

故事写了一向乖巧上进的茉莉突然跳楼自杀了。她的妈妈是名校硕士，为了教育女儿甘当家庭主妇，付出了全部，换来这样的结果。她悲痛欲绝，却怎么也想不明白。为了寻找女儿的死因，她借助一项还在测试的新科技，进入了女儿的意识，由此看到了在女儿的眼中自己是何种面目：她一直是暴躁、易怒、严肃、抱怨的糟糕形象。茉莉讨厌否定她的努力的妈妈，讨厌在外攀比的妈妈，讨厌限制她自由的妈妈，讨厌阻止她做喜欢的事情的妈妈。

作为妈妈她从来都没有关注过女儿的感受，只是把自己想要的东西强加给她；她一直粗暴地伤害着女儿，却还以为自己放弃前途、严格要求女儿的行为很伟大。这种病态的行为愈演愈烈，导致她最后失去了自己最成功的作品——成绩好的女儿在"为了你好"的威压下，放弃了自己的生命。

多少父母只关心孩子考得好不好，却不关心孩子压力大不大。

多少父母只关心孩子的成绩，却不关心孩子的情绪。

其实爱孩子很简单，只需要记住"我曾经也是一个孩子！"当你的孩子学习烦躁时，站在孩子的角度想一想，也许我们做父母的就会生出一份柔软的爱，理解孩子的烦躁；当你的孩子考试成绩不理想时，想想当年你如果考到这个成绩，你最想听到父母说什么，最希望父母怎样做。如果站在自己曾经也是孩子的角度去做，那你的孩子会是一种什么样的心情？当你的孩子做了错事被发现时，想一想当年你犯错时最需要的是什么？这一切都只需要你记住，你也是从孩子长大的。

"我曾经是个孩子"已经成了我作为一个母亲和作为一位老师的座右铭。回顾我在儿子的成长历程中的一件件往事，我对孩子是有尊重的，每次兴趣班都是他自己选择的，从没有强迫他去上各种补习班，每次选择学校都是他自己的主意。作为父母我会给孩子一些建议，毕竟他还是个孩子，需要父母的引导。但这仅仅是建议和引导，绝不是要求和强迫。所以我们的孩子到今天为止还算身心健康。作为老师，孩子们都比较喜欢我。我总结了经验，那就是我看到孩子们时，我总会想起我在他们这个年龄时我希望老师怎样做。我会回到他们的年龄与他们交流，理解他们因年幼而犯的错误，以及对学习的厌恶和对玩耍的渴求，我力所能及地满足和尊重他们。所以，尽管我长得不漂亮，但在很多学生的眼里，我是美丽的。我想这是因为我永远记住了"我曾经是个孩子！"

看完这部电视剧，我在搜索资料时还发现原来这部电视剧的名字源于纪伯伦的诗歌《你的孩子不是你的孩子》，这里把这首诗一并分享给大家，共勉：

你的孩子不是你的孩子
纪伯伦

你的孩子，其实不是你的孩子，
他们是生命对于自身渴望而诞生的孩子。
他们通过你来到这世界，却非因你而来，
他们在你身边，却并不属于你。
你可以给予他们的是你的爱，却不是你的想法，
因为他们自己有自己的思想。
你可以庇护的是他们的身体，却不是他们的灵魂，
因为他们的灵魂属于明天，属于你做梦也无法达到的明天。
你可以拼尽全力，变得像他们一样，
却不要让他们变得和你一样，
因为生命不会后退，也不在过去停留。

你是弓，儿女是从你那里射出的箭。

弓箭手望着未来之路上的箭靶，

他用尽力气将你拉开，使他的箭射得又快又远。

怀着快乐的心情，在弓箭手的手里弯曲吧，

因为他爱一路飞翔的箭，也爱无比稳定的弓。

它就是这样一只孔雀

生活中有两个悲剧：一个是你的欲望得不到满足；另一个则是你的欲望得到了满足。

——萧伯纳

一、

还记得多年前看过的那幅把学校比作工厂、把孩子们比作流水线产品的漫画吗？有一部电视剧，把这幅漫画投射进了现实，它便是《孔雀》。《孔雀》是我国台湾地区的电视连续剧《你的孩子不是你的孩子》五个故事中的第四个。故事一开始，只见校门外，学生们排着整齐的队伍等待"安检"，不仅检测手机，还检测玩具；不仅探测书包，还探测身体，以此来杜绝"夹带与学习无关物品"的可能性。学生们保持着等距，一个位置一个位置地往前挪移，动作机械，表情木然。与此同时，镜头穿插着另一个诡异的场景：校长提着一箱家长协议书，站在笼子面前，与笼子里的孔雀做交易："你的要求，我都列在同意书上，学生家长都签好了。但是学生听话还不够。我要求维德的升学率要更好。台政成清交，繁星入学，要有十二个。学测七十级分以上的能有一百二十个。能做到吗？"笼子里，树枝上，一只孔雀高昂脖颈，斜视着校长，眼睛里闪着冷光，仿佛一个睥睨人世间的王。没错，它是一只神奇的孔雀：它可以满足你的任何愿望，只要你愿意拿自己所拥有的与它交换。校长为了换得他想要的，跛了一只脚。

二、

学生刘巧艺最初的悲剧源于她的一个小小的愿望："和她们一样。"她们，是指她的女同学们。妈妈费尽千辛万苦，把她送到了一个不属于她的阶层的私立学校。在这里，同学们非富即贵，女生可以轻松聊着如何花几千台币去日本理个发型，也可以随手把昂贵的品牌礼品当作生日礼物送给同学。巧艺也希望自己能和她们一样，可以去吃法式料理庆生，可以坦然地收下和送出那些精致的品牌礼物。但是，家里还有房贷，爸爸妈妈从事的都是薪水微薄的工作，弟弟上学也可能要花费不少，而为了送她上这所私立学校，妈妈几乎花光了可以动用的钱。每次彩票开奖时，是他们最为期待的时刻——多希望能够中个大奖，来改善目前的拮据现实啊。懂事的巧艺明白：父母已经够辛苦，她的那些愿望对于这个家庭太过奢侈，是不可能实现的。她只能在女生团体中小心翼翼地察言观色，尽己所能地以长补短，希望不被排斥。在送出自己动手制作的生日礼物时，那双握紧的手暴露了她的自卑和紧张。原生家庭与班级环境的先天差距，使刘巧艺将学习生活过成了讨好和压抑。

三、

巧艺后来的悲剧则是她的欲望得到了满足。她原本是一个宝藏女孩，亲手制作的生日礼物收割了一众惊叹，还将在美国麻省理工学院举办的比赛中为团队设计海报、课件以及网页。用同学的话来说："巧艺拥有的天赋简直是无价之宝！"后来，她没有忍住欲望的诱惑，答应了与孔雀交易，终于有了很多很多的钱，可以吃得起法餐，买得起礼物，出得了捐款，彩票也中了大奖，正式成为"维德的姐妹"。她那么快乐，却又很快跌入痛苦的深渊：在一次又一次的交易中，她发现她失去了自己的美术天赋，曾经敏感的色彩在她眼中一片混沌，她的身体长出了羽毛，她对青草和青蛙产生了食欲，她继承了笼中孔雀的白内障，即将失明。或许，这时候的巧艺终于明白了同学所说的那句"无价之宝"的分量。然而为时已晚，曾经拥有的已经失去，再也找不回来了。

向贪婪和虚荣妥协，用天赋与健康去换来欲望的满足，注定只有一个结果：短暂的快乐之后是永远的忧伤。

四、

整部剧的基调都是悲情而压抑的。到了尾声时，我泪流满面。巧艺和爸爸、弟弟守在孔雀笼子前。特写镜头中，爸爸用颤抖的手将一只蚯蚓递进笼子。笼子里的孔雀是他们的亲人。巧艺的妈妈太渴望两个孩子能够通过学习改变人生的阶层，为此她向孔雀交换了自己的一生，心甘情愿进了笼子，成了孔雀。"对，就是那只孔雀！就是那只孔雀！"妈妈的眼神曾经如此歇斯底里，是孔雀害了自己的女儿，是孔雀害了自己的家庭，是孔雀拿走了她的希望。她曾经想杀了那只孔雀，却在孔雀的诱惑下交出了自己的自由，换取了她所谓的"孩子们的未来"。可我不禁想问：真的是因为那只孔雀吗？"谁让我们一出生就是这种阶级的人？我们本来就没办法想这些东西，所以我们才会遭到这样的惩罚！""乱讲！谁说我们不能翻身的，谁说的？"编剧通过巧艺和妈妈问出了这样的问题，但直至剧集结束，也给不了观众一个肯定的答案。有人说，英雄莫论出身。那是因为他已经成了英雄。而我们不得不承认，对还没有成为英雄的普通人来说，差距会在人的心里投下阴影，阶层是真实存在的，壁垒很有可能越来越分明。灰姑娘能够被王子爱上，绝不仅仅是因为那只水晶鞋，而是她出众的气质和迷人的舞姿——而这些，恰恰是因为她实质上还是一个伯爵的女儿，曾经接受过良好的教养，而不是真正意义上的乡野村姑。有一次，我跟一位同事讨论关于"成功"的定义时，达成了这样的共识：并不是第一名才叫成功，如果人能够通过自己的努力，突破他幼年时环境的限制，成就超越了他的父辈、他的出身，就叫成功。

五、

一个花季少女，渴望"与她们一样"，没有错，这是很正常的心理需求，而不能简单地以"虚荣"概括。

一个有孝心的好女儿，渴望为父母减轻负担，让他们工作得更轻松一些，挣钱更容易一些，这样的愿望也没有错。

一个渴望通过改变子女的教育来改变家庭阶层的母亲，不仅没有错，甚至称得上是一个有见识、有魄力的底层母亲。

若有更多的途径来改变命运，谁愿意牺牲天赋与自由去交换呢？

但如果你以为巧艺一家是整部剧的悲剧之最，那你又错了。

转学生施宇婕是个好奇宝宝，最爱问"十万个为什么"。

施宇婕：OECD 是哪几个国家？

辅导师：你不需要知道。因为不会考。

男生：不会考的不要问。

她还是个运动宝宝，下课铃一响，抱起球就往操场跑。

校长：下课时间不能在操场上打篮球。

施宇婕：为什么不能打篮球？而且运动好头脑才能更清楚啊。

校长：你家长没有签授权同意书吗？球给我。

施宇婕：上课不能发问，下课不能打球，那我们为什么还要来上学啊？

但就是这样一个女孩子，在她与孔雀的某次交谈后，她甩脱了最后一名的耻辱，夺回了第一名，却再也没有"为什么"可以提出了。两年后，她只会对着一个塑料玩偶结结巴巴地学词汇："青——蛙——孔——雀——"

还记得施宇婕问出 OECD 问题时，全班同学那像看怪物一样的眼神吗？

还记得孔雀的那个问题吗？"你们到底是爱女儿，还是爱维德？"

还记得影片的开头校长那一箱的协议书吗？"家长们都已经签好了。"

还记得家长协议被烧毁，检查规则被改变时，校门口那疯狂的一幕吗？

女生：恢复检查！

保安：同学冷静。规则改变了，学校尊重每个人，也相信每个人。从今天开始，废除书包检查。

男生：不行，如果有人带违禁品来，我们怎么专心读书呢？

女生：如果学校不检查，我们就自己来！

众人：今日我以维德为荣，明日维德以我为荣！

于是，在众人的振臂高呼中，烧毁的诡异秩序又被孩子们自发地重新建立起来。奴性已经根植于心，扭曲的价值观和教育观已经被社会认同。所以孔雀哈哈笑着说："没用的，没用的！"

"没用的。"三个字，重千斤，振聋发聩。

这，才是整部剧想要讲述的悲剧的核心吧。

六、

所幸，在层层悲剧的内核里，我们也看到了一丝丝的亮光。巧艺的弟弟是少年一代的亮光。"我要读人人体育班！我要当运动员！"他有自己的爱好，勇于坚持人生理想，并且敢于向爸爸妈妈宣告。巧艺的爸爸是父母一辈的亮光。他虽然只是一名出租车司机，但家里的温暖与欢乐大多都是他给予的。他虽然自谦说"我没有你妈妈懂那么多的教育"，但他对女儿和儿子言传身教的正直、乐观、善良，"只希望你平安健康"，恰恰是孩子们最坚强的精神支柱、最重要的精神滋养。当孔雀问："你们到底是爱女儿，还是爱维德？"他不假思索，斩钉截铁地回答："当然是爱女儿。"当他知道有办法可以救女儿时，他毫不犹豫地选择了行动。当他得知巧艺妈妈变成了笼中的孔雀时，他带着孩子们守在笼子前，固执地守着对家的承诺："只要我们一家人能在一起。"

尾声

也许每个人的一生中都会遇见这样一只孔雀：它代表着欲望、贪婪、诱惑、虚荣；它映射出阶级、资源、挣扎、不公。你可以拒绝它提出的交易，也可以接受，可一旦决定，便不能后悔，因为生命不会后退，也不会在过去停留。

它就是这样一只孔雀。当你作出决定时，请慎重。

参考文献

一、专著

樊富珉：《结构式团体辅导与咨询应用实例》，高等教育出版社，2015年版。

管以东：《班级积极心理团体辅导设计》，合肥工业大学出版社，2016年版。

马丁·塞利格曼：《认识自己，接纳自己》，任俊译，浙江教育出版社，2020年版。

彭凯平：《活出心花怒放的人生》，中信出版集团，2020年版。

阿尔弗雷德·阿德勒：《儿童教育心理学》，韦启昌译，台海出版社，2021年版。

樊富珉：《团体辅导与危机干预》，机械工业出版社，2021年版。

樊富珉、何瑾：《团体心理辅导》（第二版），华东师范大学出版社，2022年版。

罗伯特·S. 费尔德曼：《儿童发展心理学：费尔德曼带你开启孩子的成长之旅》，苏彦捷等译，机械工业出版社，2022年版。

钟志农：《心理辅导课——团体活动180例》，中国人民大学出版社，2022年版。

二、学术论文

曹新美、刘翔平：《学校心理健康教育模式的反思与积极心理学取向》，载于《教育教学研究》，2006年第3期。

曹新美、刘翔平：《从习得无助、习得乐观到积极心理学——Seligman对心理学发展的贡献》，载于《心理学进展》，2008年第4期。

王艳梅、汪海龙、刘颖红：《积极情绪的性质和功能》，载于《首都师范大学学报》，2006 年第 1 期。

刘翔平、曹新美：《给心理健康教育注入积极心理学因素》，载于《教育研究》，2008 年第 2 期。

后 记

从来没有想过，此生会创编一本书，这是我们这个团队大多数教师的想法。但这本书稿现在却实实在在地出现在了我们的面前，这不能不说是一种奇迹。

说起这本书的诞生，不得不说一说"儿童成长关爱中心"的组建和起步。我们所在的学校的办学理念是：做有细节的教育，办有温度的学校。那我们学校的温度在哪里？我觉得应该就是教师的关爱，像普格45℃的温泉一样滋润着孩子们的心灵。附城小学校的儿童成长关爱中心于新校区建成伊始就已开始筹备，但苦于师资、经验不足，工作停滞不前。2020年8月，与我校结成"校对校支教"友好关系的泸州市龙马潭区小街子小学急我校之所急，派出了国家三级心理咨询师、高级教师朱守群副校长前来我校结对支援。朱校长到校后，我感到儿童成长关爱中心顿时有了主心骨。我们一起着手看场地、做计划、配硬件、补设备、买材料、列书单，并同步设计课程和组建队伍。在学校方德贵校长的高度重视和大力支持下，很快，儿童成长关爱中心就配置好了个体辅导室、团体辅导室、情绪宣泄室、活动区、阅读区、音乐疗区、沙盘疗区，每个区域均有相应的使用制度与值守制度，拥有了以分管副校长为核心，由7名辅导师、65名辅导员（班主任）组成的师资团队。

万事俱备，只欠东风。2021年春期，儿童成长关爱中心组建了"开心班"，心理团体辅导活动正式开启。开心班的30个孩子来源特殊：他们是由五年级各班"推荐"过来需要"特殊帮助"的孩子。根据班级孩子的实际情况，我们将辅导目标确定为"建立信任、主动开放、培育积极自我"。围绕目标，我们的课程从"自我介绍"开始，融入正面管教和阿德勒个体心理学理念，将"学会赞美""尊重他人""积极认知""建立自信""团队合作""敢于挑战""勇敢开放"等主题设计为团体辅导活动，由中心的辅导师轮流给孩子们进行团体辅导。"开心班"既寓意着来到这里的体验很开心，也寄托着对孩子们今后"天天开心"的美好祝愿；更重要的是，它时刻提醒着每一个人：我们要主动打"开""心"房，让阳光驱走阴云，让清泉涤尽尘土，永远保持内心的健康、温润、明亮。这样的心灵，必定是温暖的心灵；这样的人生，必定是幸福的人生。

我们随机抽取了三个月的工作进行回顾统计，发现在短短三个月里，儿童成长关爱中心接待了儿童个体心理咨询（含间接咨询）30余人次，开展心理团体辅导近 20 次，与心理健康课、班队活动、毕业生涯规划、青春期讲座等相结合的团体辅导上百次。与此同时，辅导师们也没有忘记自我成长。在繁忙的工作中，辅导师们坚持挤出每周三下午两节课的时间认真开展心理团体辅导教研；利用晚上、周末等休息时间，大量阅读、深入钻研，为自己充电；将学习到的理论与辅导实践相结合，写教案、上团体辅导课、创剧本、录心得、做简报……也曾有过困惑、有过徘徊、有过想要放弃的念头，但每当行有所得、思有所悟，便豁然开朗，每当看到学生进步、张张笑脸绽放，又觉得一切都是值得的。

还记得最初提到要整理心理团体辅导的校本教材时，大家都信心不足，但经过商量，我们一致决定，应该要尽力试试，"跳一跳摘苹果"。虽然时间尚短，足迹尚浅，经验也不足，但我们的每一个脚印都是真实的，每一束火花都是经历过碰撞和实践的。在全社会越来越重视学生心理健康的当下，我们有责任把这些来自一线的最真实的、哪怕不完美的经验集结起来，提供给有需要的人。"一只蝴蝶在巴西振动翅膀，会在得克萨斯州引起龙卷风。"也许我们微薄的努力，也能带动巨大的能量。

于是，我们重新审慎地梳理了课程逻辑，进一步明确目标、调整架构，边实践边总结，经历了无数个不眠之夜、无休之假，终于形成了大家手中的这套书。虽然其中主要是我和朱校长的手稿，但我们整个中心团队的成员（谢娟、贾丽萍、陈静、黄琳、彭雁、蒋海林）都在这个过程中贡献了自己的智慧，有的有案例或文章录入，有的参与了书稿的整理与校对。

在本书成稿的过程中，我们有幸得到了方德贵校长及校行政团队给予的大力支持，大洋彼岸的邓婷博士为书稿作序，四川省级名师唐远琼老师也给予了我们无私的指引，另有许多老师、同仁的帮助和参与，在此一并表示感谢！

从无到有，从不敢想到做到了，这对我们地方偏远的辅导师们来说是一次勇敢的尝试，是一次观念的更新，是从实践到经验总结的一次开始。

万事开头难，但更难的是坚持做下去。

"教育就是一棵树摇动一棵树，一片云推动一片云。"

当儿童成长关爱中心得到越来越多人的关注和支持，当孩子们正在发生着悄无声息却又鲜妍明媚的变化时，我们无比真切地体会到了教育的力量。

而路，才刚刚开始……

付　玲

2022 年 10 月 17 日

普格县附城小学校儿童成长关爱中心
专家简介

　　朱守群，附城小学校儿童心理健康教育特聘指导专家。中国民盟会员，被评为四川省"青城计划"天府领军人物。区人大代表，国家三级心理咨询师，美国正面管教家庭教育及学校教育注册讲师，中小学高级教师，凉山州普格县"国培计划"中西部项目知名专家，现任泸州市龙马潭区小街子小学副校长。从事一线教育教学二十七年，曾获四川省红烛支教先进个人、泸州市优秀教师、龙马潭区名师、十佳教师、教学结构改革优秀教师等称号，主研课题获市普教科研成果一等奖，多次受邀赴广州、马边彝族自治县等地交流经验，多篇论文获国家级、省级、市级奖励。2020—2021年在附城小学校支教一年。参与编写的《教育评价改革校本化实例研究》（主编）、高等学校小学教育专业"十三五规划"教材及小学教育专业卓越辅导师培养系列丛书《小学教育教学》（副主编）、《区域教育质量监测与教育改进》（参编）等专业类书籍均已公开出版发行。

普格县附城小学校儿童成长关爱中心
心理辅导师团队简介

　　方德贵，附城小学校儿童成长关爱中心总负责人、辅导师。中国共产党党员，语文高级教师，先后在螺髻山特尔果中心校、荞窝镇中心校、附城小学校担任校长，现任普格县附城小学校总支书记、校长。曾荣获"四川省十年行动计划先进个人""凉山州优秀校长"等称号。重视青少年心理健康，以前瞻的眼光和教育人的大爱引领儿童成长关爱中心工作。秉持"做有细节的教育，办有温度的学校"的教育理念，致力于发展民族教育。

　　付玲，附城小学校儿童成长关爱中心负责人、辅导师。中国共产党党员，中学高级教师，普格县附城小学校副校长，四川省首批省级小学语文骨干教师，四川省小语协会成员，普格县第六批拔尖人才。普格县小学语文兼职教研员。曾被评为四川省教育系统优秀教师、凉山州优秀教师、普格县优秀校长、普格县优秀教育工作者。坚持以"我曾经是孩子"的理念来理解和引导孩子，甘愿做一支燃烧的火把，以自己微弱的光亮温暖着孩子们。

徐春美，附城小学校副校长、儿童成长关爱中心辅导师，中国共产党党员，小学语文高级教师。多次荣获"优秀校长""优秀教师""三八红旗手""优秀教育工作者""优秀妇女工作者"等称号。独立撰写的《有效利用地方课程　全面落实素质教育》《学生活动与有效课堂探讨》多篇论文获奖，并发表在《西昌学院学报》等刊物上。主持并参与多项州级、省级课题，被普格县教师培训中心聘为国培计划的"本土专家"。

谢娟，附城小学校儿童成长关爱中心辅导师，国家三级心理咨询师，教学的同时兼任班主任工作15年，艺体工作4年，深谙儿童心理，在学生心理健康教育工作中做出了突出成绩，多次获得县级、校级优秀班主任称号。

贾丽萍，附城小学校儿童成长关爱中心辅导师，一级教师，担任班主任二十年，致力于班级活动的开展，多次被评为校级和县级优秀班主任，2019—2021年连续获得"县优秀德育工作者"称号。在心理健康团体辅导活动中善于激发学生的内心感受，引发学生共鸣。教育格言：每个人身上都有太阳，主要是让它如何发光。

黄琳，原附城小学校儿童成长关爱中心辅导师，中国共产党党员，一级教师，自2011年参加工作至今，担任过班主任、学校留守儿童之家辅导员等，现为某学校体育专职教师。曾获普格县中小学生运动会"优秀教练员"、业余体育"先进个人"、国培计划送教下乡"优秀辅导员"等称号，

摸索出一套将体育活动与心理健康教育相结合的"心理拓展活动"新经验。教学理念：要把关爱传递给每一个孩子。

陈静，附城小学校儿童成长关爱中心辅导师、校团委书记，凉山州千名骨干教师培训导师。担任班主任二十年，工作中细心、耐心、虚心，连续多年获得校级、县级优秀班主任称号，曾被评为"凉山州优秀辅导员"，多次参加州、县微课、课堂展示、讲经典等活动，取得了优异的成绩。其组织开展的心理团体辅导活动深受学生欢迎。

彭雁，附城小学校儿童成长关爱中心教师，高级辅导师，曾连续六年被评为县优秀班主任，多次获得县教学质量奖及"县优秀教师"等称号。在心理团体辅导活动中，善于反思与总结，是团队的宣传骨干。教育格言：用爱，培育每一颗种子；用心，滋养每一棵幼苗；用情，陪伴每一个心灵。每一个孩子都值得被珍爱，他们就是我们的未来。

蒋海林，附城小学校儿童成长关爱中心辅导师，中国共产党党员。有八年班主任工作经验，曾三次获得"优秀班主任"称号。一直从事体育教育工作，多次参加县、州体育比赛，既当运动员，也兼教练员，擅长将心理健康教育与体育相结合，开展丰富多彩的心理团体辅导体验活动。获"最佳球员"两次、"县优秀教练员"七次、"优秀裁判员"十次，为县转岗教师开展讲座《体育教师基本功》三次。